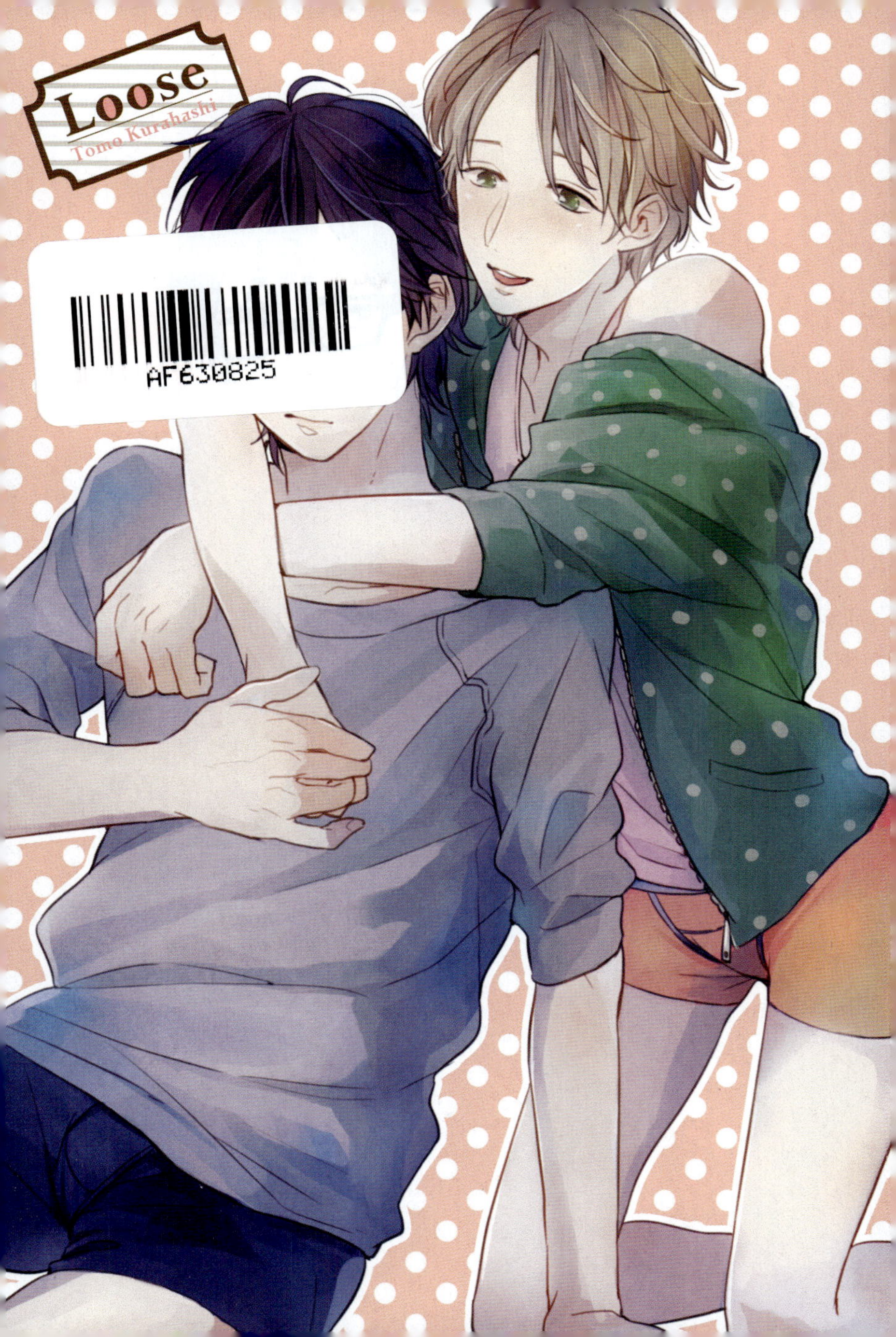
Loose
Tomo Kurahashi

# Inhalt

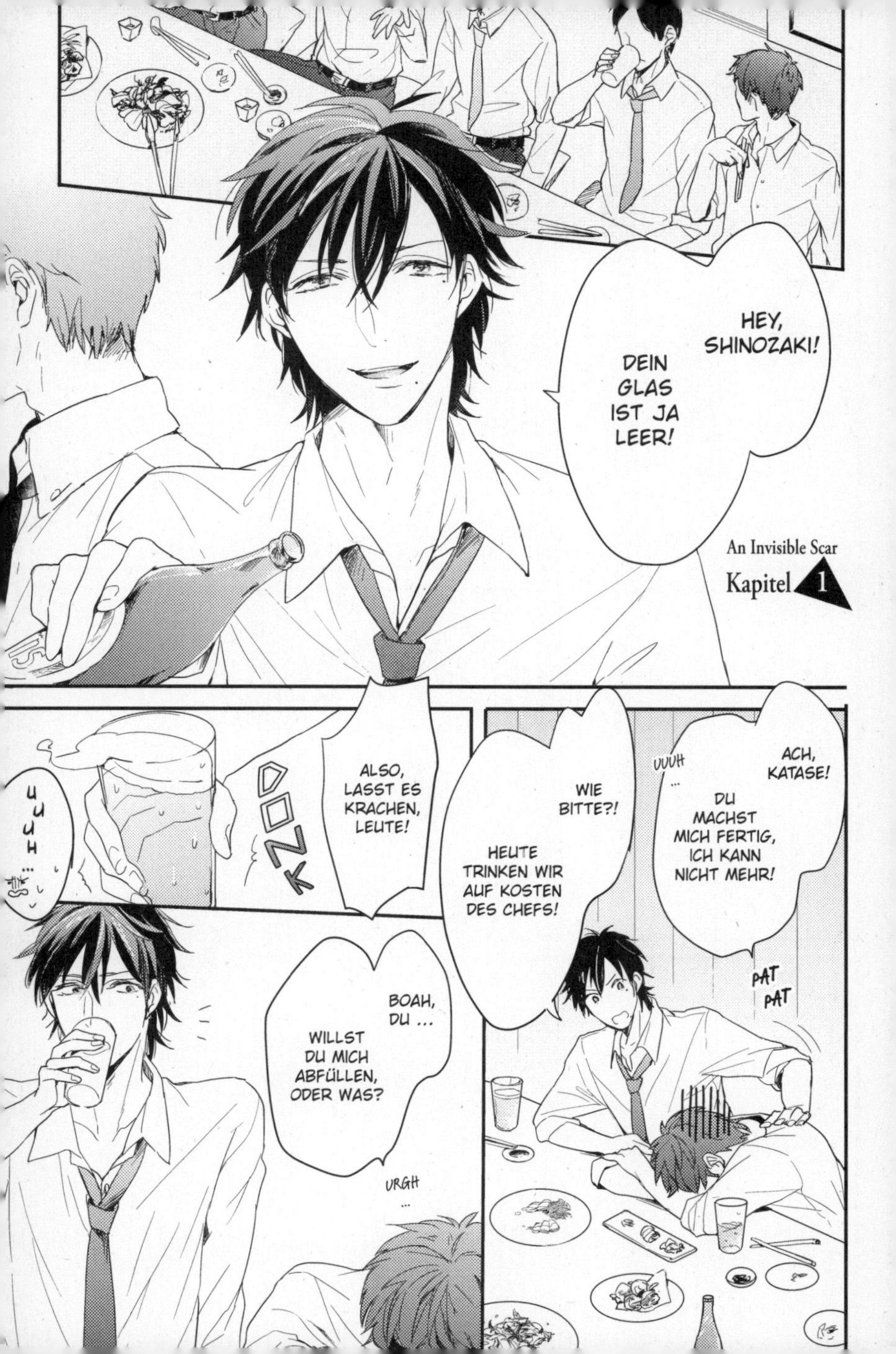
HEY, SHINOZAKI!
DEIN GLAS IST JA LEER!
An Invisible Scar
Kapitel 1
ACH, KATASE!
UUUH ...
DU MACHST MICH FERTIG, ICH KANN NICHT MEHR!
WIE BITTE?!
HEUTE TRINKEN WIR AUF KOSTEN DES CHEFS!
PAT PAT
ALSO, LASST ES KRACHEN, LEUTE!
DONK
UUUH ...
BOAH, DU ...
WILLST DU MICH ABFÜLLEN, ODER WAS?
URGH ...

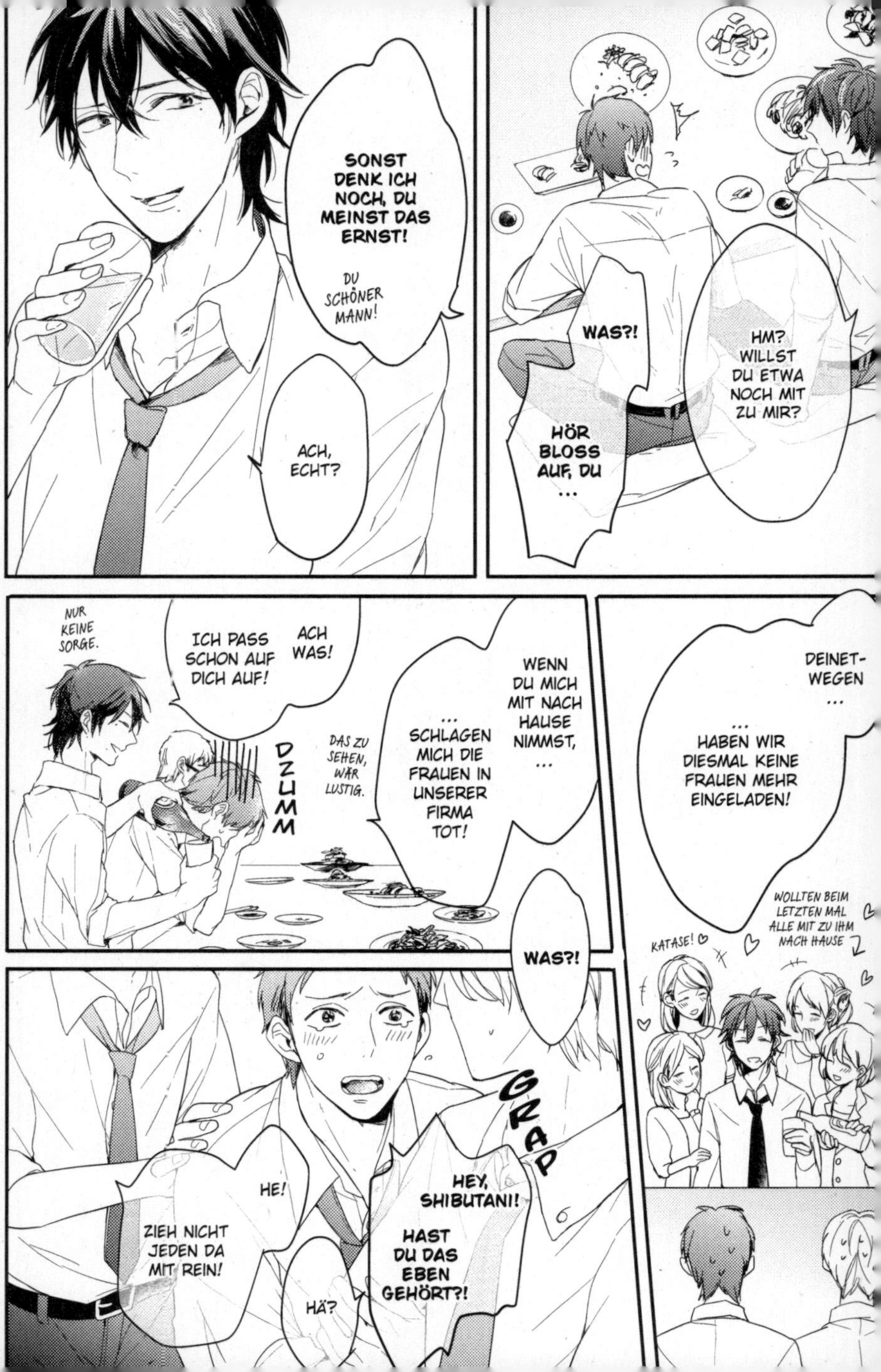
HM? WILLST DU ETWA NOCH MIT ZU MIR?
WAS?!
HÖR BLOSS AUF, DU …
SONST DENK ICH NOCH, DU MEINST DAS ERNST!
DU SCHÖNER MANN!
ACH, ECHT?
DEINET-WEGEN …
… HABEN WIR DIESMAL KEINE FRAUEN MEHR EINGELADEN!
WOLLTEN BEIM LETZTEN MAL ALLE MIT ZU IHM NACH HAUSE
KATASE!
WENN DU MICH MIT NACH HAUSE NIMMST, …
… SCHLAGEN MICH DIE FRAUEN IN UNSERER FIRMA TOT!
DAS ZU SEHEN, WÄR LUSTIG.
DZUMM
ACH WAS!
ICH PASS SCHON AUF DICH AUF!
NUR KEINE SORGE.
WAS?!
GRAP
HEY, SHIBUTANI!
HAST DU DAS EBEN GEHÖRT?!
HE!
ZIEH NICHT JEDEN DA MIT REIN!
HÄ?

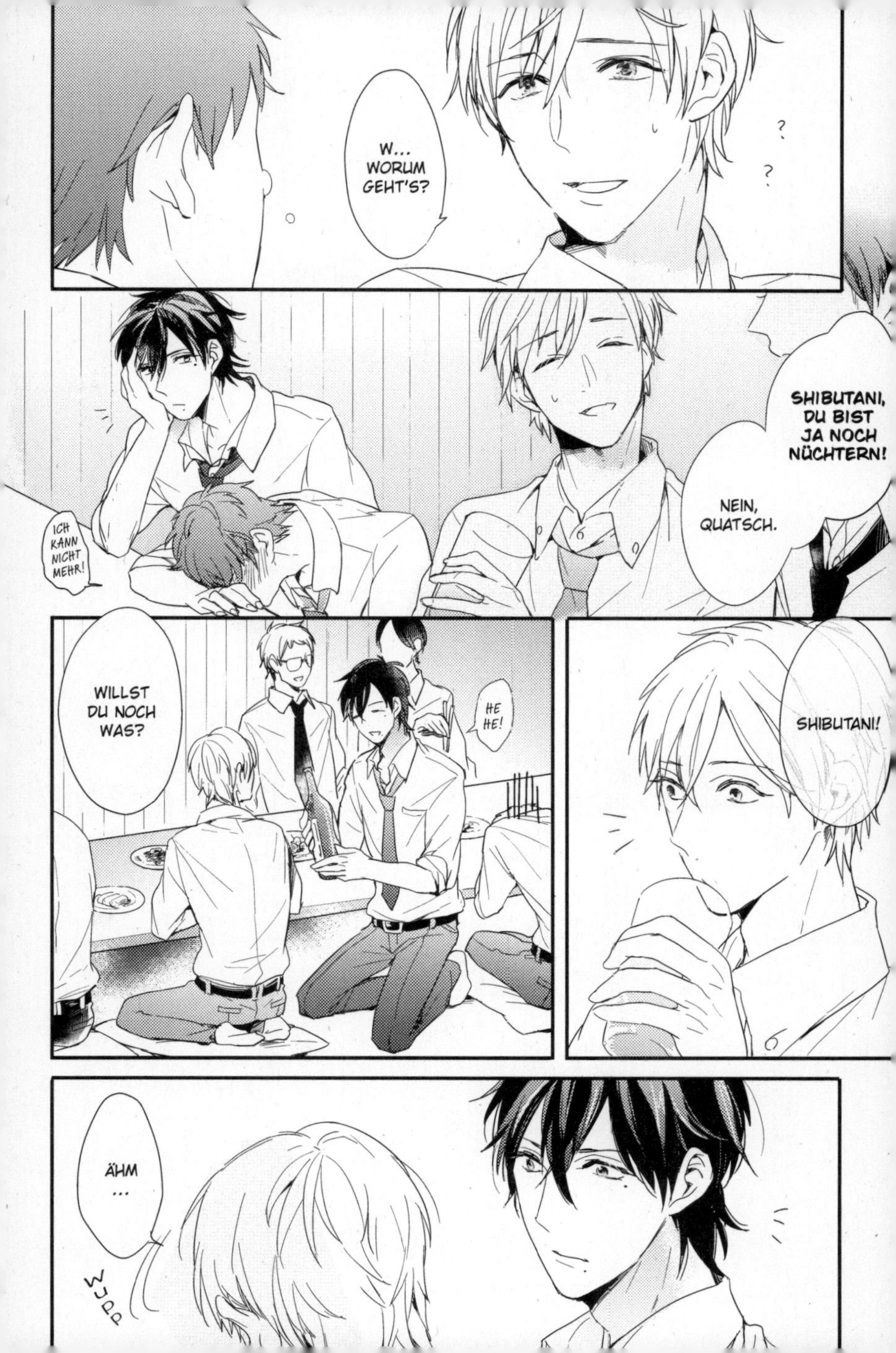
W... WORUM GEHT'S?
SHIBUTANI, DU BIST JA NOCH NÜCHTERN!
NEIN, QUATSCH.
ICH KANN NICHT MEHR!
SHIBUTANI!
HE HE!
WILLST DU NOCH WAS?
ÄHM ...
WUPP

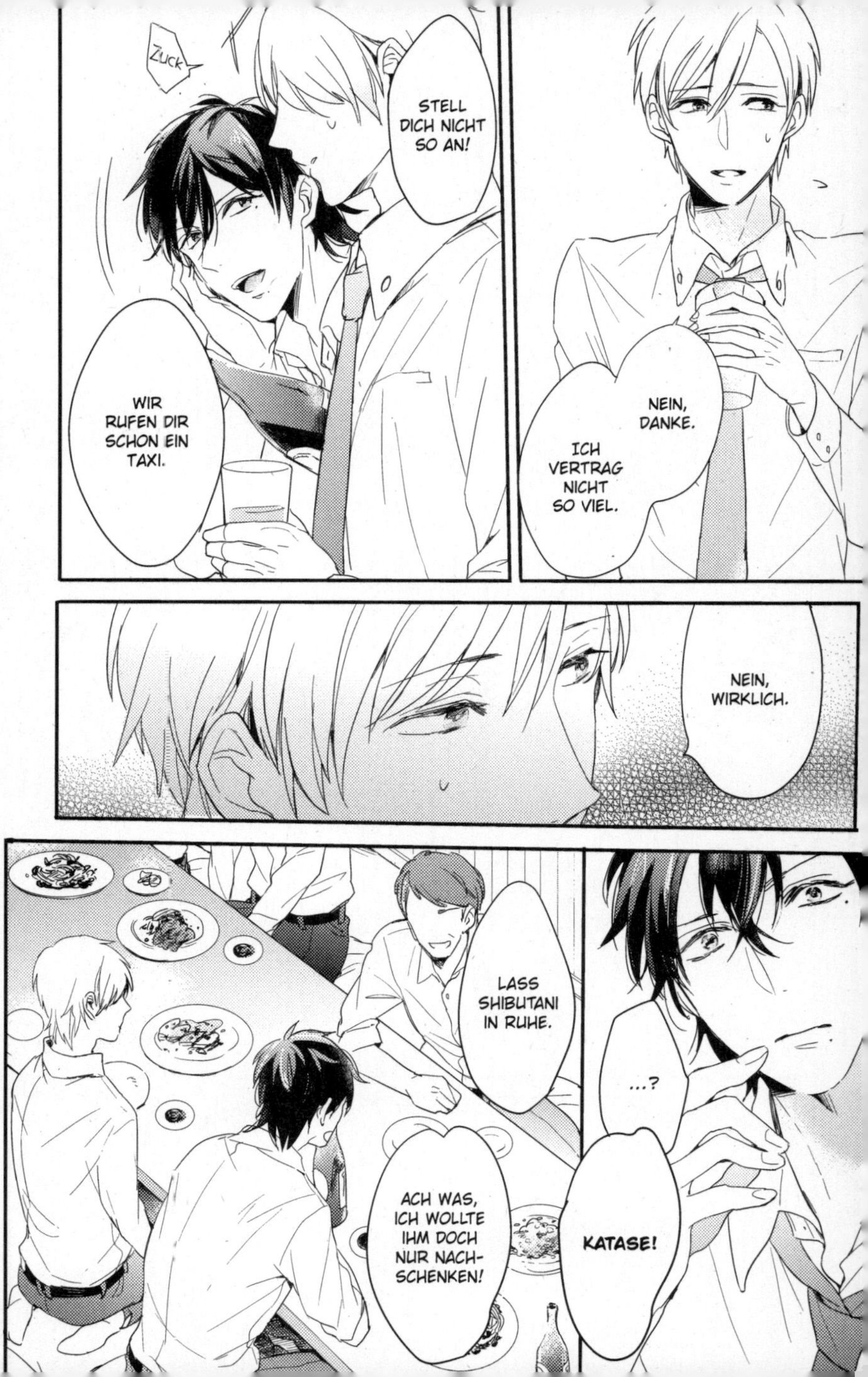
NEIN, DANKE.
ICH VERTRAG NICHT SO VIEL.
ZUCK
STELL DICH NICHT SO AN!
WIR RUFEN DIR SCHON EIN TAXI.
NEIN, WIRKLICH.
...?
KATASE!
LASS SHIBUTANI IN RUHE.
ACH WAS, ICH WOLLTE IHM DOCH NUR NACH-SCHENKEN!

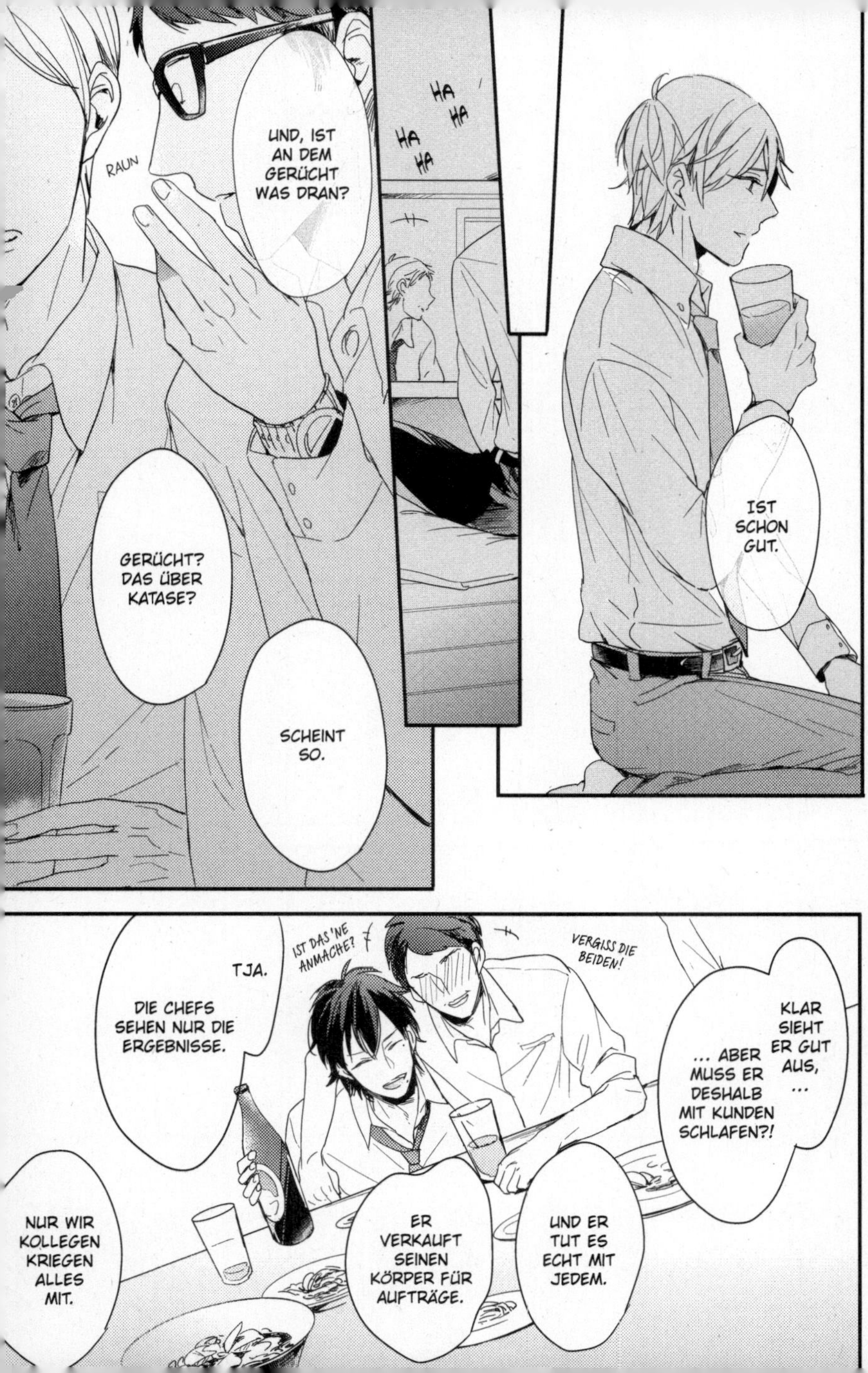
HA HA HA HA
IST SCHON GUT.
UND, IST AN DEM GERÜCHT WAS DRAN?
RAUN
GERÜCHT? DAS ÜBER KATASE?
SCHEINT SO.
KLAR SIEHT ER GUT AUS, …
… ABER MUSS ER DESHALB MIT KUNDEN SCHLAFEN?!
VERGISS DIE BEIDEN!
IST DAS 'NE ANMACHE?
TJA.
DIE CHEFS SEHEN NUR DIE ERGEBNISSE.
UND ER TUT ES ECHT MIT JEDEM.
ER VERKAUFT SEINEN KÖRPER FÜR AUFTRÄGE.
NUR WIR KOLLEGEN KRIEGEN ALLES MIT.

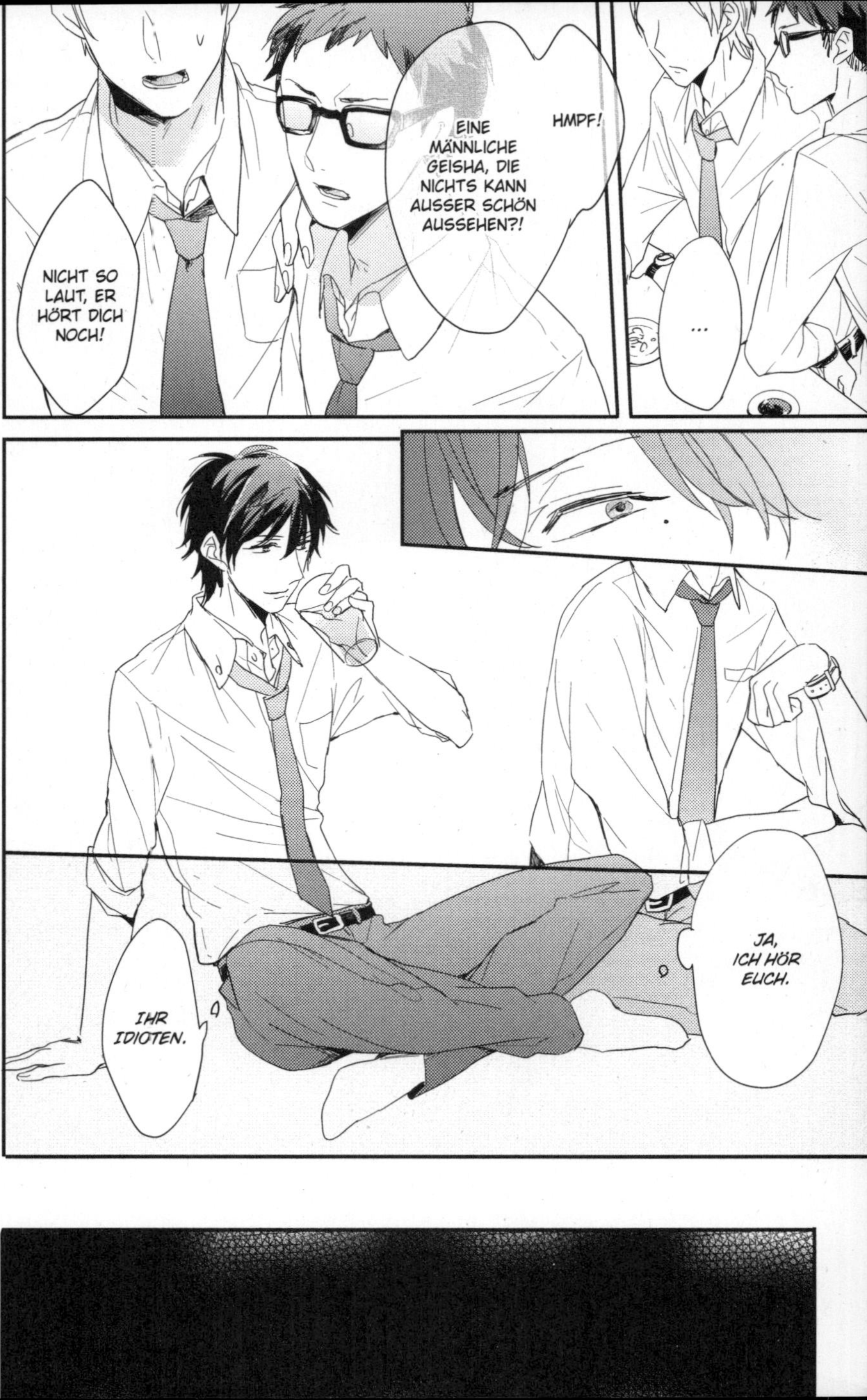
...
HMPF!
EINE MÄNNLICHE GEISHA, DIE NICHTS KANN AUSSER SCHÖN AUSSEHEN?!
NICHT SO LAUT, ER HÖRT DICH NOCH!
JA, ICH HÖR EUCH.
IHR IDIOTEN.

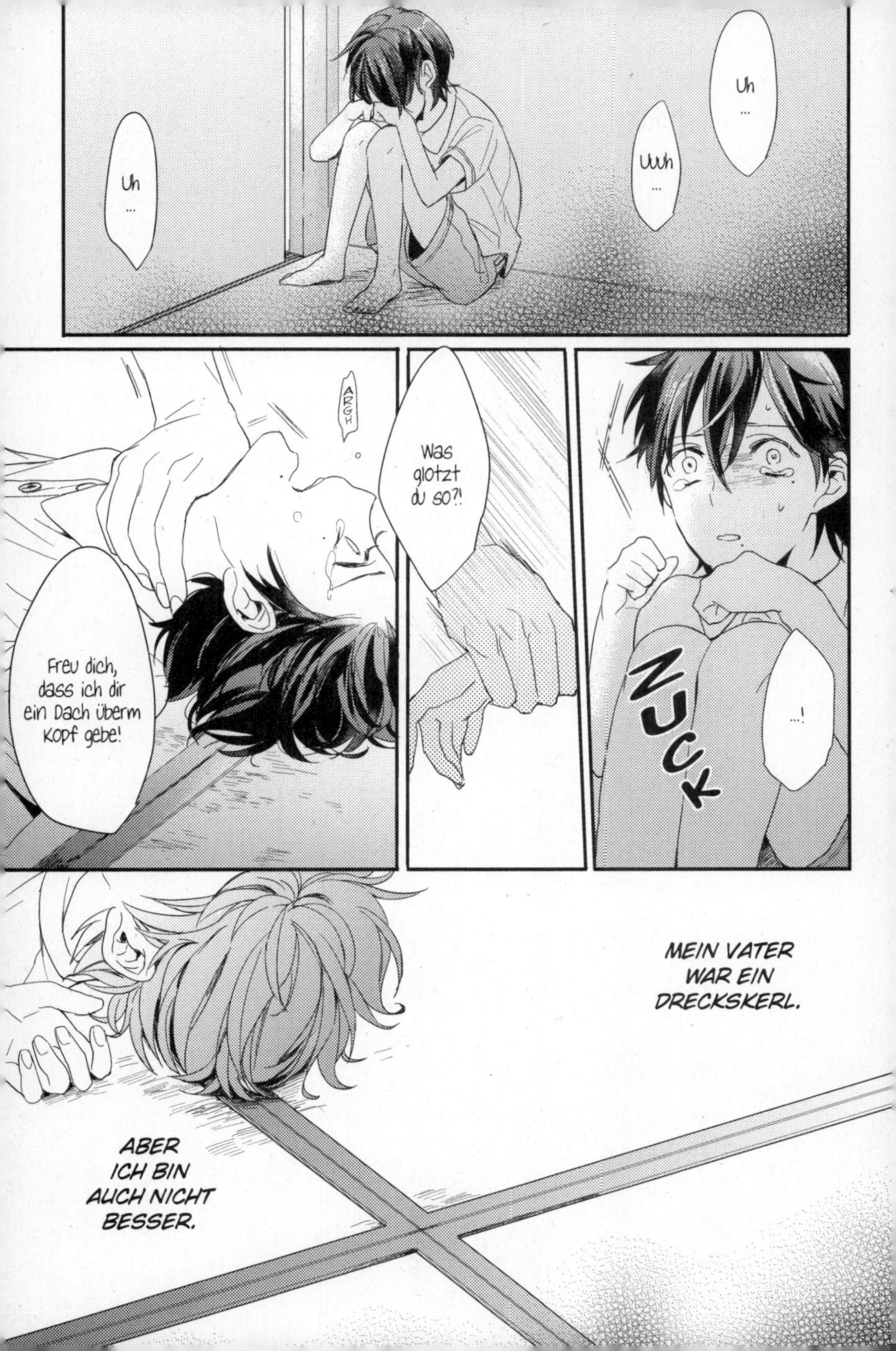
Uh ...
Uuh ...
Uh ...
...!
NUCK
Was glotzt du so?!
ARGH
Freu dich, dass ich dir ein Dach überm Kopf gebe!
MEIN VATER WAR EIN DRECKSKERL.
ABER ICH BIN AUCH NICHT BESSER.

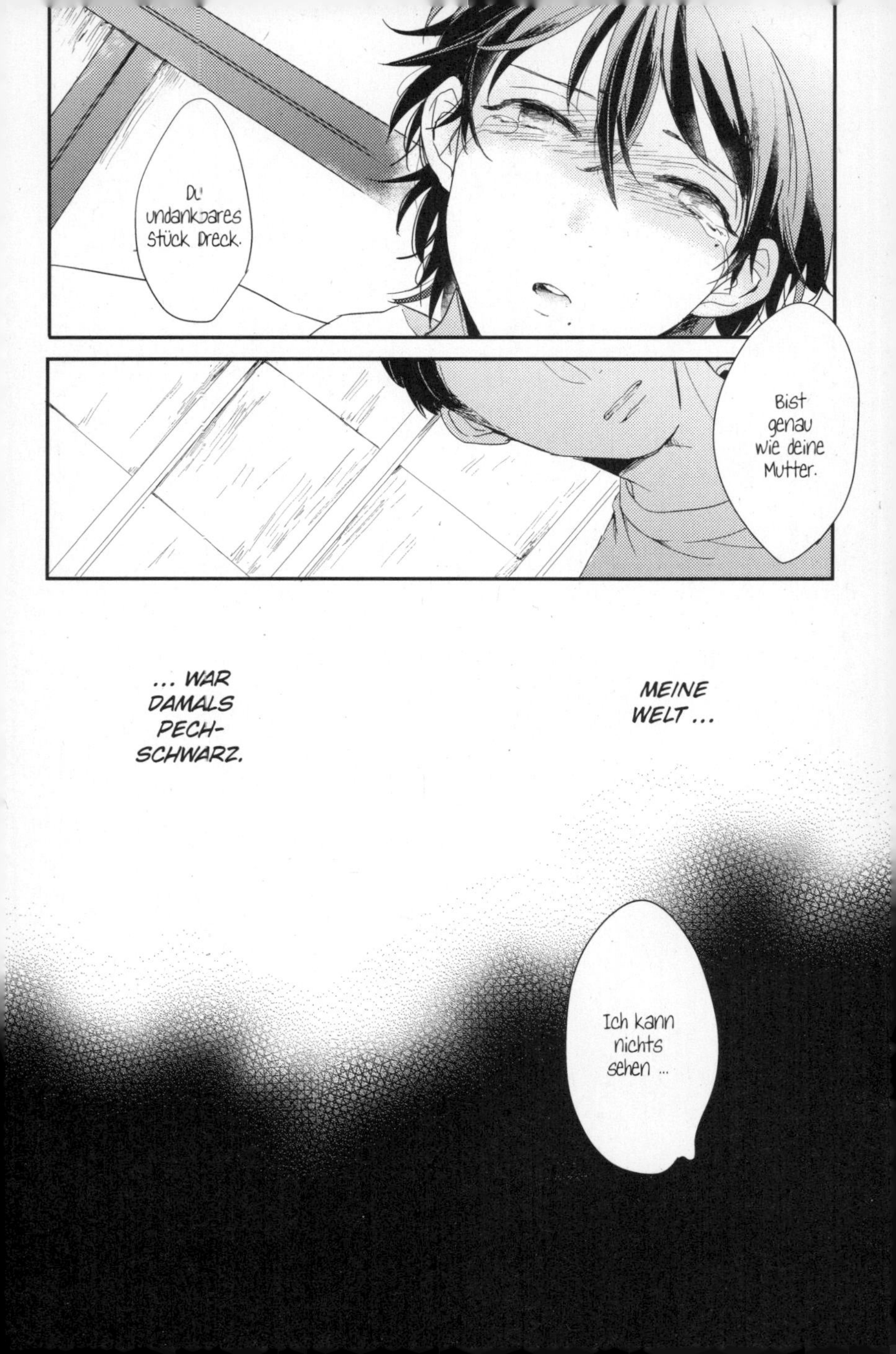
Du undankbares Stück Dreck.
Bist genau wie deine Mutter.
MEINE WELT ...
... WAR DAMALS PECH-SCHWARZ.
Ich kann nichts sehen ...

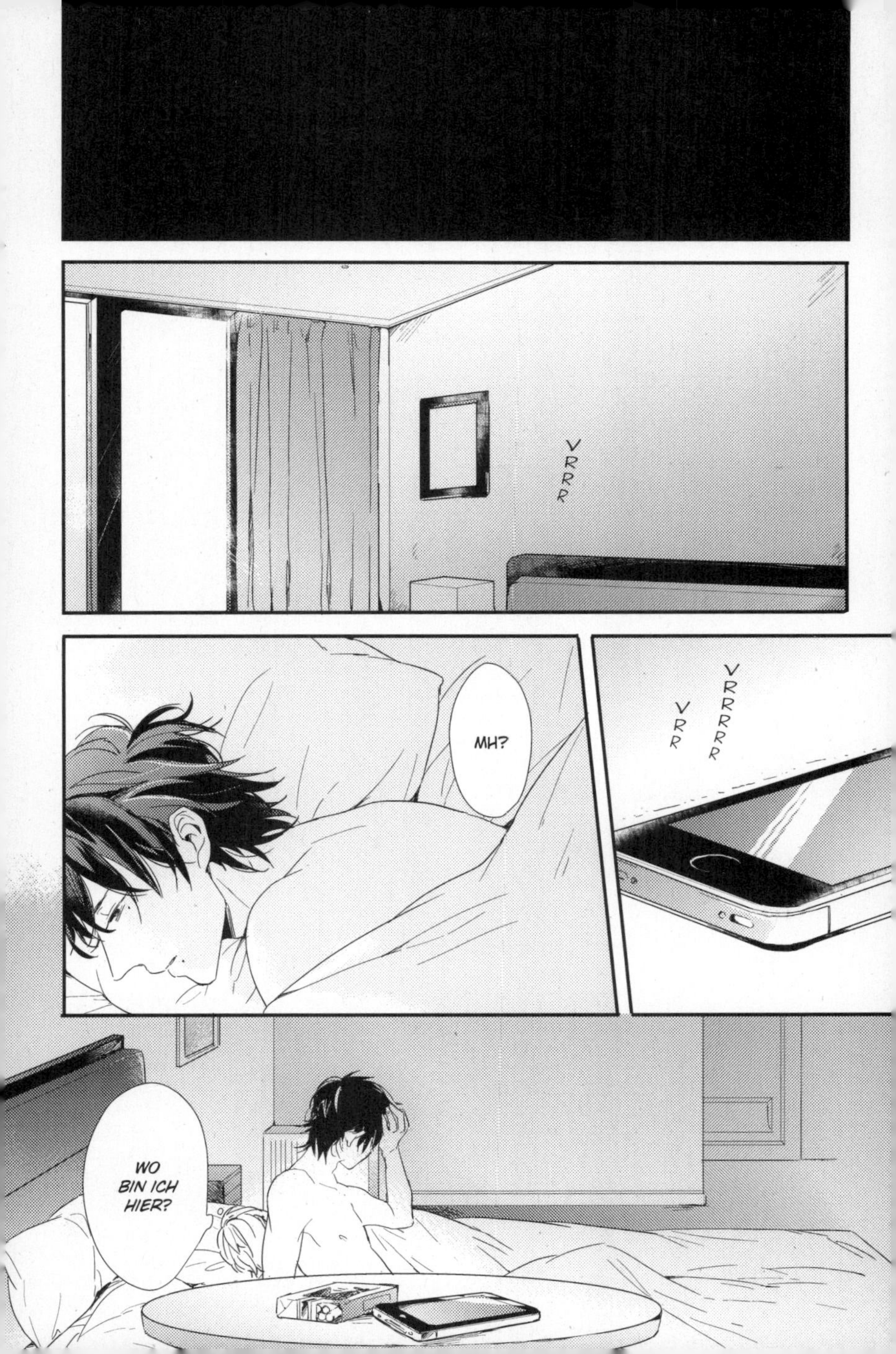
VRRR
VRRRRRR
VRR
MH?
WO BIN ICH HIER?

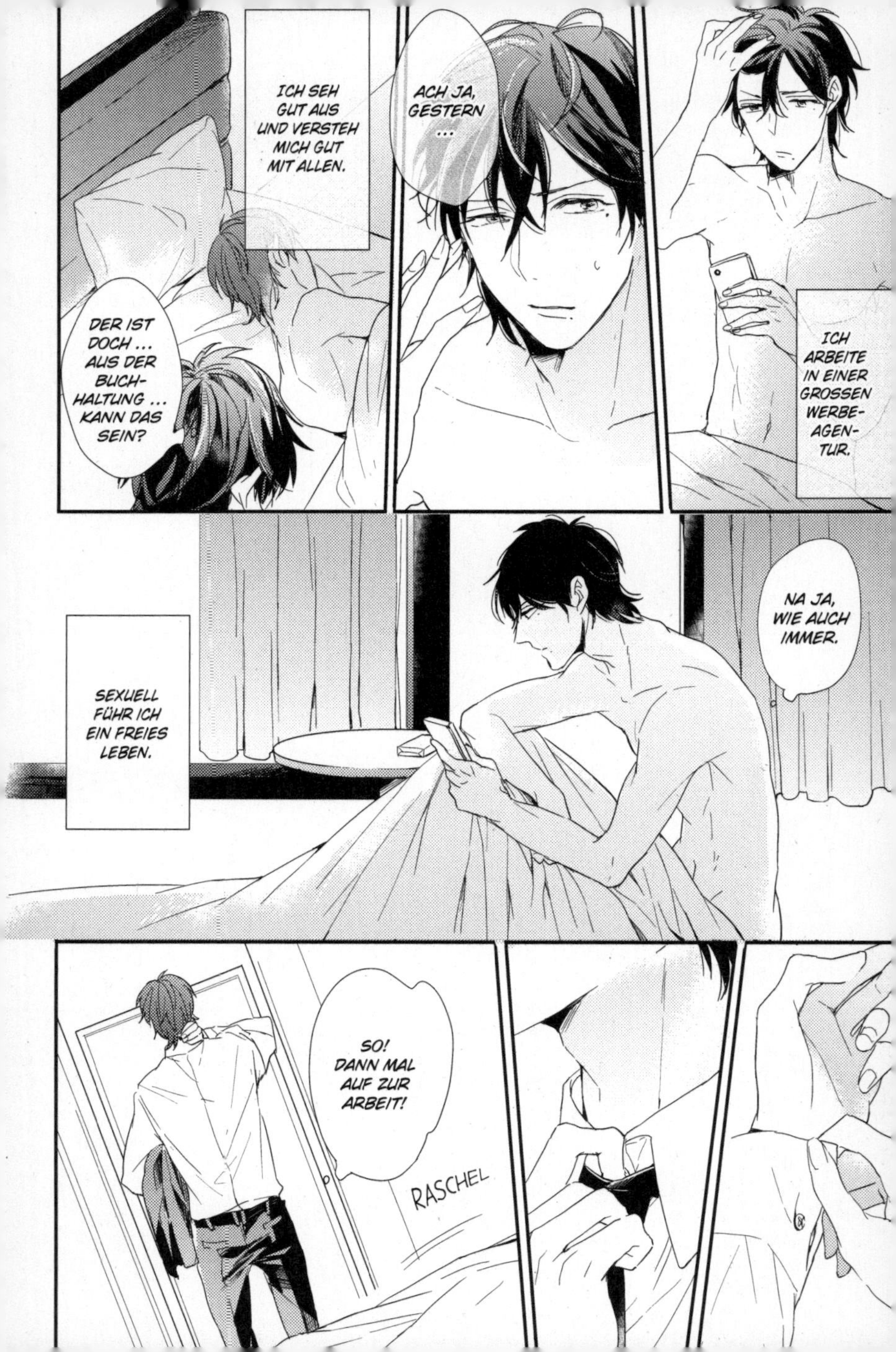
ICH ARBEITE IN EINER GROSSEN WERBE-AGENTUR.
ACH JA, GESTERN ...
ICH SEH GUT AUS UND VERSTEH MICH GUT MIT ALLEN.
DER IST DOCH ... AUS DER BUCH-HALTUNG ... KANN DAS SEIN?
NA JA, WIE AUCH IMMER.
SEXUELL FÜHR ICH EIN FREIES LEBEN.
RASCHEL
SO! DANN MAL AUF ZUR ARBEIT!

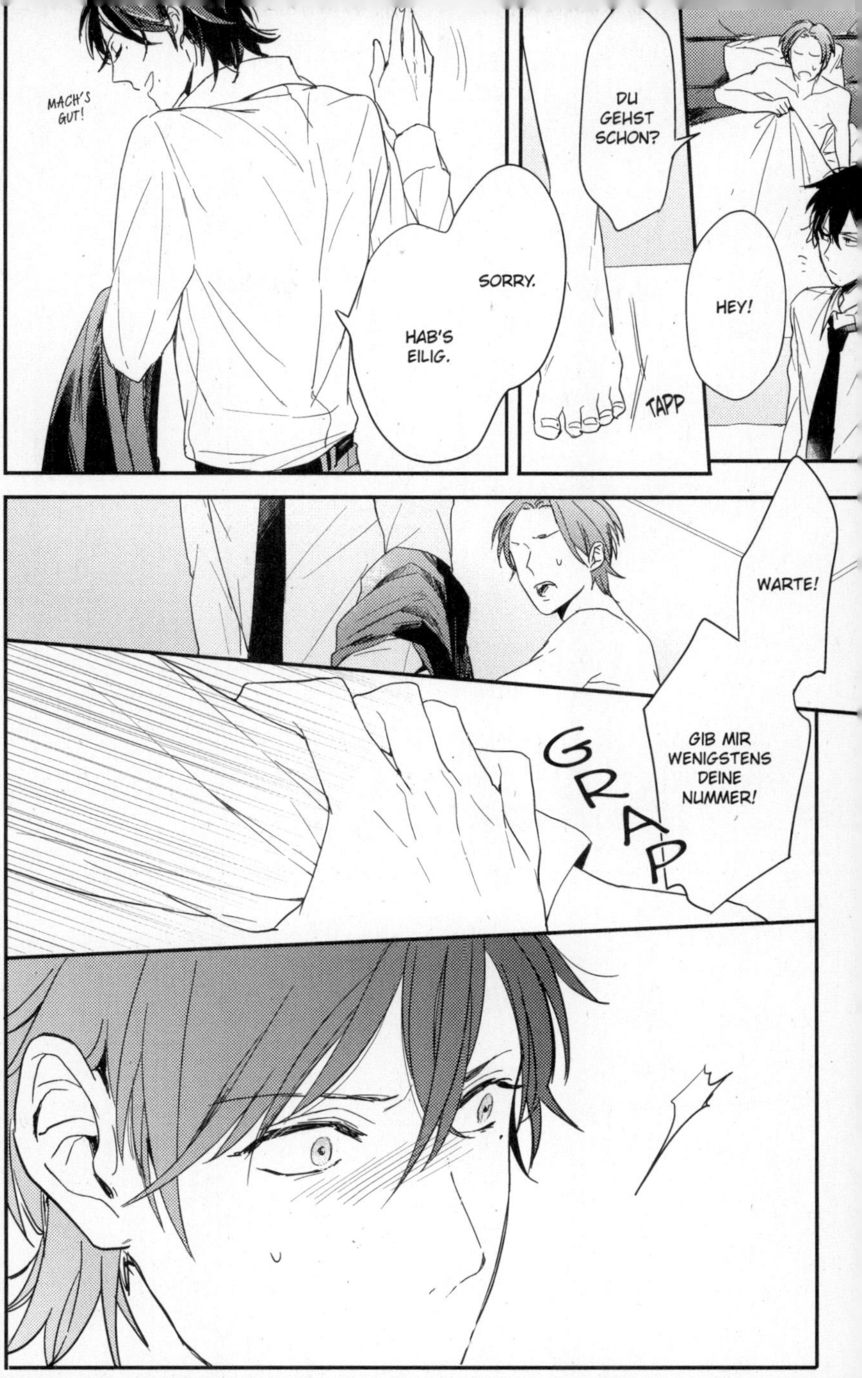
DU GEHST SCHON?
MACH'S GUT!
SORRY.
HAB'S EILIG.
TAPP
HEY!
WARTE!
GIB MIR WENIGSTENS DEINE NUMMER!
GRAP

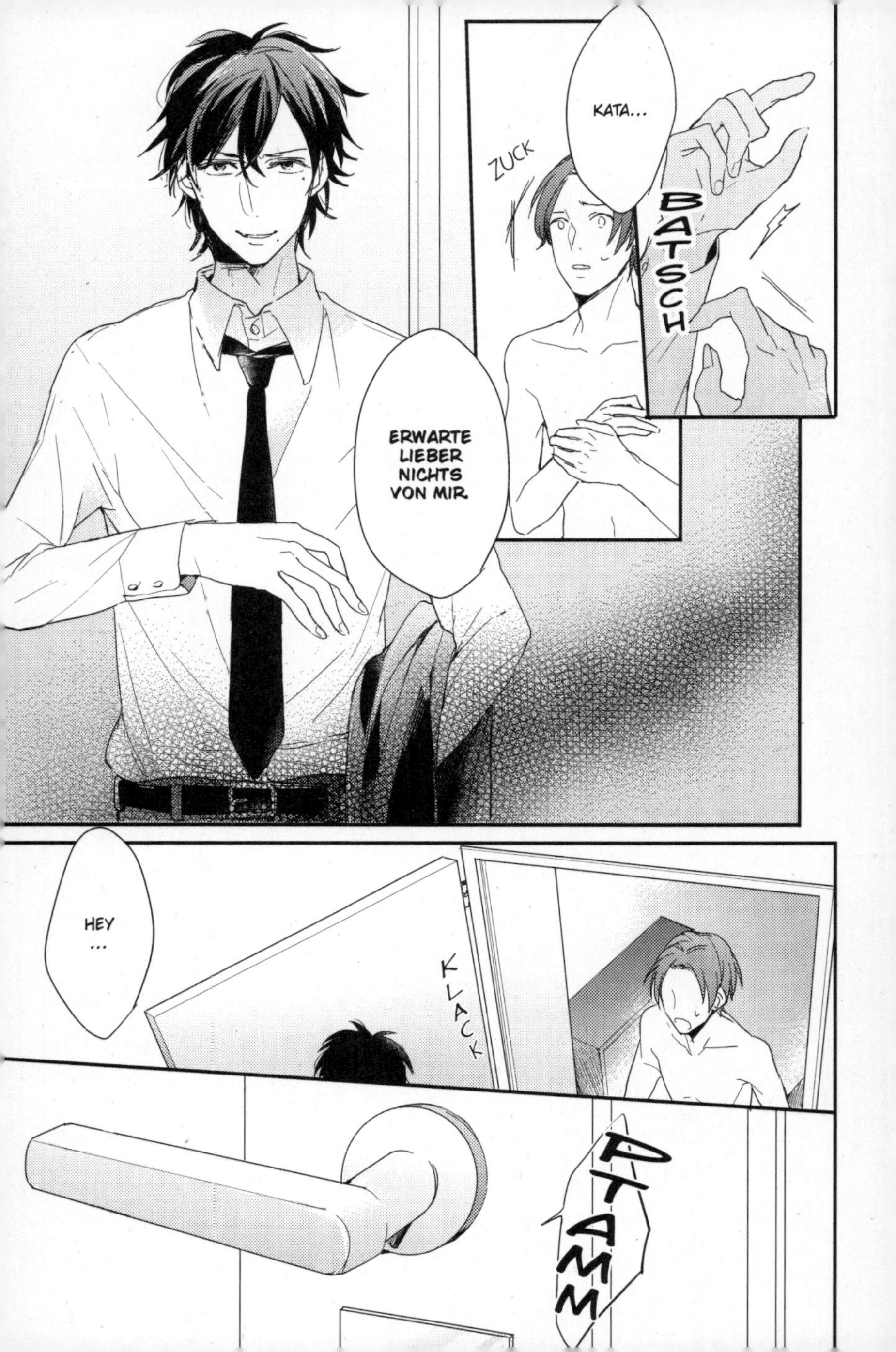

KATA...
ZUCK
BATSCH
ERWARTE LIEBER NICHTS VON MIR
KLACK
HEY ...
PTAMM

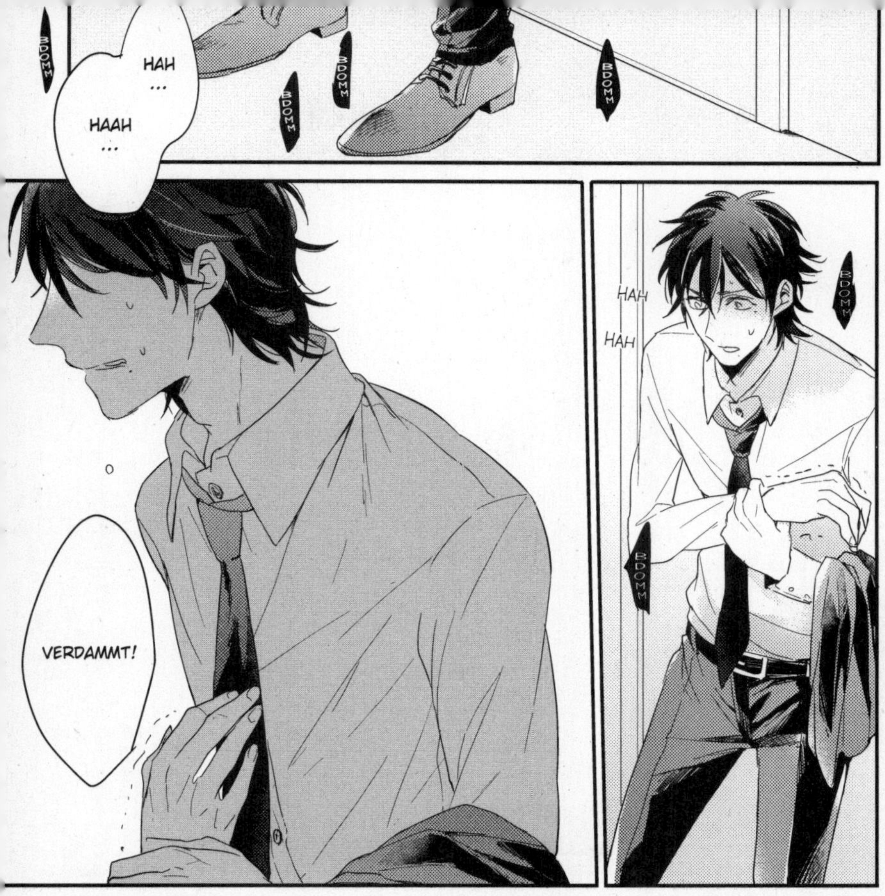
BDOMM
BDOMM
BDOMM
HAH ...
HAAH ...
BDOMM
HAH
HAH
BDOMM
BDOMM
VERDAMMT!

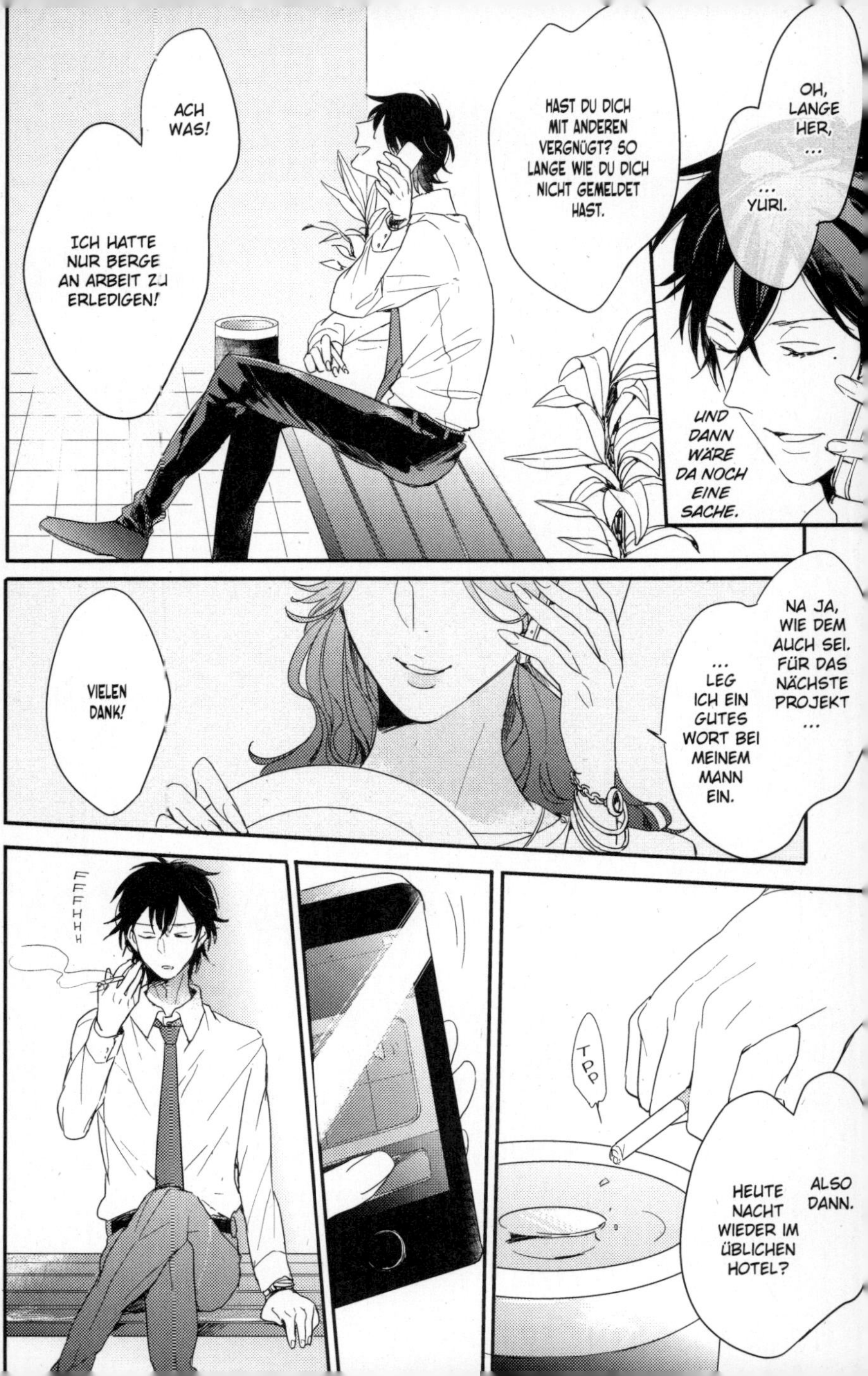
OH, LANGE HER, ...
... YURI.
HAST DU DICH MIT ANDEREN VERGNÜGT? SO LANGE WIE DU DICH NICHT GEMELDET HAST.
ACH WAS!
ICH HATTE NUR BERGE AN ARBEIT ZU ERLEDIGEN!
UND DANN WÄRE DA NOCH EINE SACHE.
NA JA, WIE DEM AUCH SEI. FÜR DAS NÄCHSTE PROJEKT ...
... LEG ICH EIN GUTES WORT BEI MEINEM MANN EIN.
VIELEN DANK!
ALSO DANN.
HEUTE NACHT WIEDER IM ÜBLICHEN HOTEL?
TPP
FFFHHH

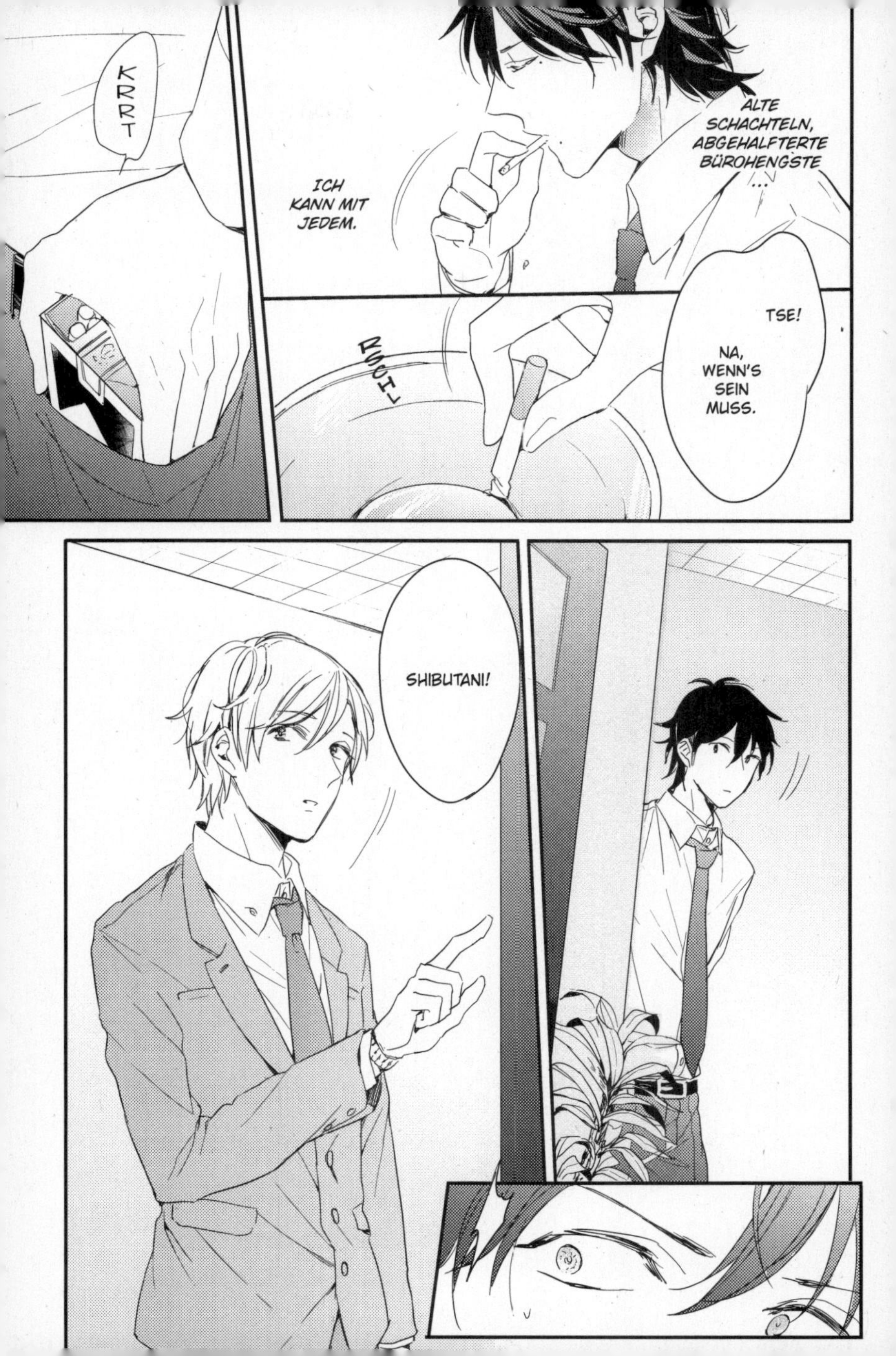

ALTE SCHACHTELN, ABGEHALFTERTE BÜROHENGSTE ...
ICH KANN MIT JEDEM.
KRRT
TSE!
NA, WENN'S SEIN MUSS.
RSCHL
SHIBUTANI!

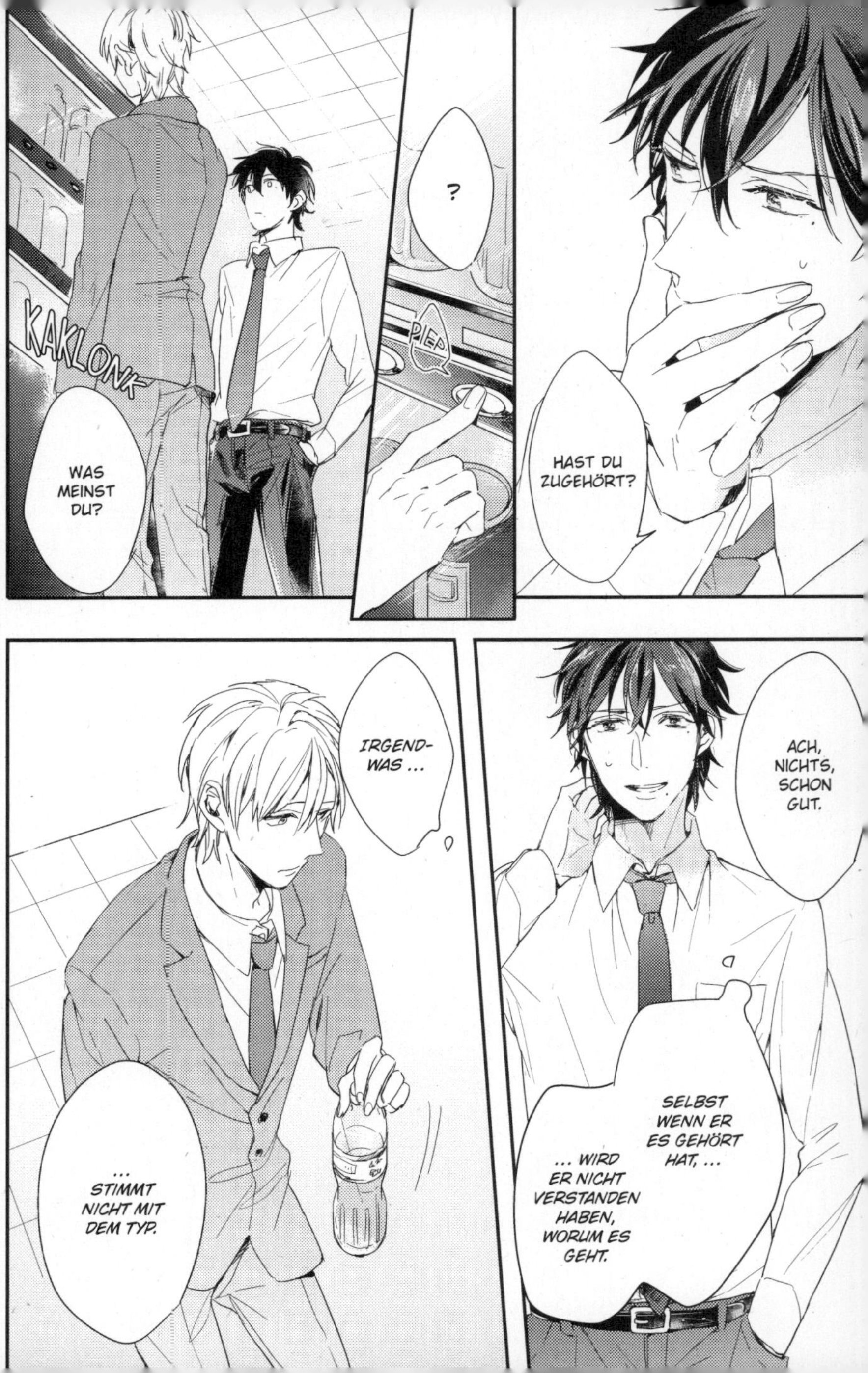
HAST DU ZUGEHÖRT?
?
PIEP
KAKLONK
WAS MEINST DU?
ACH, NICHTS, SCHON GUT.
SELBST WENN ER ES GEHÖRT HAT, …
… WIRD ER NICHT VERSTANDEN HABEN, WORUM ES GEHT.
IRGENDWAS …
… STIMMT NICHT MIT DEM TYP.

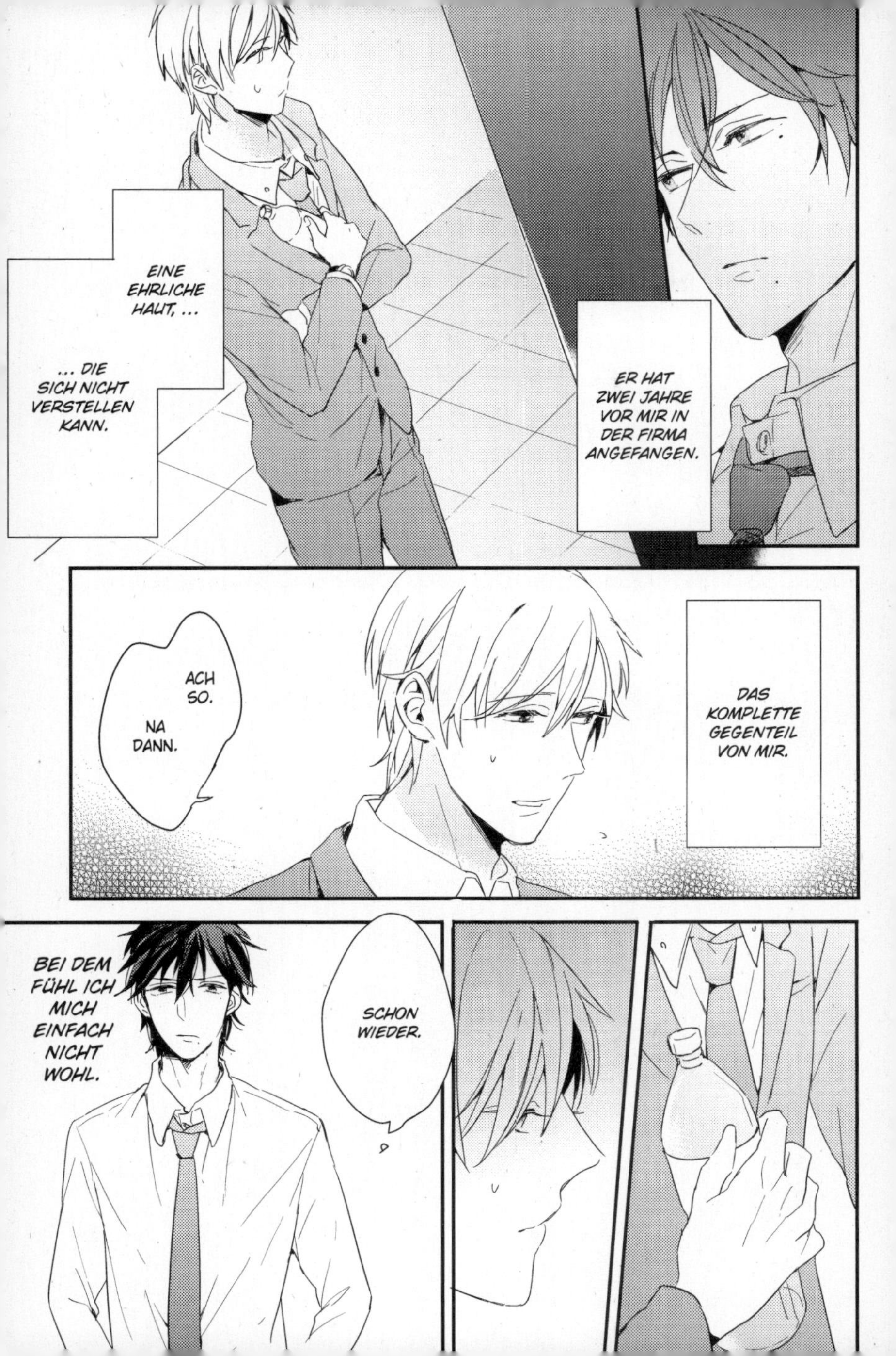
ER HAT ZWEI JAHRE VOR MIR IN DER FIRMA ANGEFANGEN.
EINE EHRLICHE HAUT, ...
... DIE SICH NICHT VERSTELLEN KANN.
DAS KOMPLETTE GEGENTEIL VON MIR.
ACH SO.
NA DANN.
SCHON WIEDER.
BEI DEM FÜHL ICH MICH EINFACH NICHT WOHL.

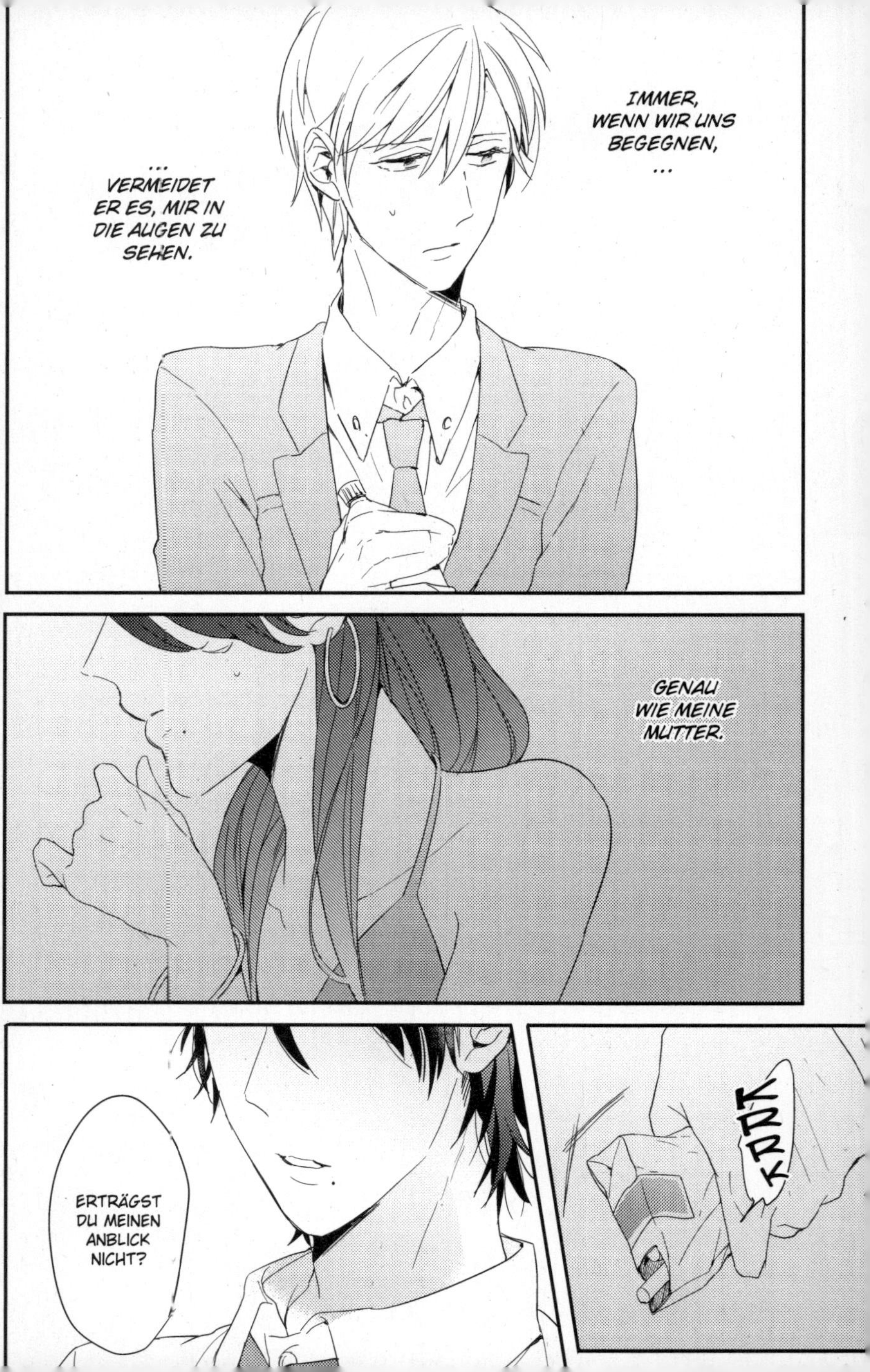

IMMER, WENN WIR UNS BEGEGNEN, ...
... VERMEIDET ER ES, MIR IN DIE AUGEN ZU SEHEN.
GENAU WIE MEINE MUTTER.
KRRK
ERTRÄGST DU MEINEN ANBLICK NICHT?

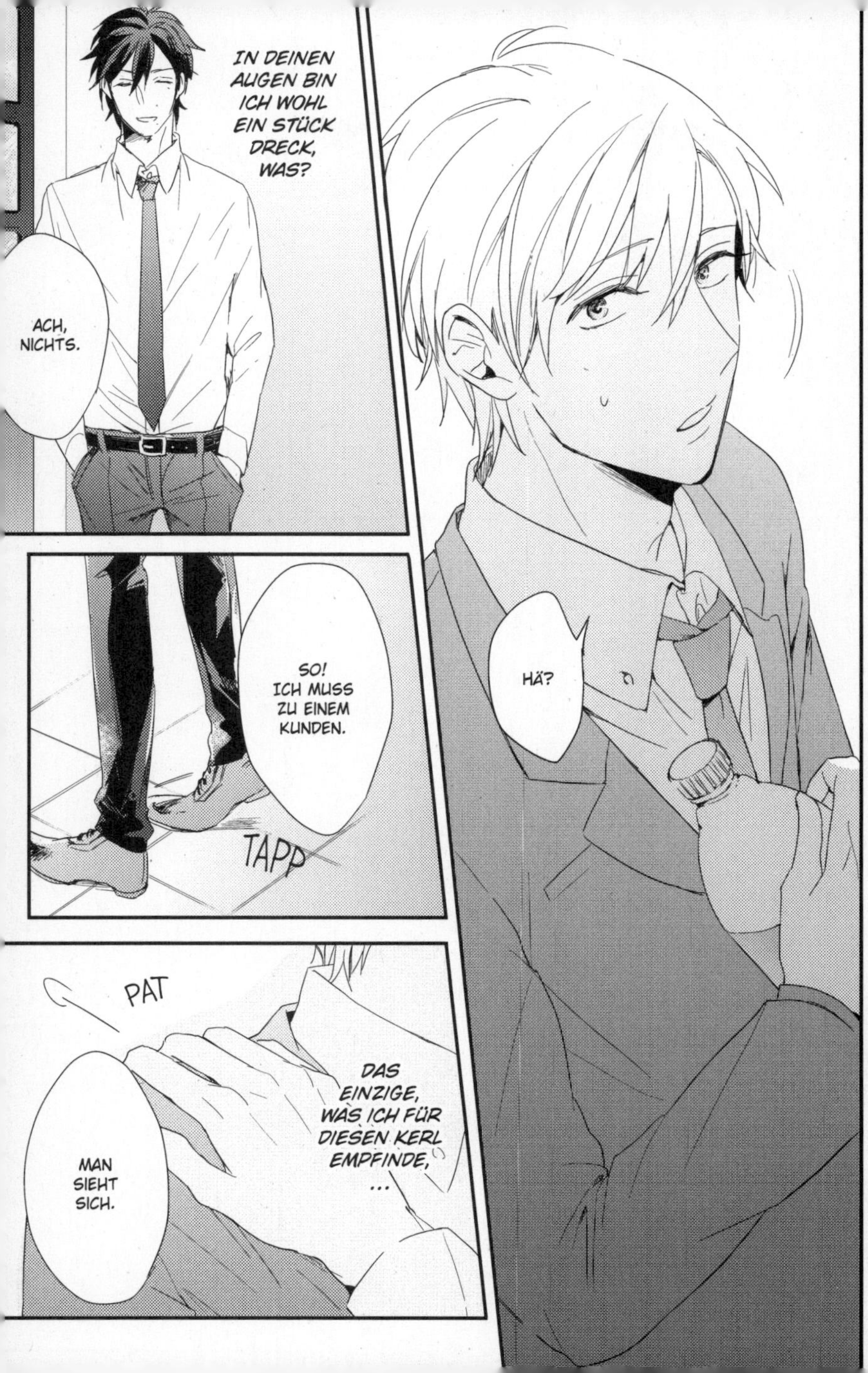
IN DEINEN AUGEN BIN ICH WOHL EIN STÜCK DRECK, WAS?
HÄ?
ACH, NICHTS.
SO! ICH MUSS ZU EINEM KUNDEN.
TAPP
PAT
MAN SIEHT SICH.
DAS EINZIGE, WAS ICH FÜR DIESEN KERL EMPFINDE, ...

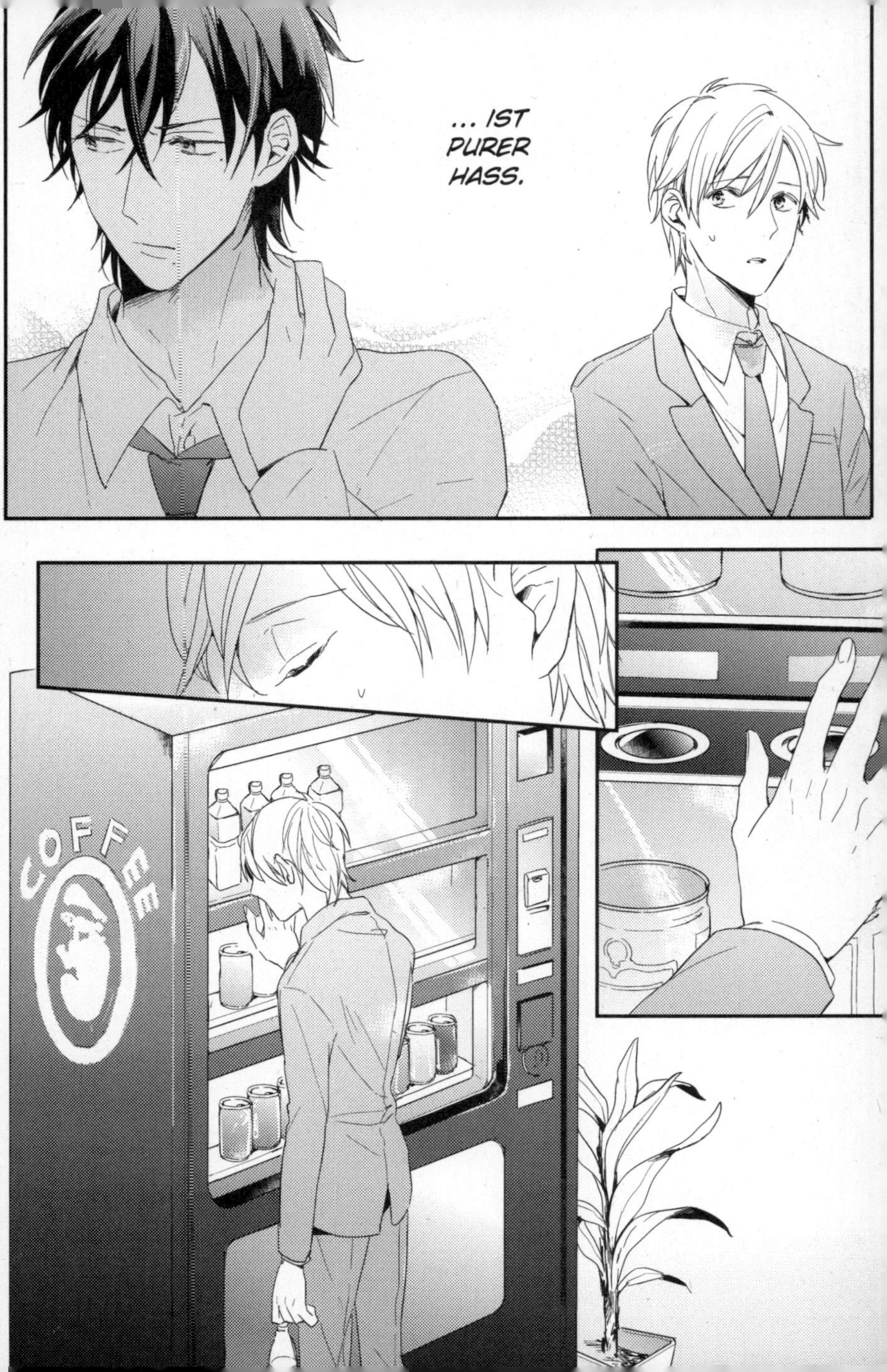
... IST
PURER
HASS.
COFFEE

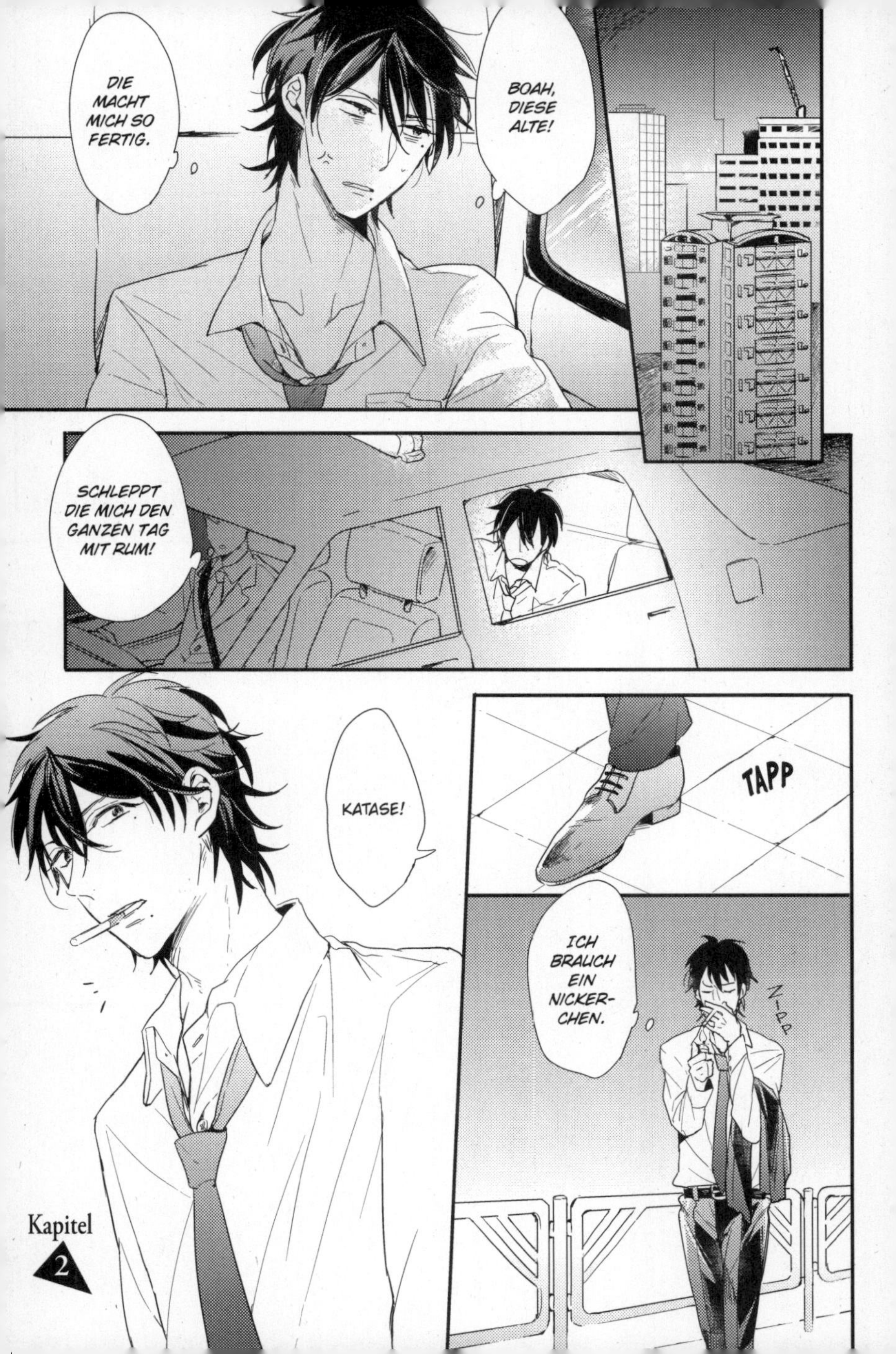
BOAH, DIESE ALTE!
DIE MACHT MICH SO FERTIG.
SCHLEPPT DIE MICH DEN GANZEN TAG MIT RUM!
TAPP
KATASE!
ICH BRAUCH EIN NICKER-CHEN.
ZIPP
Kapitel 2

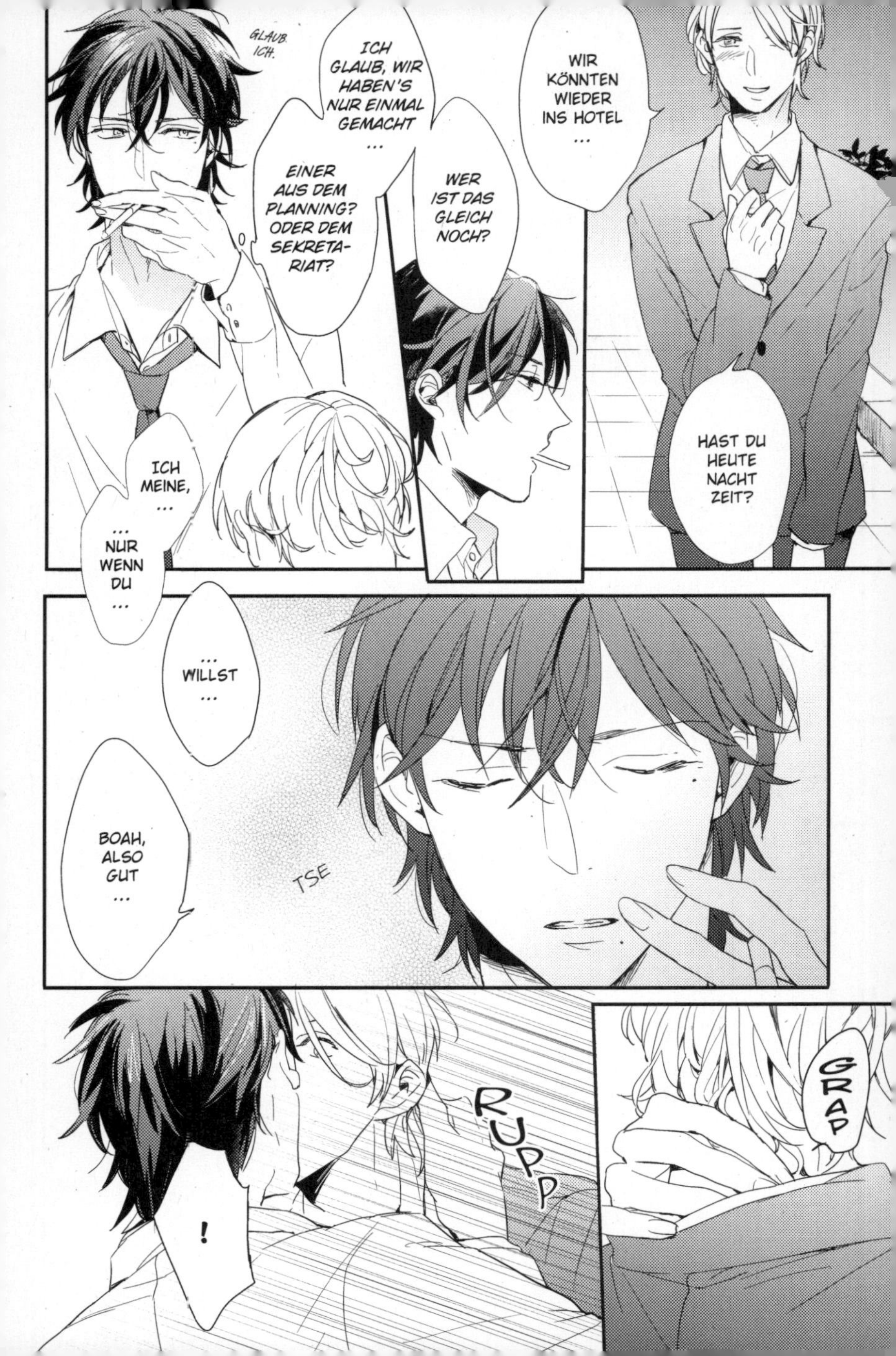
WIR KÖNNTEN WIEDER INS HOTEL …
HAST DU HEUTE NACHT ZEIT?
WER IST DAS GLEICH NOCH?
ICH GLAUB, WIR HABEN'S NUR EINMAL GEMACHT …
GLAUB. ICH.
EINER AUS DEM PLANNING? ODER DEM SEKRETA-RIAT?
ICH MEINE, …
… NUR WENN DU …
… WILLST …
BOAH, ALSO GUT …
TSE
GRAP
RUPP
!

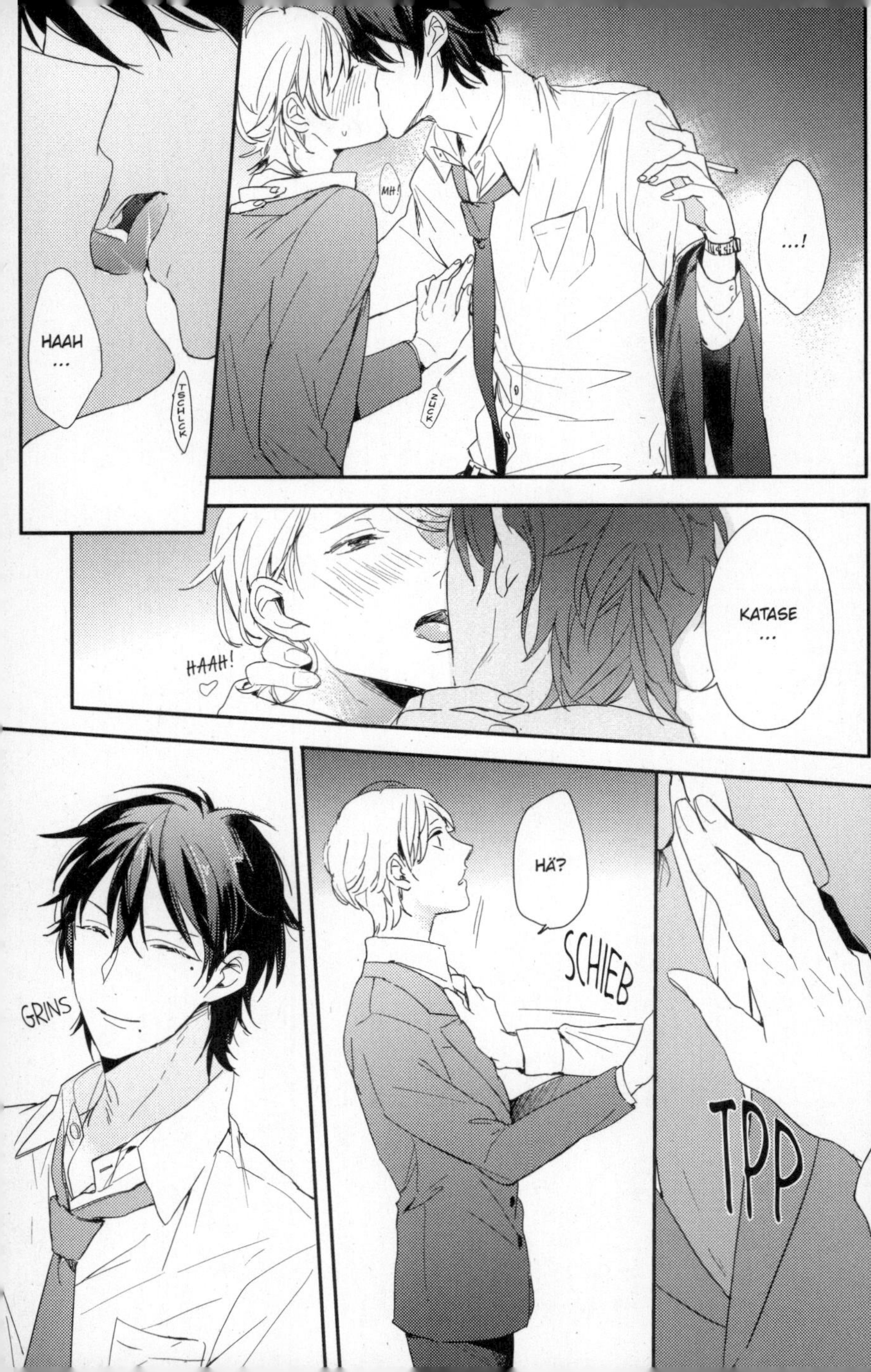
...!
MH!
ZUCK
HAAH ...
TSCHLCK
KATASE ...
HAAH!
HÄ?
SCHIEB
TPP
GRINS

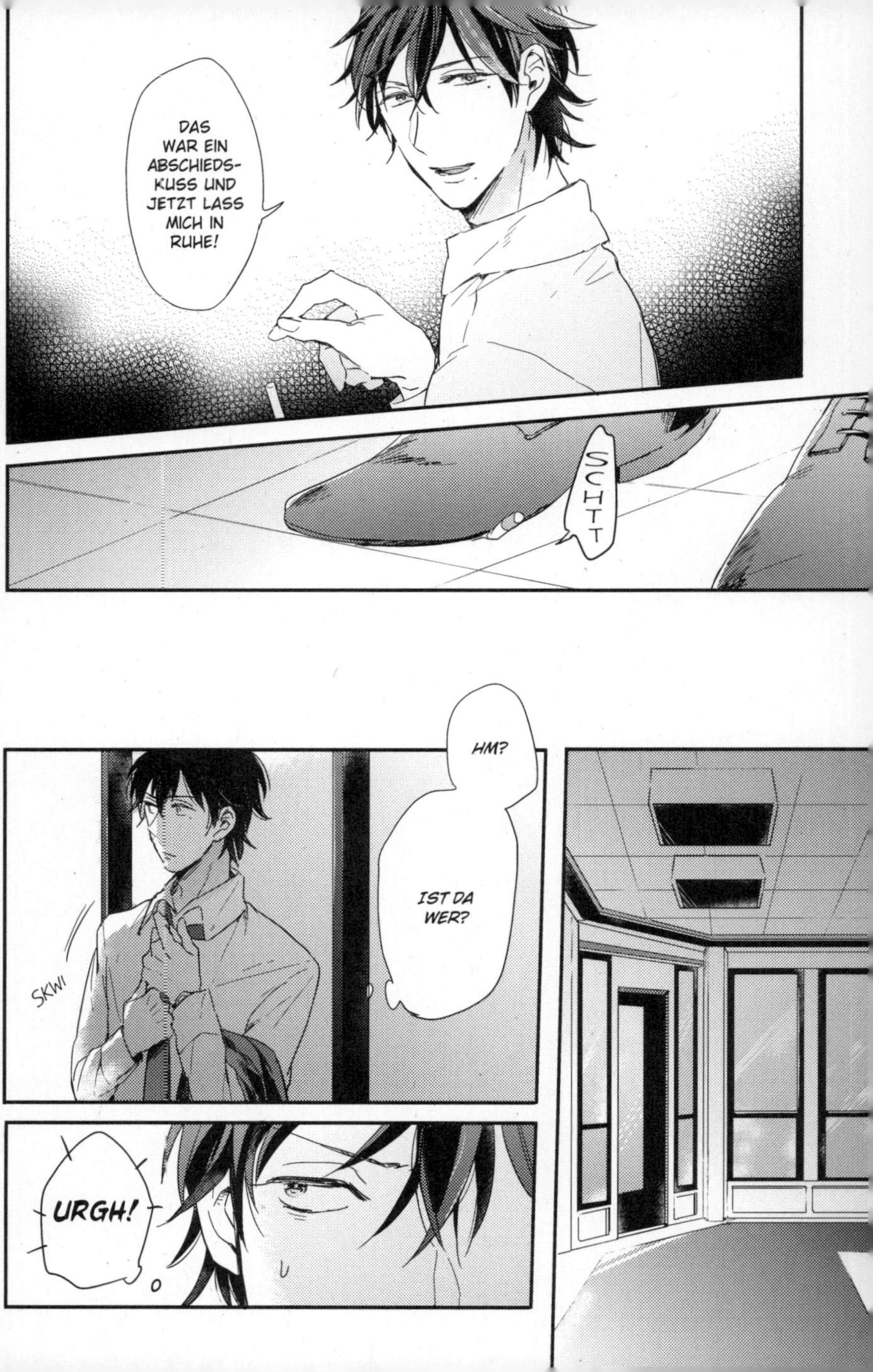
DAS WAR EIN ABSCHIEDS-KUSS UND JETZT LASS MICH IN RUHE!
SCHTT
HM?
IST DA WER?
SKWI
URGH!

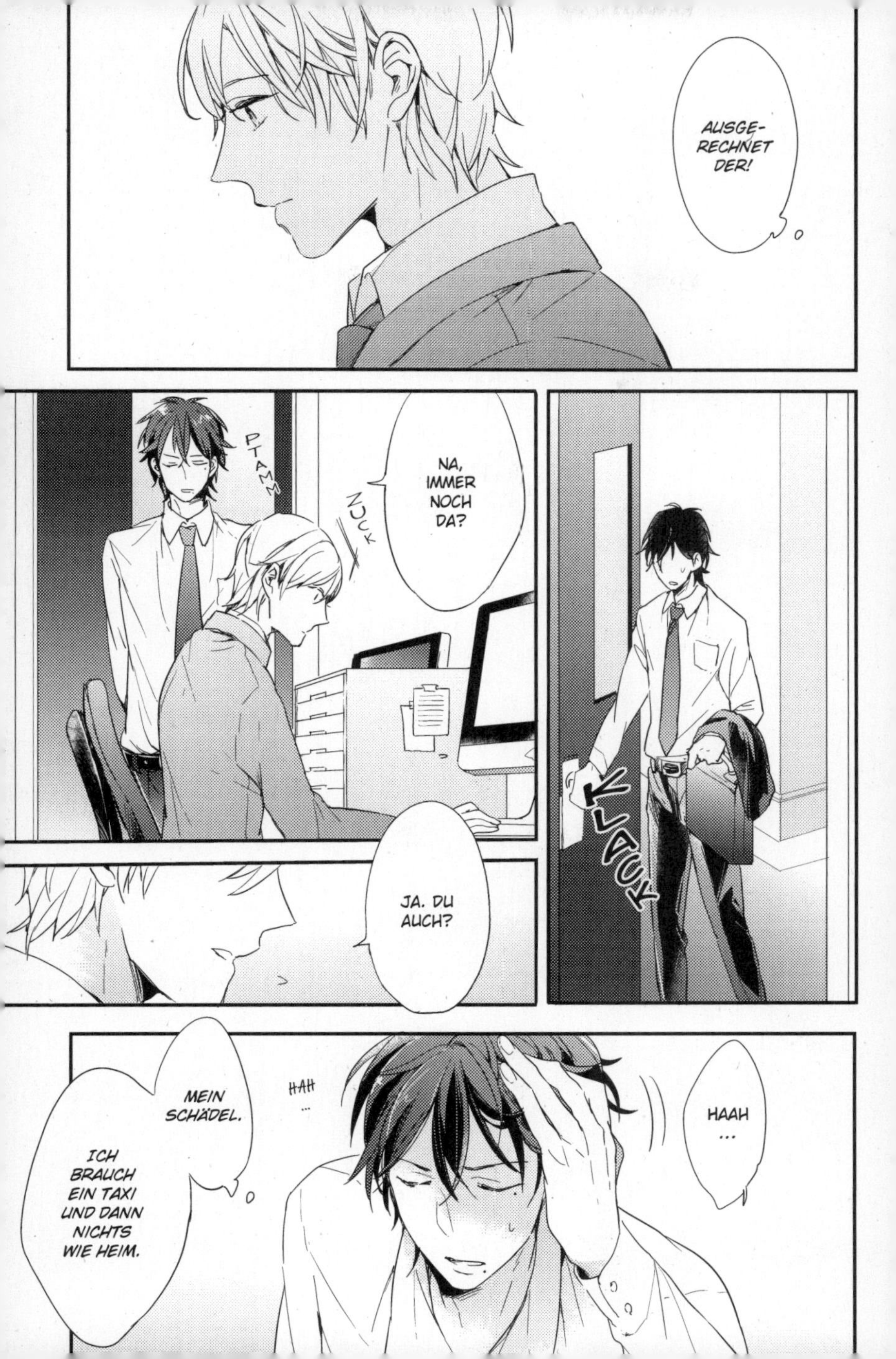
AUSGE-RECHNET DER!
KLACK
PTAMM
ZUCK
NA, IMMER NOCH DA?
JA. DU AUCH?
HAAH …
HAH …
MEIN SCHÄDEL.
ICH BRAUCH EIN TAXI UND DANN NICHTS WIE HEIM.

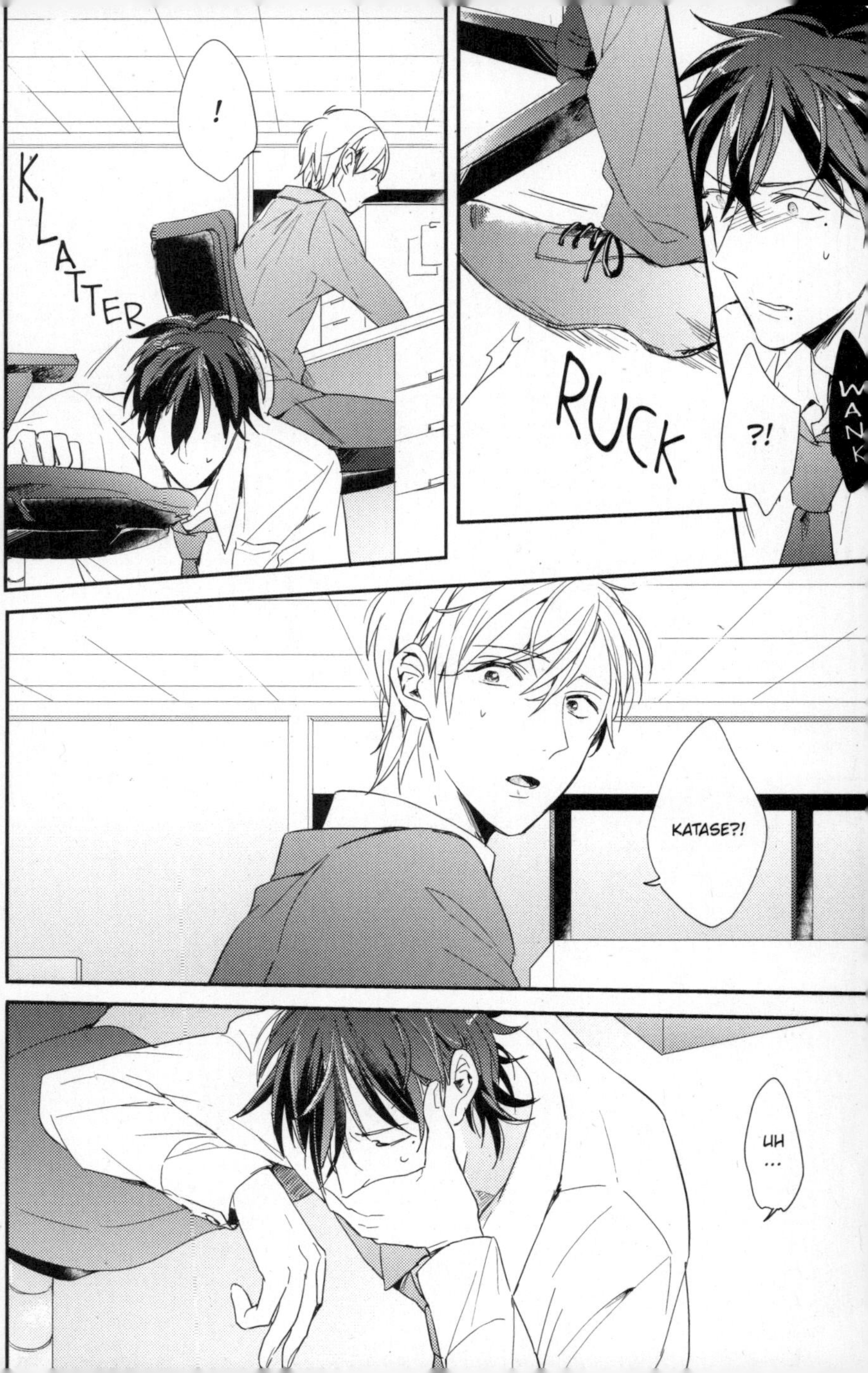
RUCK
?!
WANK
!
KLATTER
KATASE?!
UH
...

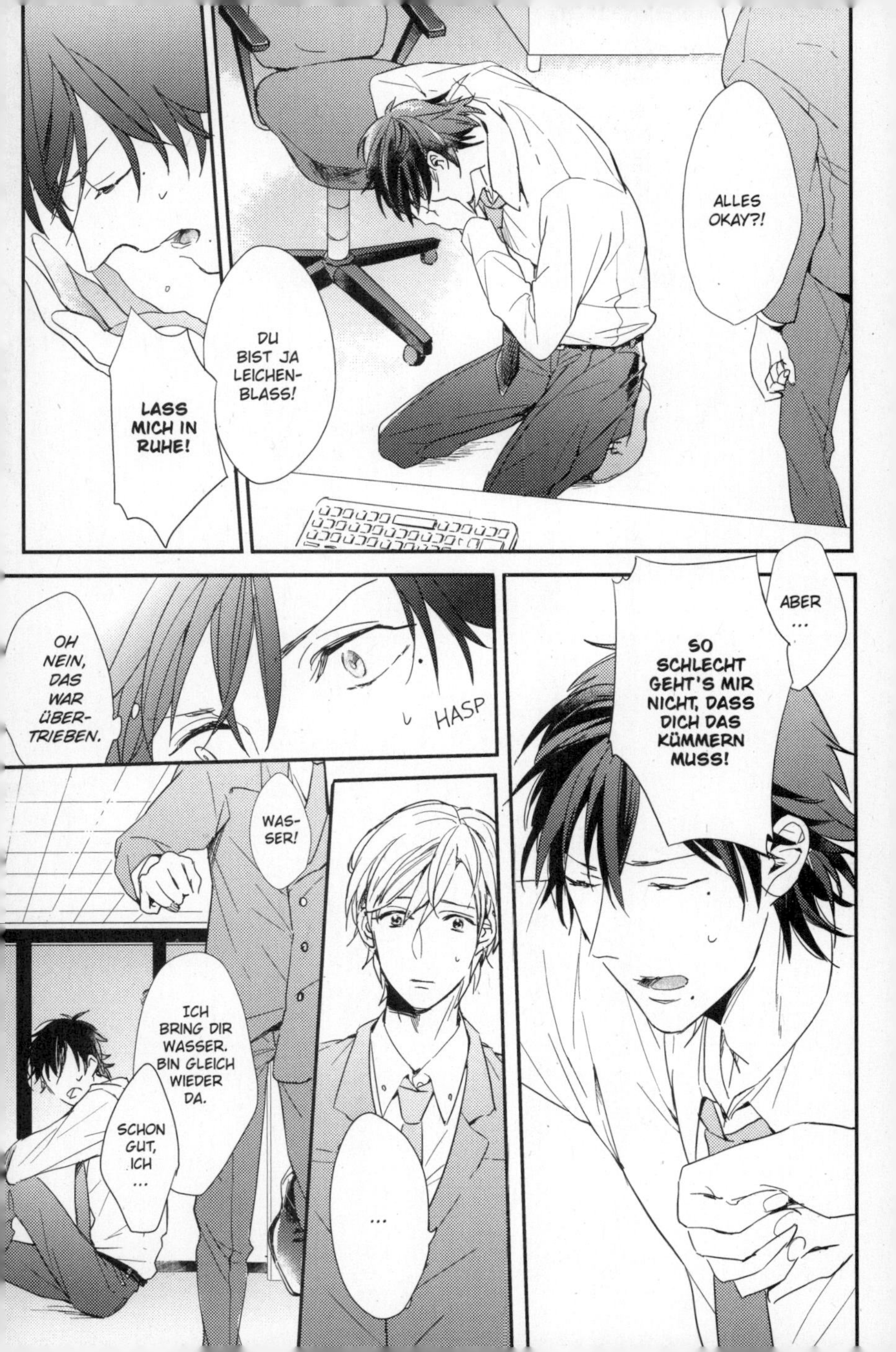
ALLES OKAY?!
DU BIST JA LEICHEN-BLASS!
LASS MICH IN RUHE!
ABER ...
SO SCHLECHT GEHT'S MIR NICHT, DASS DICH DAS KÜMMERN MUSS!
HASP
OH NEIN, DAS WAR ÜBER-TRIEBEN.
WAS-SER!
...
ICH BRING DIR WASSER. BIN GLEICH WIEDER DA.
SCHON GUT, ICH ...

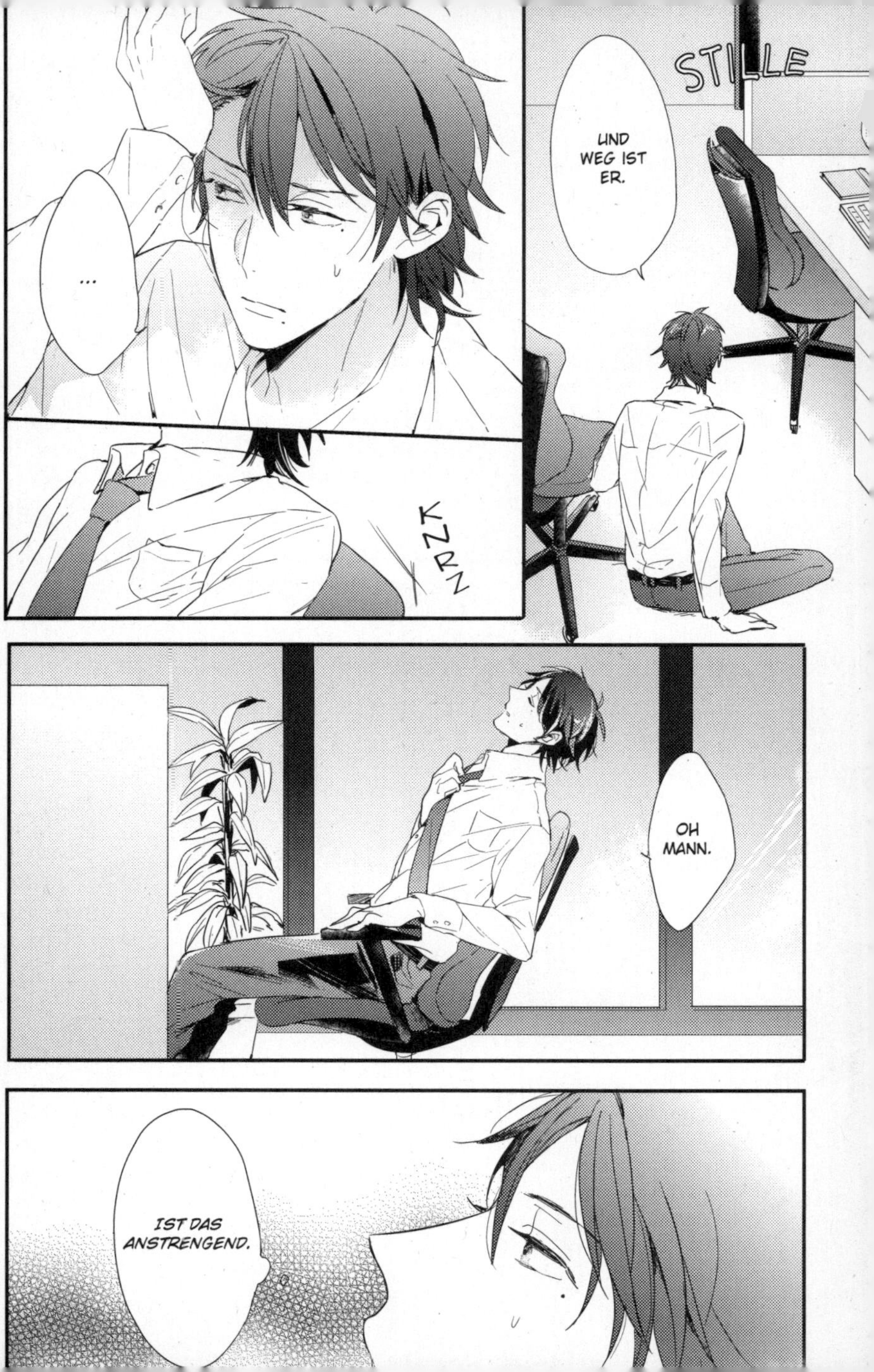
STILLE
UND WEG IST ER.
...
KNRZ
OH MANN.
IST DAS ANSTRENGEND.

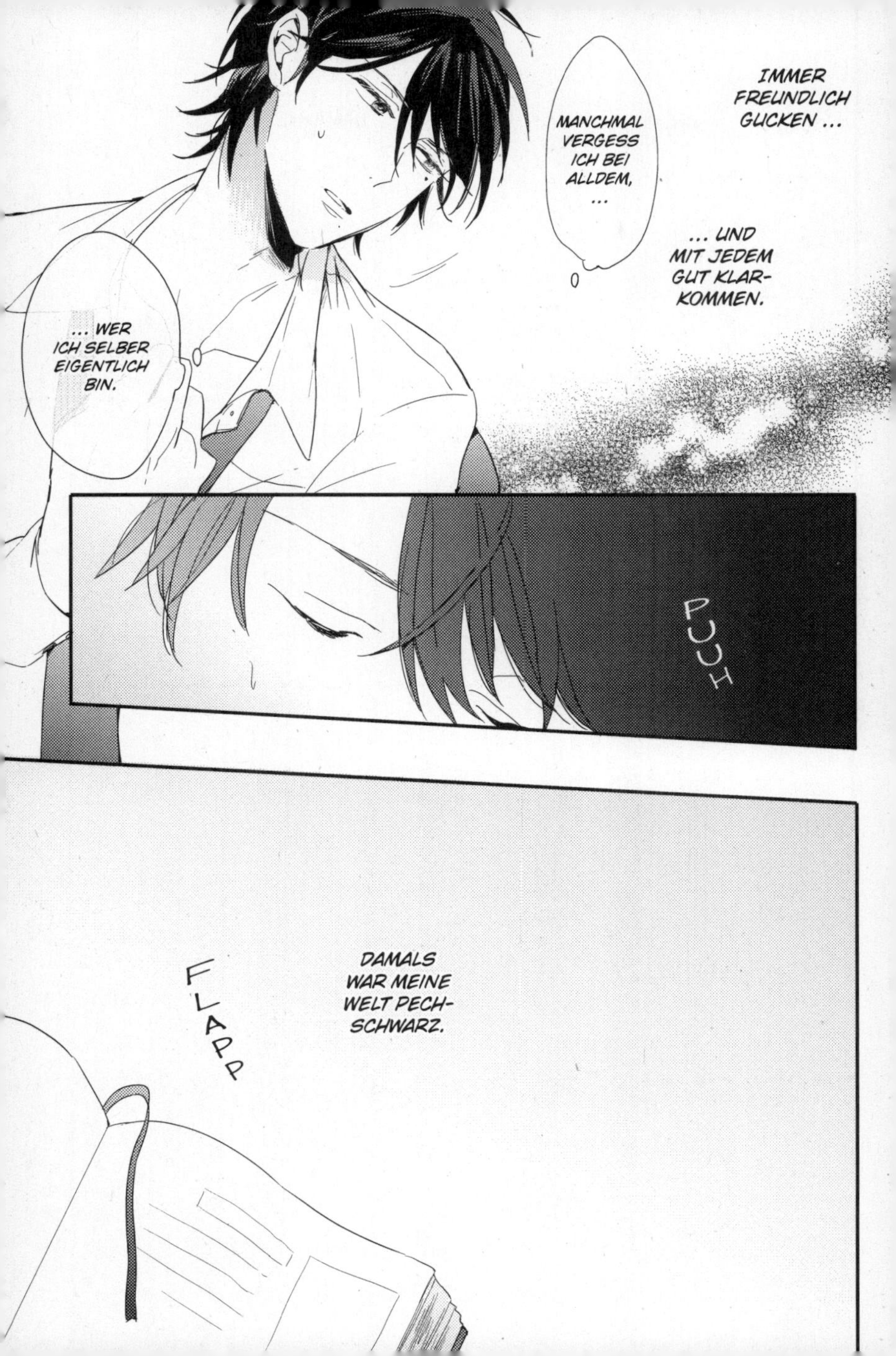
IMMER FREUNDLICH GUCKEN ...
... UND MIT JEDEM GUT KLAR-KOMMEN.
MANCHMAL VERGESS ICH BEI ALLDEM, ...
... WER ICH SELBER EIGENTLICH BIN.
PUUH
DAMALS WAR MEINE WELT PECH-SCHWARZ.
FLAPP

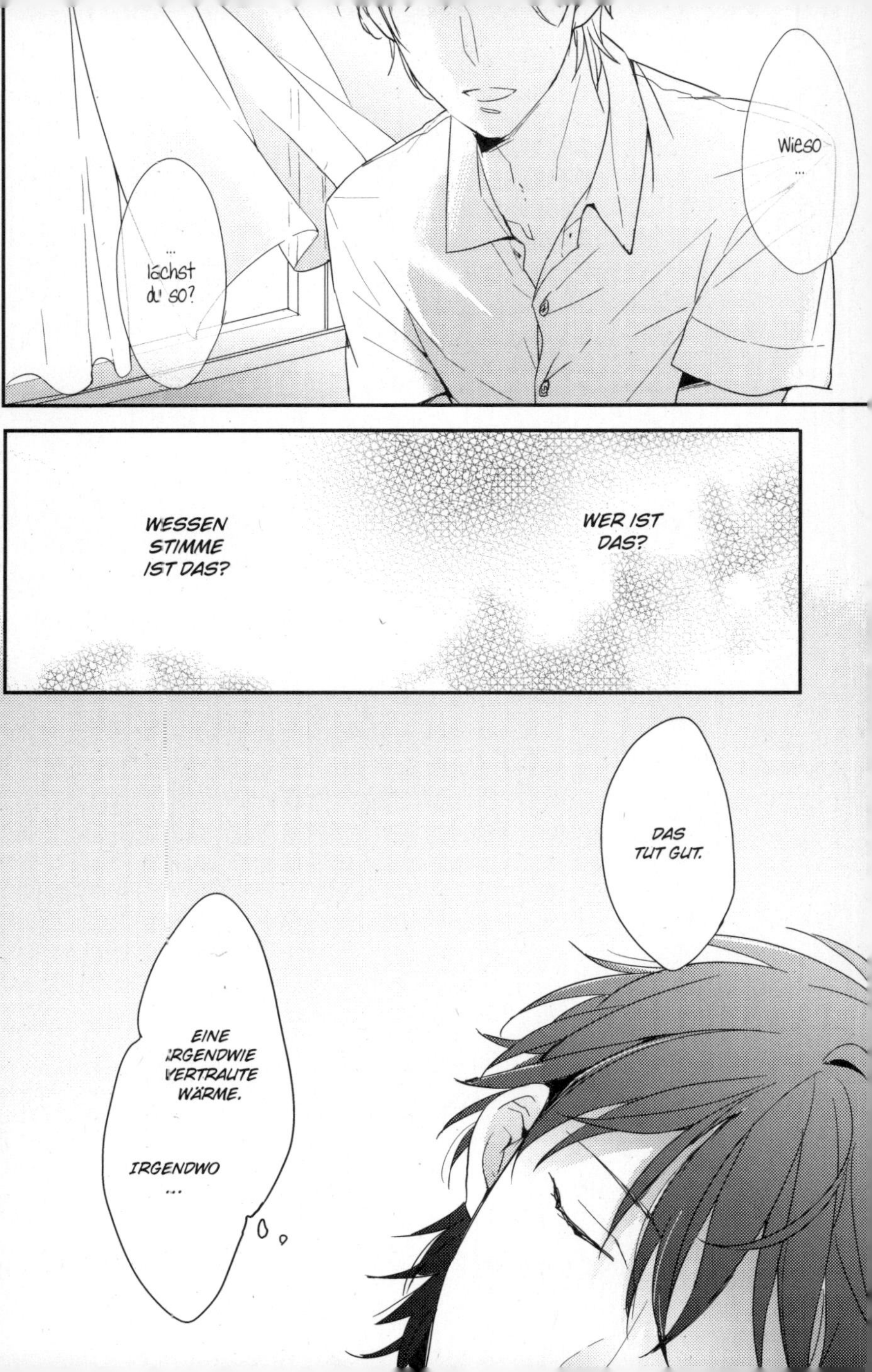
Wieso ...
... lächst du so?
WER IST DAS?
WESSEN STIMME IST DAS?
DAS TUT GUT.
EINE IRGENDWIE VERTRAUTE WÄRME.
IRGENDWO ...

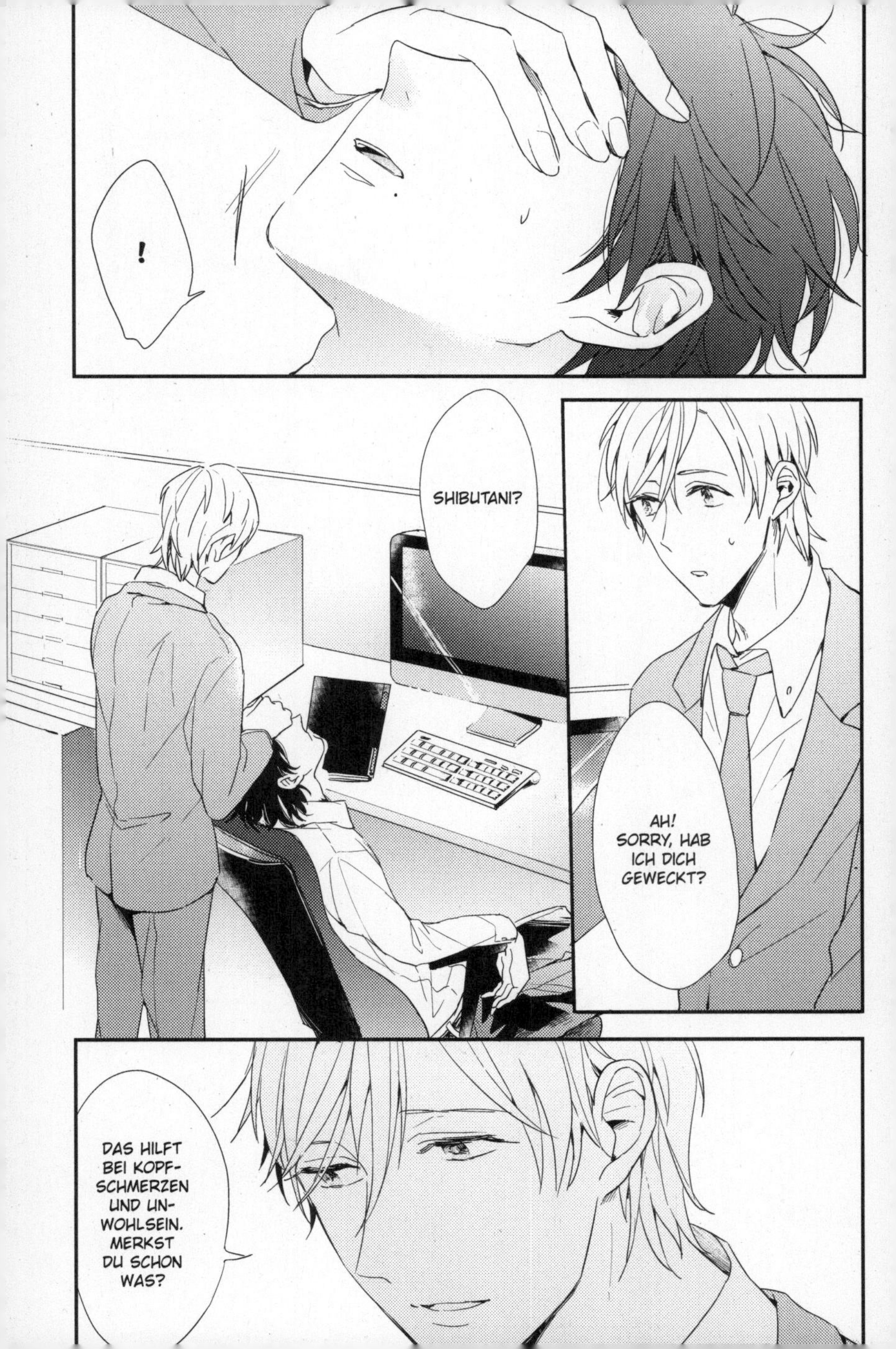
!
SHIBUTANI?
AH! SORRY, HAB ICH DICH GEWECKT?
DAS HILFT BEI KOPF-SCHMERZEN UND UN-WOHLSEIN. MERKST DU SCHON WAS?

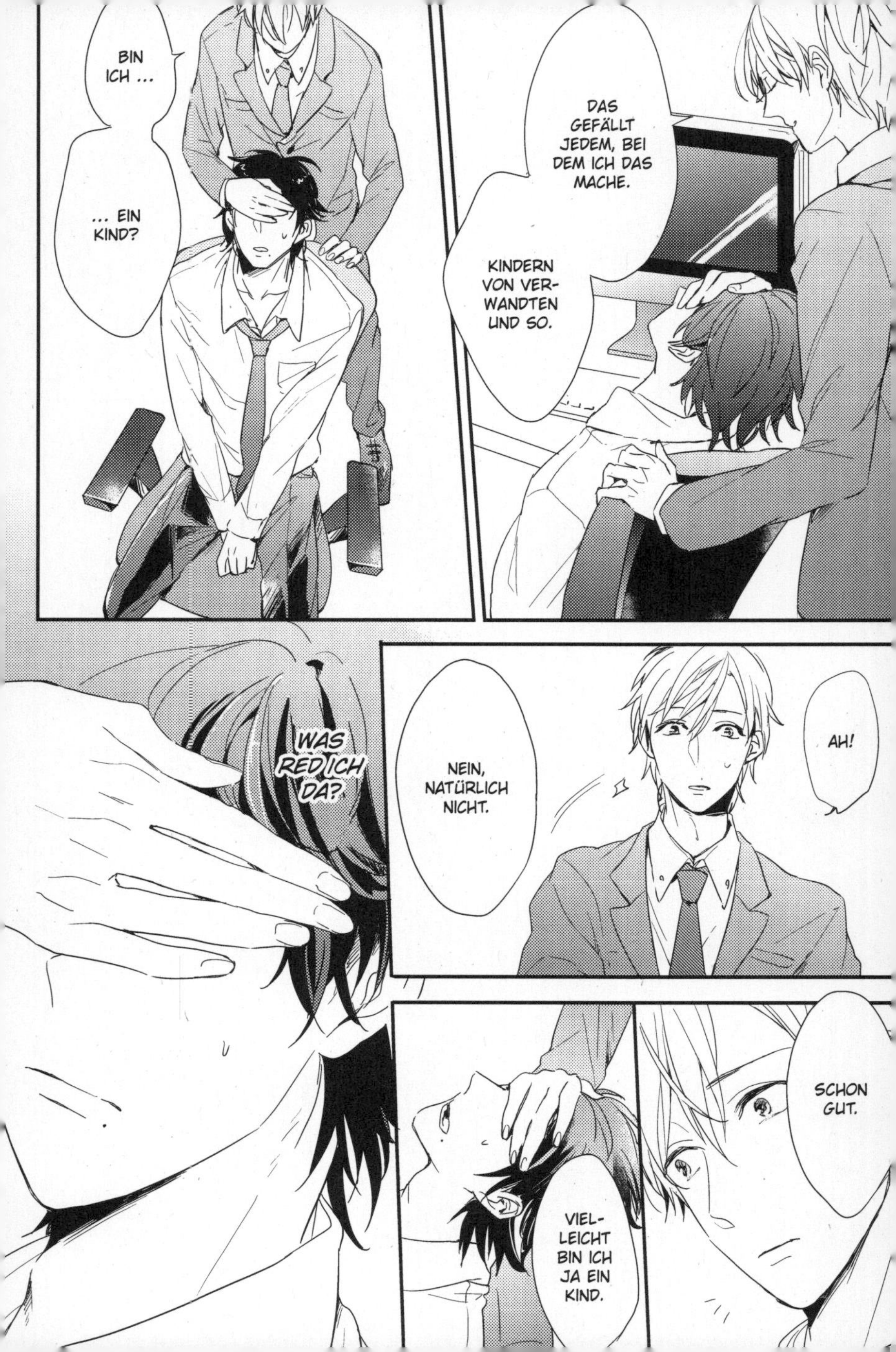
DAS GEFÄLLT JEDEM, BEI DEM ICH DAS MACHE.
KINDERN VON VERWANDTEN UND SO.
BIN ICH …
… EIN KIND?
AH!
NEIN, NATÜRLICH NICHT.
WAS RED ICH DA?
SCHON GUT.
VIEL-LEICHT BIN ICH JA EIN KIND.

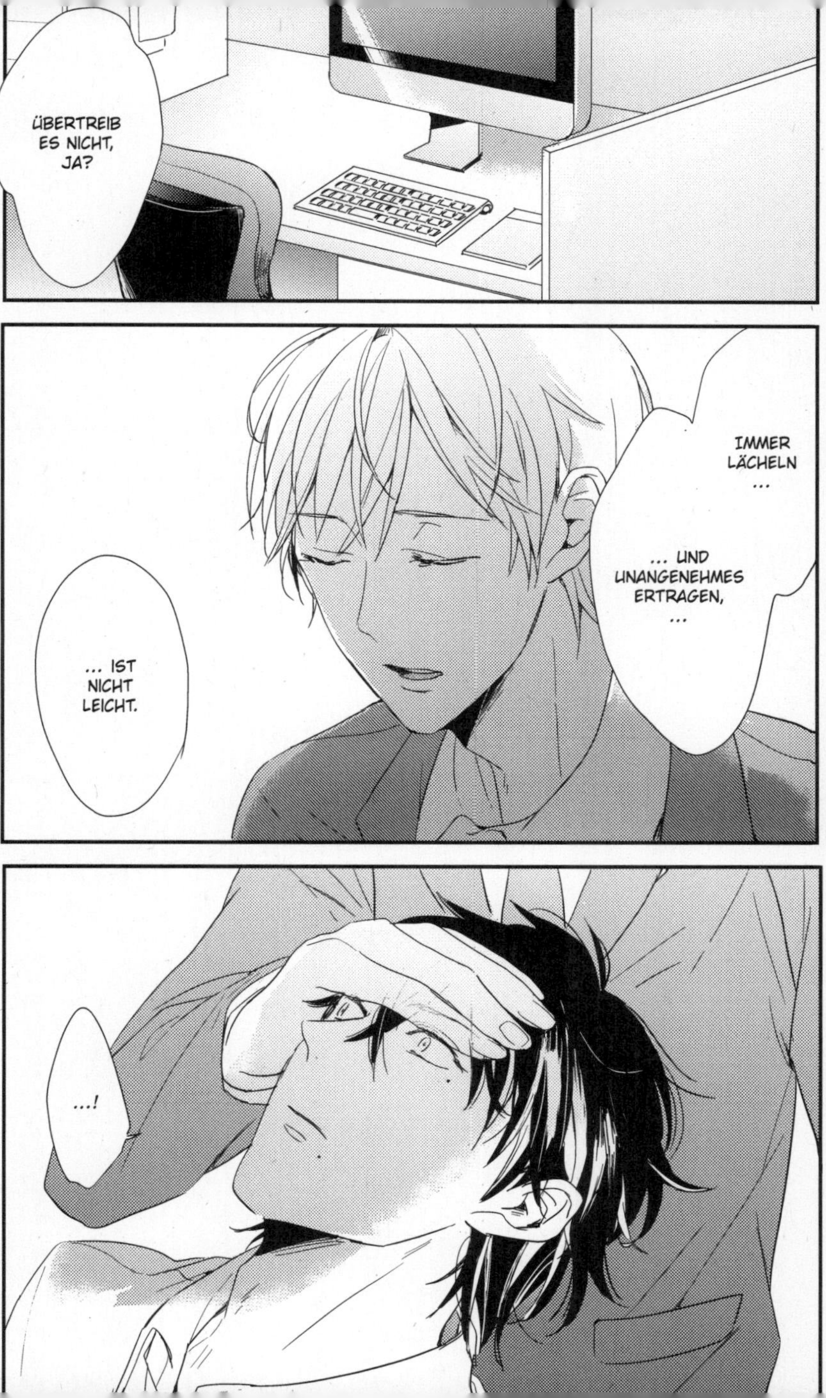
ÜBERTREIB ES NICHT, JA?
IMMER LÄCHELN ...
... UND UNANGENEHMES ERTRAGEN, ...
... IST NICHT LEICHT.
...!

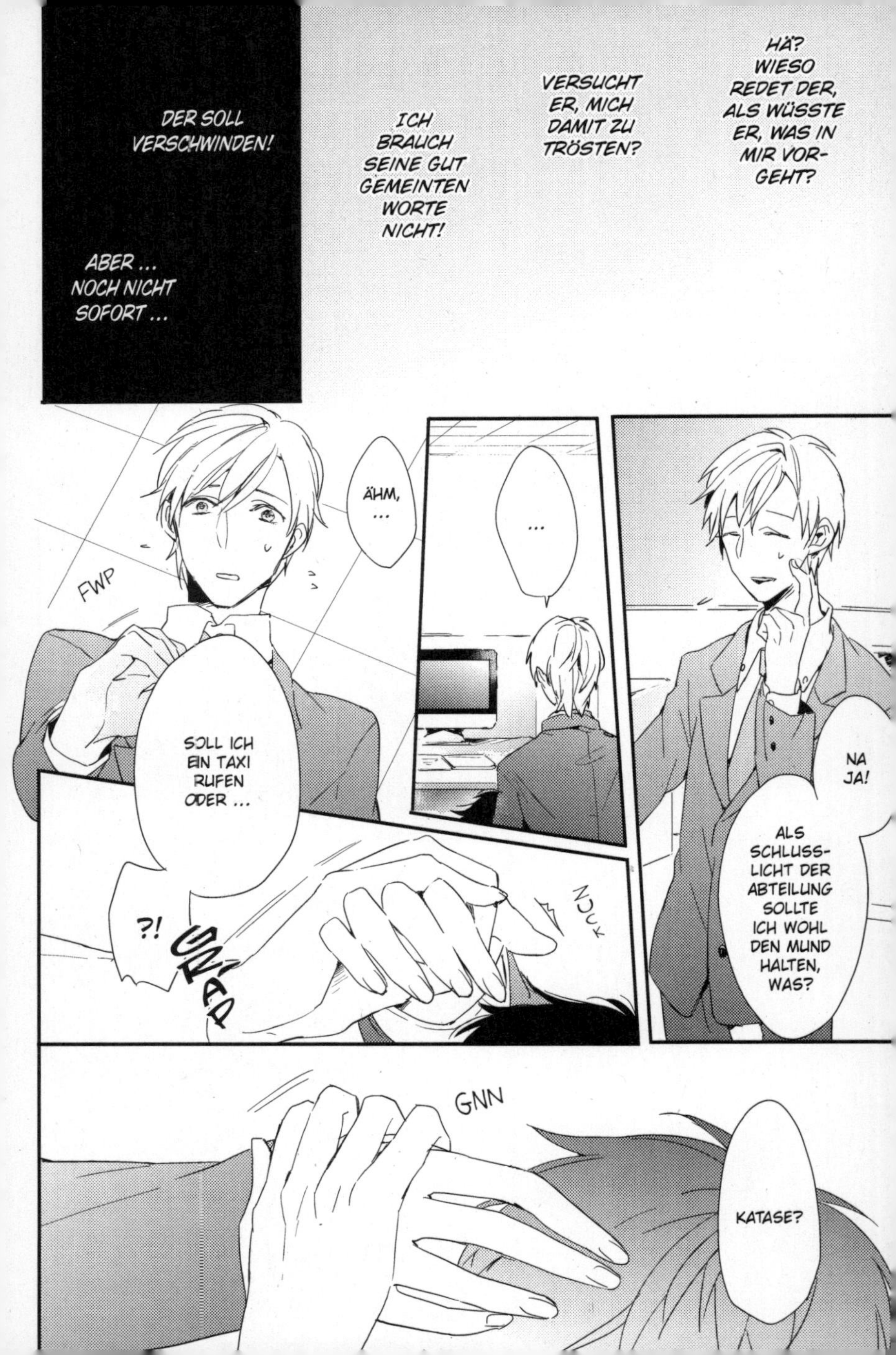
HÄ? WIESO REDET DER, ALS WÜSSTE ER, WAS IN MIR VOR-GEHT?
VERSUCHT ER, MICH DAMIT ZU TRÖSTEN?
ICH BRAUCH SEINE GUT GEMEINTEN WORTE NICHT!
DER SOLL VERSCHWINDEN!
ABER … NOCH NICHT SOFORT …
NA JA!
ALS SCHLUSSLICHT DER ABTEILUNG SOLLTE ICH WOHL DEN MUND HALTEN, WAS?
…
ÄHM, …
FWP
SOLL ICH EIN TAXI RUFEN ODER …
?!
GNN
KATASE?

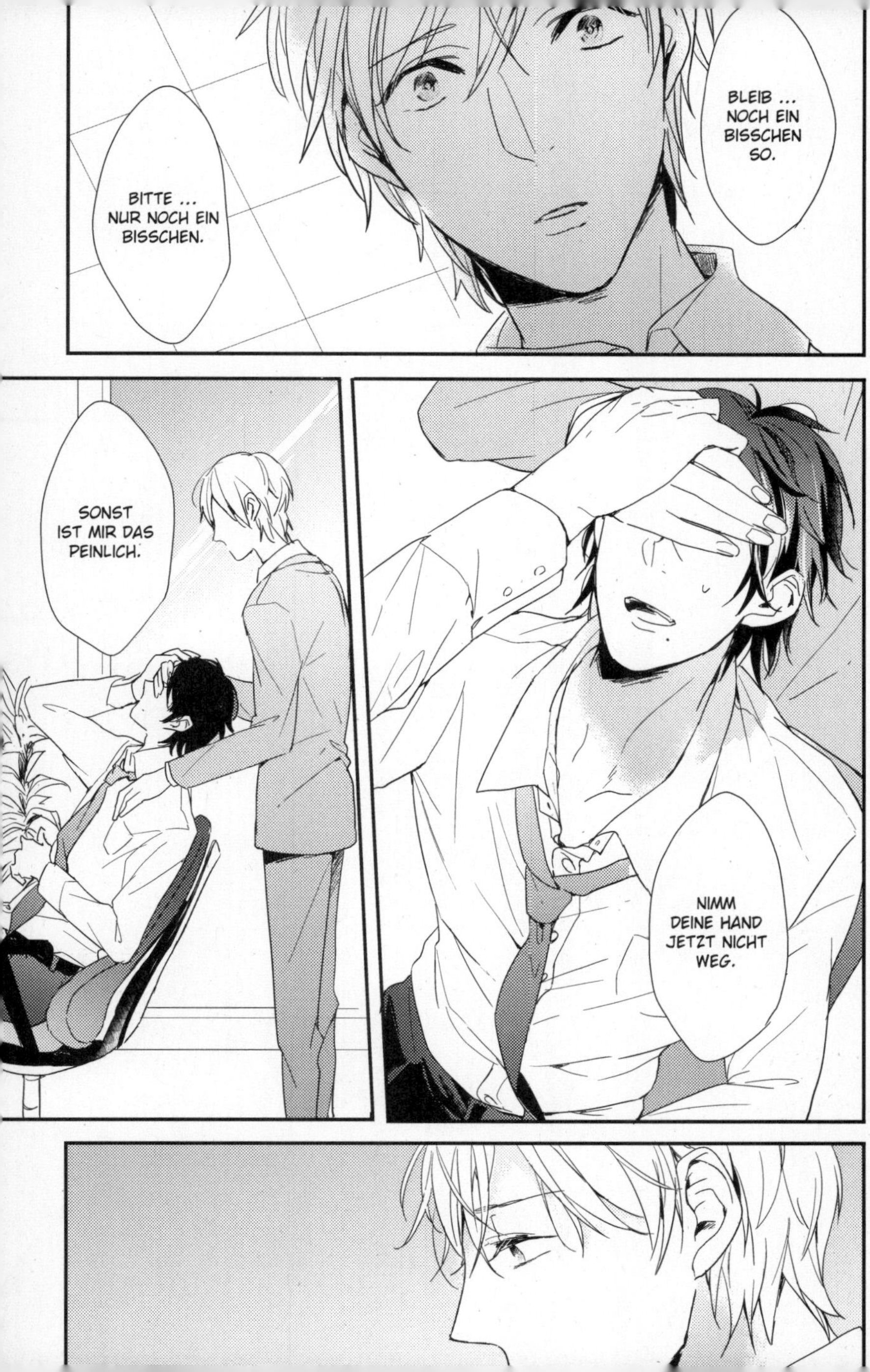
BLEIB … NOCH EIN BISSCHEN SO.
BITTE … NUR NOCH EIN BISSCHEN.
NIMM DEINE HAND JETZT NICHT WEG.
SONST IST MIR DAS PEINLICH.

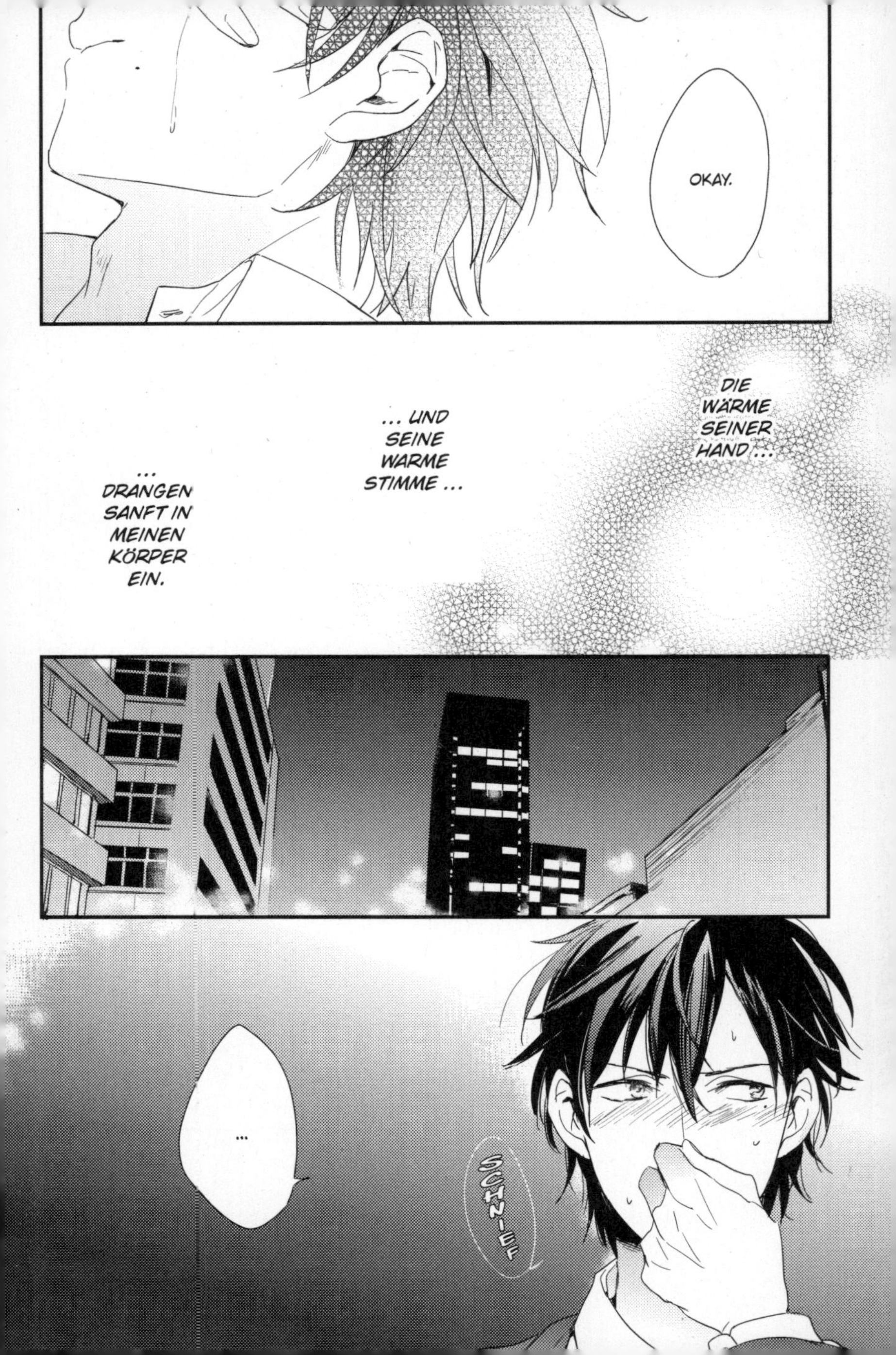
OKAY.
DIE WÄRME SEINER HAND ...
... UND SEINE WARME STIMME ...
... DRANGEN SANFT IN MEINEN KÖRPER EIN.
SCHNIEF
...

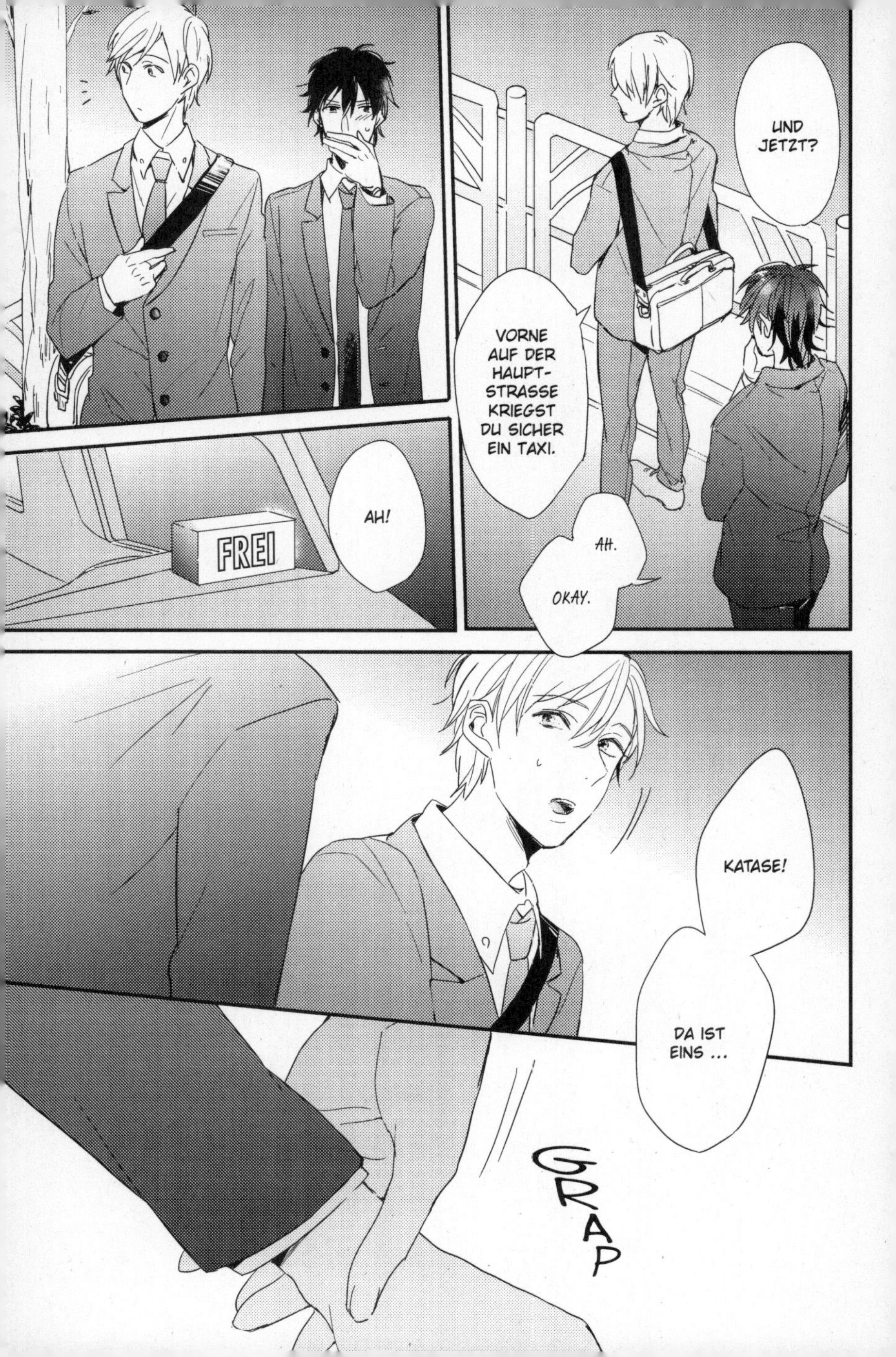
UND JETZT?
VORNE AUF DER HAUPT-STRASSE KRIEGST DU SICHER EIN TAXI.
AH.
OKAY.
FREI
AH!
KATASE!
DA IST EINS …
GRAP

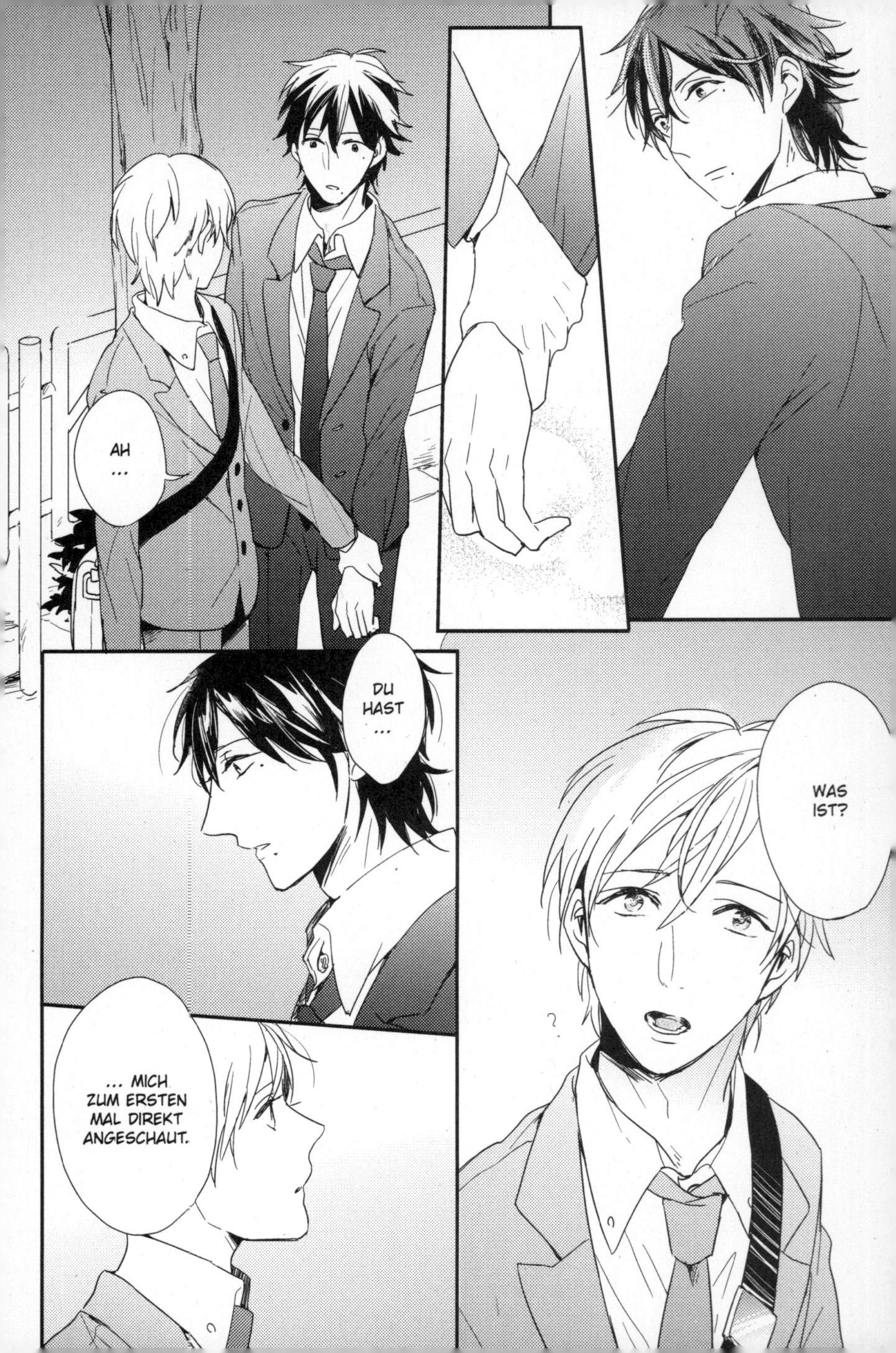
AH ...
DU HAST ...
WAS IST?
... MICH ZUM ERSTEN MAL DIREKT ANGESCHAUT.

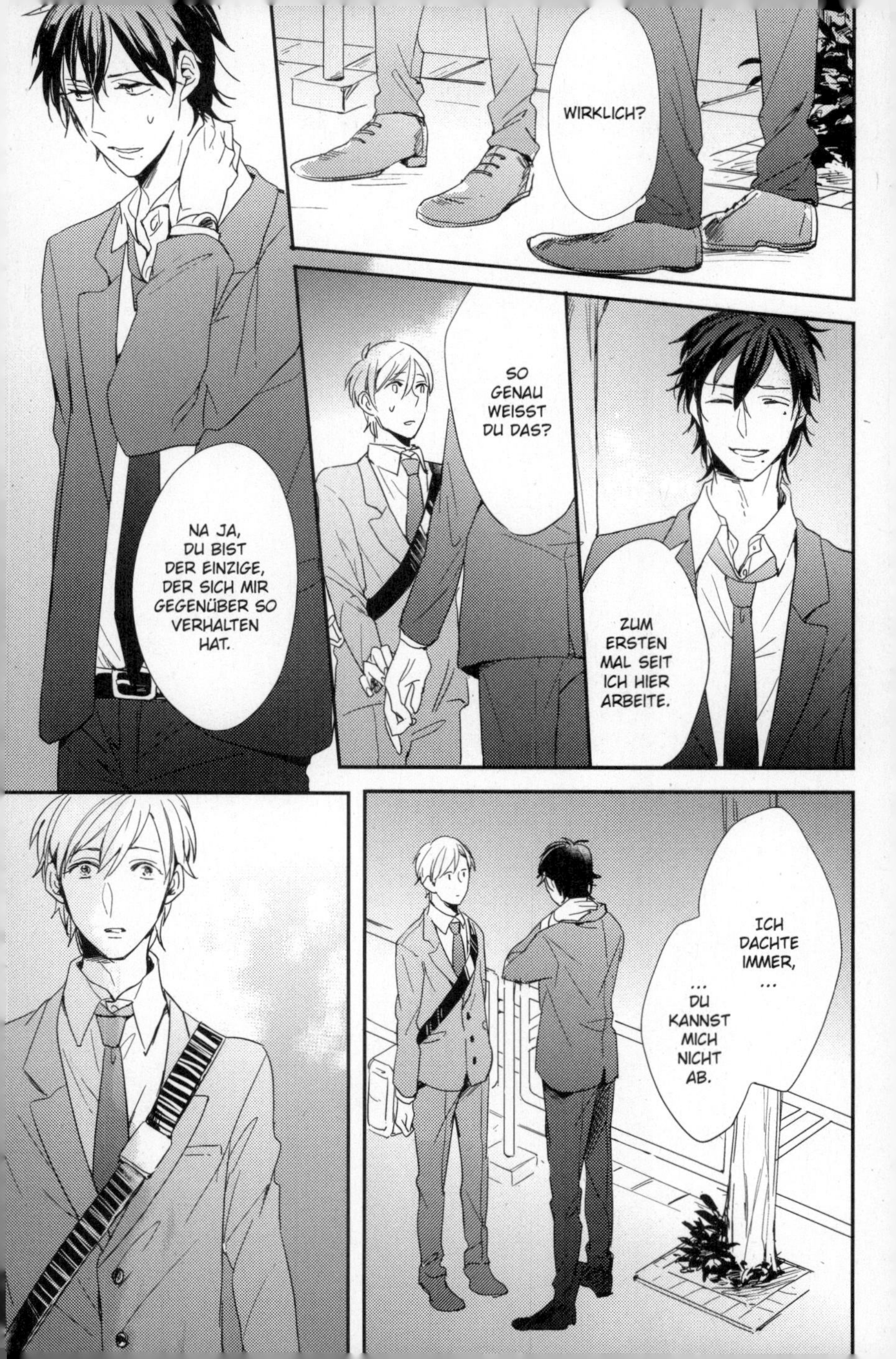
WIRKLICH?
SO GENAU WEISST DU DAS?
NA JA, DU BIST DER EINZIGE, DER SICH MIR GEGENÜBER SO VERHALTEN HAT.
ZUM ERSTEN MAL SEIT ICH HIER ARBEITE.
ICH DACHTE IMMER, ...
... DU KANNST MICH NICHT AB.

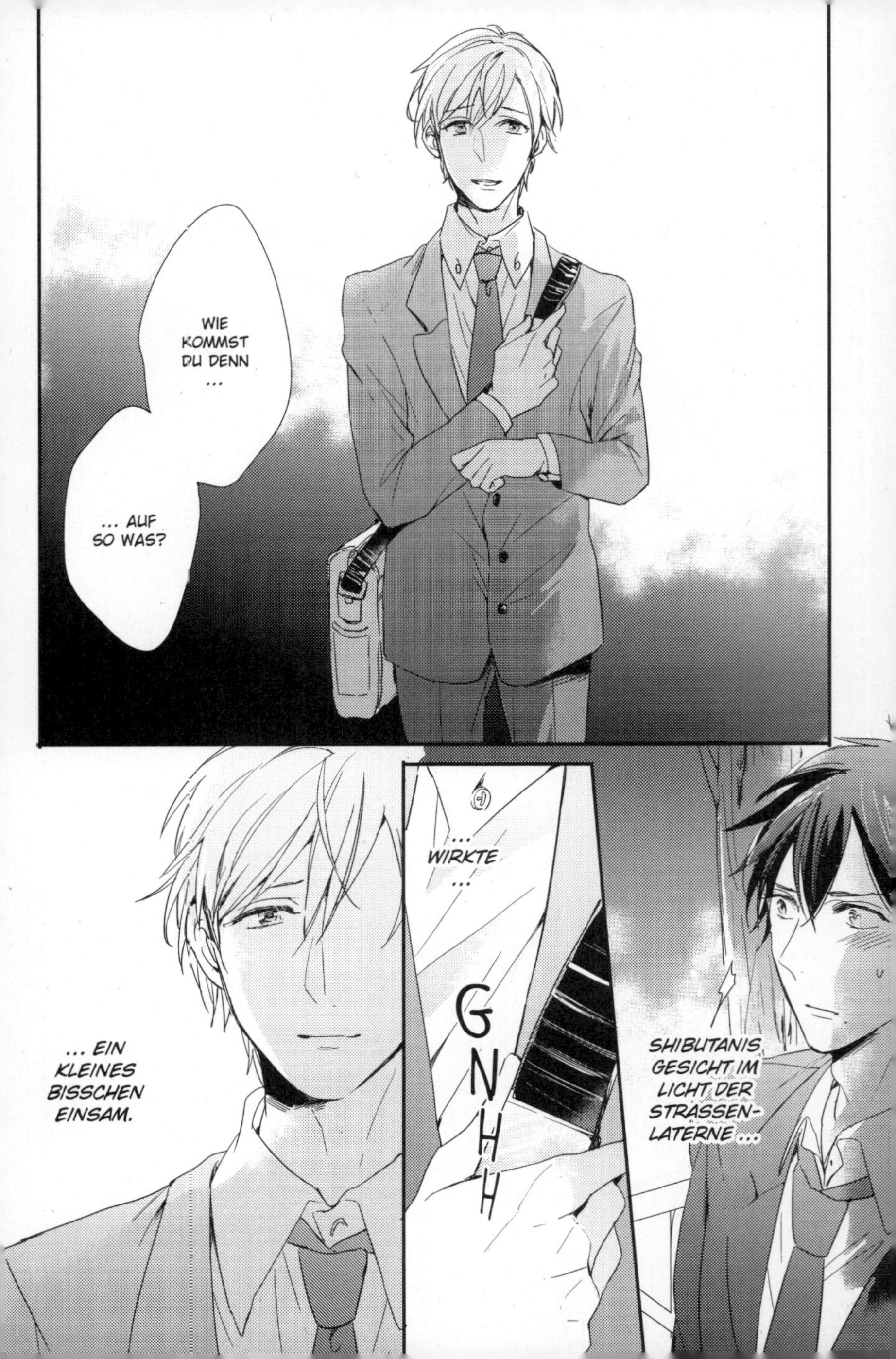
WIE KOMMST DU DENN …
… AUF SO WAS?
… WIRKTE …
… EIN KLEINES BISSCHEN EINSAM.
GNHH
SHIBUTANIS GESICHT IM LICHT DER STRASSEN-LATERNE …

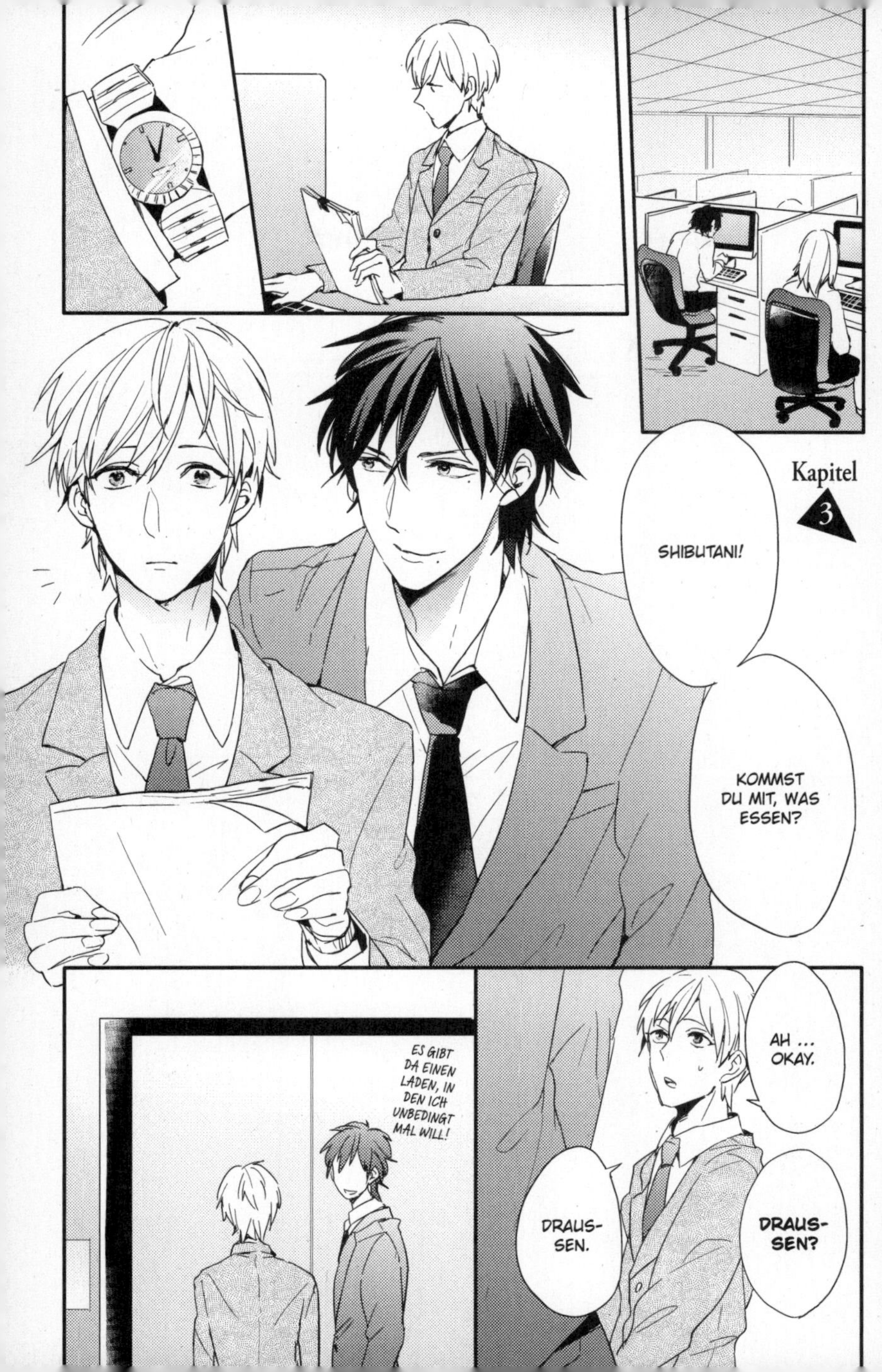
Kapitel
3
SHIBUTANI!
KOMMST DU MIT, WAS ESSEN?
AH ... OKAY.
DRAUS-SEN?
DRAUS-SEN.
ES GIBT DA EINEN LADEN, IN DEN ICH UNBEDINGT MAL WILL!

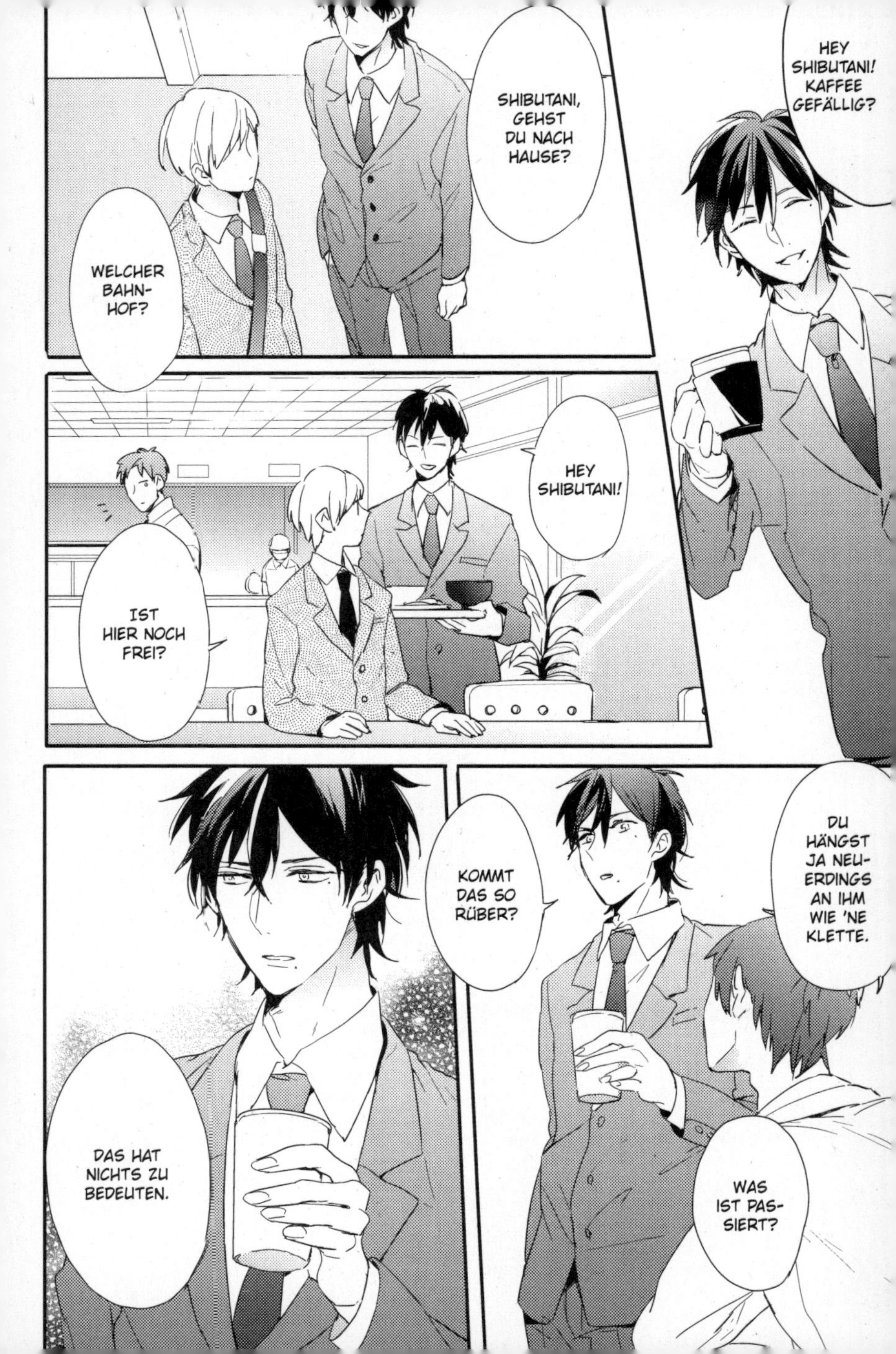
SHIBUTANI, GEHST DU NACH HAUSE?
WELCHER BAHNHOF?
HEY SHIBUTANI!
IST HIER NOCH FREI?
HEY SHIBUTANI! KAFFEE GEFÄLLIG?
DU HÄNGST JA NEUERDINGS AN IHM WIE 'NE KLETTE.
WAS IST PASSIERT?
KOMMT DAS SO RÜBER?
DAS HAT NICHTS ZU BEDEUTEN.

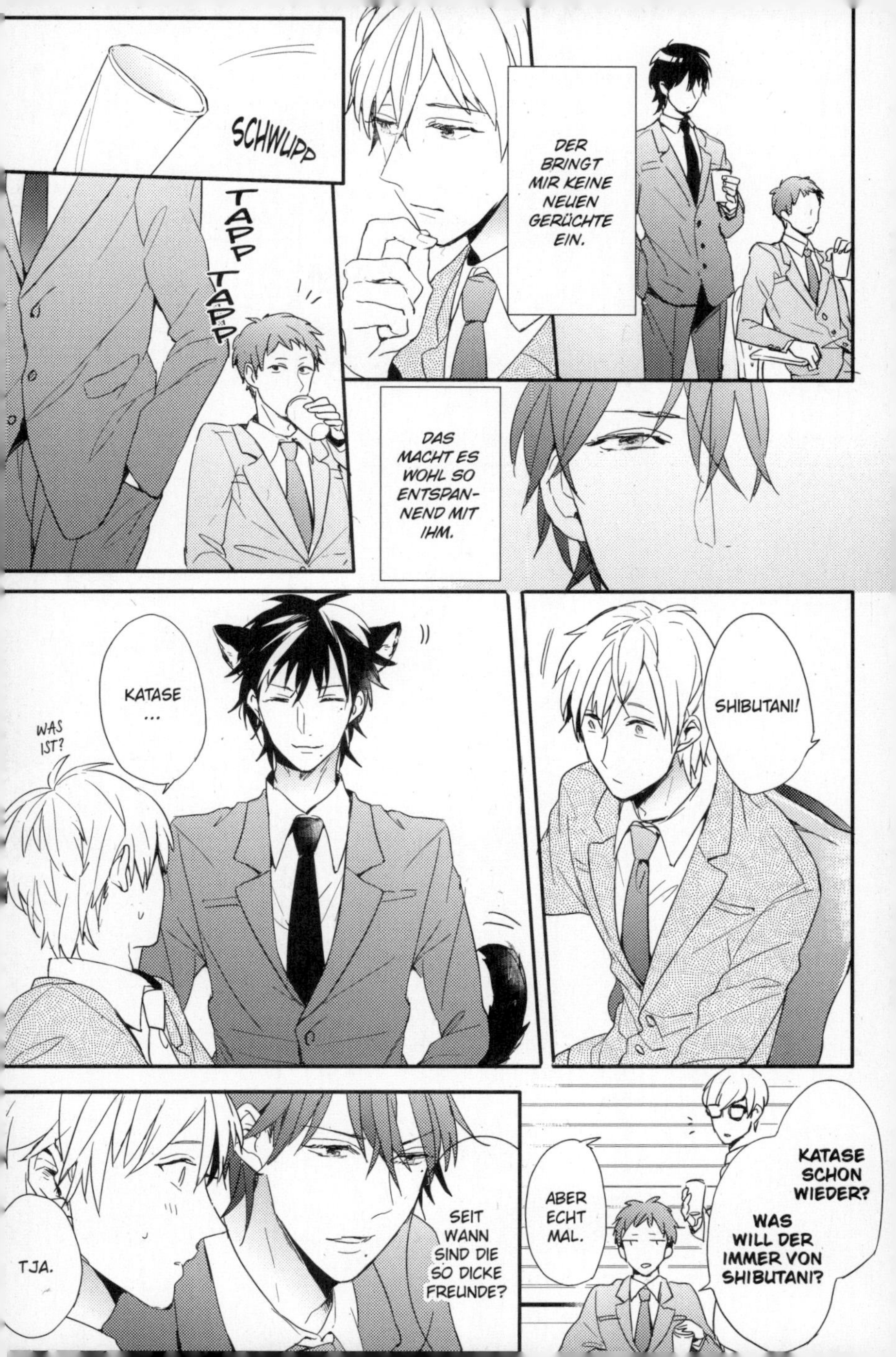

DER BRINGT MIR KEINE NEUEN GERÜCHTE EIN.
SCHWUPP
TAPP TAPP
DAS MACHT ES WOHL SO ENTSPANNEND MIT IHM.
SHIBUTANI!
KATASE …
WAS IST?
KATASE SCHON WIEDER?
WAS WILL DER IMMER VON SHIBUTANI?
ABER ECHT MAL.
SEIT WANN SIND DIE SO DICKE FREUNDE?
TJA.

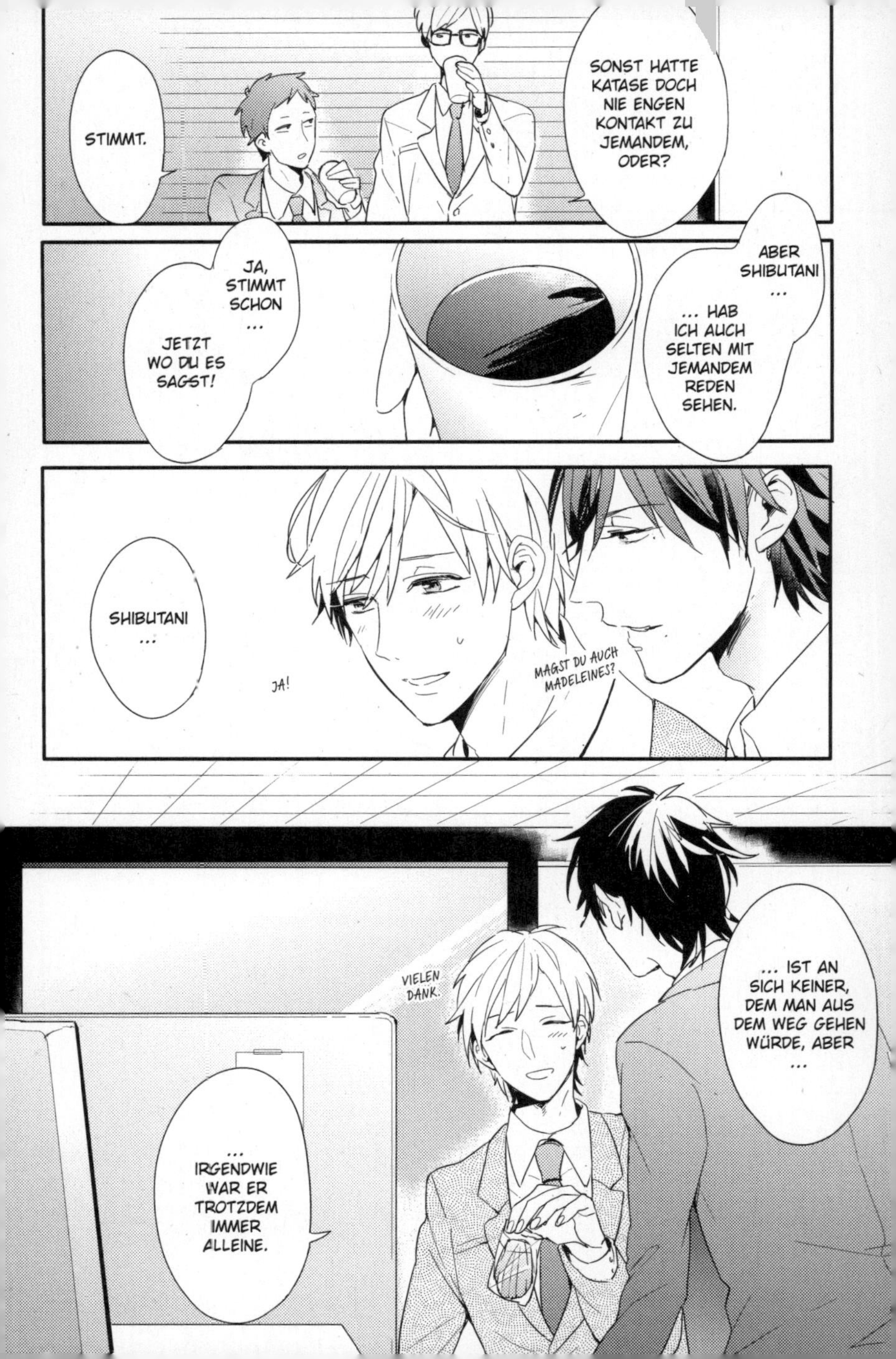
SONST HATTE KATASE DOCH NIE ENGEN KONTAKT ZU JEMANDEM, ODER?
STIMMT.
ABER SHIBUTANI …
… HAB ICH AUCH SELTEN MIT JEMANDEM REDEN SEHEN.
JA, STIMMT SCHON …
JETZT WO DU ES SAGST!
MAGST DU AUCH MADELEINES?
JA!
SHIBUTANI …
… IST AN SICH KEINER, DEM MAN AUS DEM WEG GEHEN WÜRDE, ABER …
VIELEN DANK.
… IRGENDWIE WAR ER TROTZDEM IMMER ALLEINE.

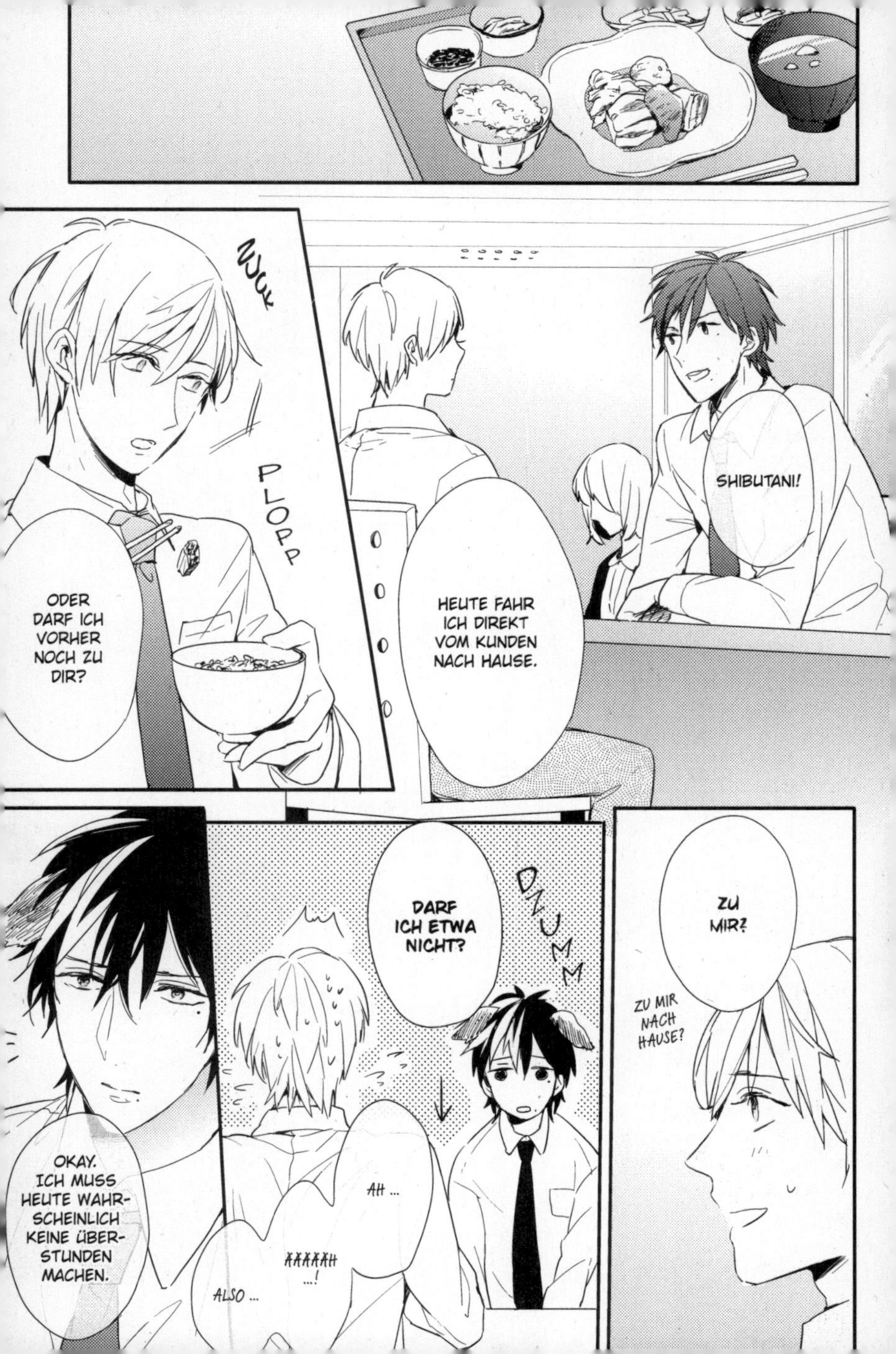

SHIBUTANI!
HEUTE FAHR ICH DIREKT VOM KUNDEN NACH HAUSE.
ZUCK
PLOPP
ODER DARF ICH VORHER NOCH ZU DIR?
ZU MIR?
ZU MIR NACH HAUSE?
DARF ICH ETWA NICHT?
DZUMM
AH ...
ÄÄÄÄÄH ...!
ALSO ...
OKAY. ICH MUSS HEUTE WAHR-SCHEINLICH KEINE ÜBER-STUNDEN MACHEN.

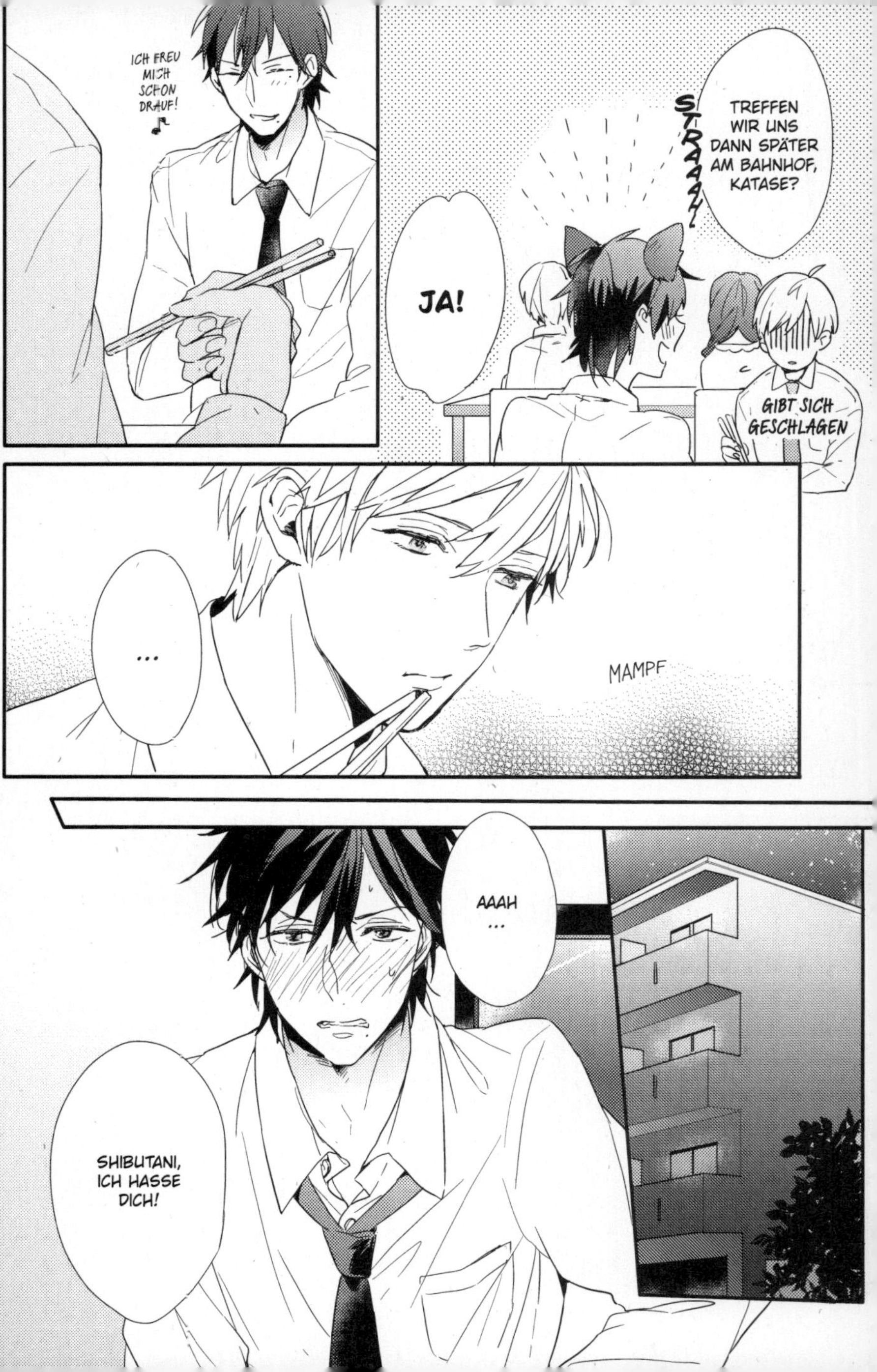
TREFFEN WIR UNS DANN SPÄTER AM BAHNHOF, KATASE?
STRAAAAHL
JA!
GIBT SICH GESCHLAGEN
ICH FREU MICH SCHON DRAUF!
...
MAMPF
AAAH ...
SHIBUTANI, ICH HASSE DICH!

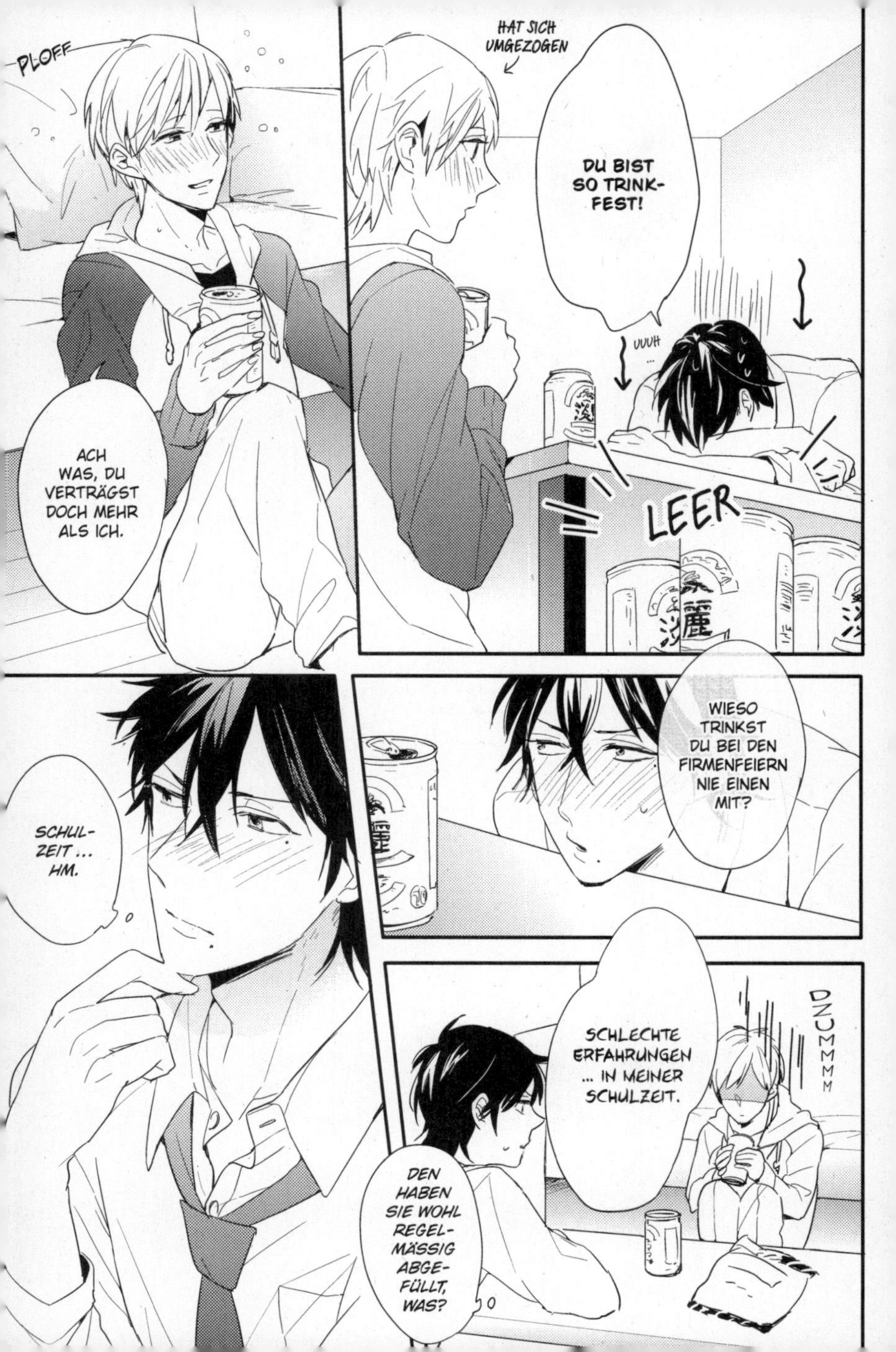
HAT SICH UMGEZOGEN
DU BIST SO TRINK-FEST!
UUUH ...
LEER
PLOFF
ACH WAS, DU VERTRÄGST DOCH MEHR ALS ICH.
WIESO TRINKST DU BEI DEN FIRMENFEIERN NIE EINEN MIT?
SCHLECHTE ERFAHRUNGEN ... IN MEINER SCHULZEIT.
DZUMMMM
DEN HABEN SIE WOHL REGEL-MÄSSIG ABGE-FÜLLT, WAS?
SCHUL-ZEIT ... HM.

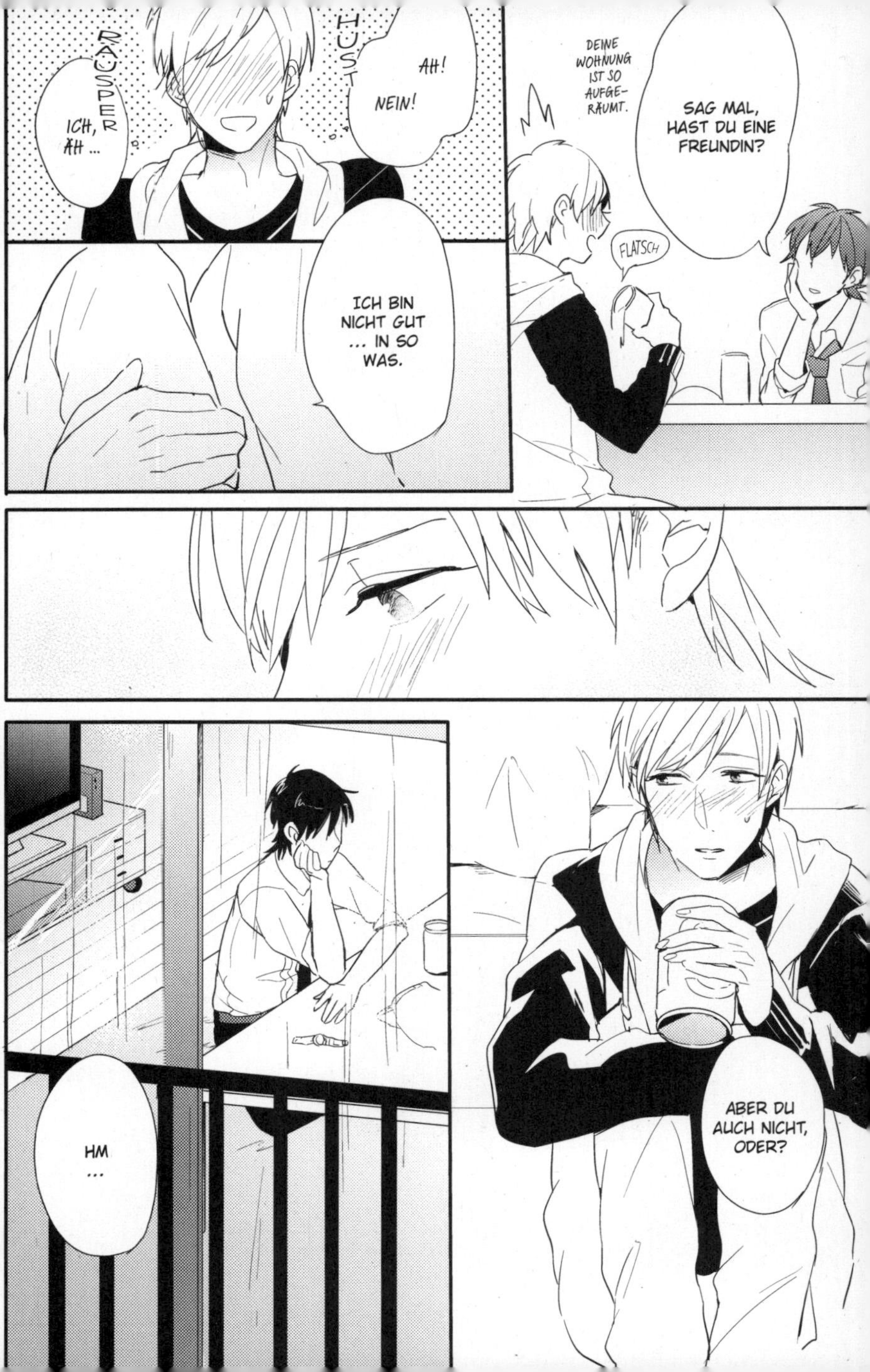
SAG MAL, HAST DU EINE FREUNDIN?
DEINE WOHNUNG IST SO AUFGERÄUMT.
FLATSCH
HUST
AH!
NEIN!
RÄUSPER
ICH, ÄH ...
ICH BIN NICHT GUT ... IN SO WAS.
ABER DU AUCH NICHT, ODER?
HM ...

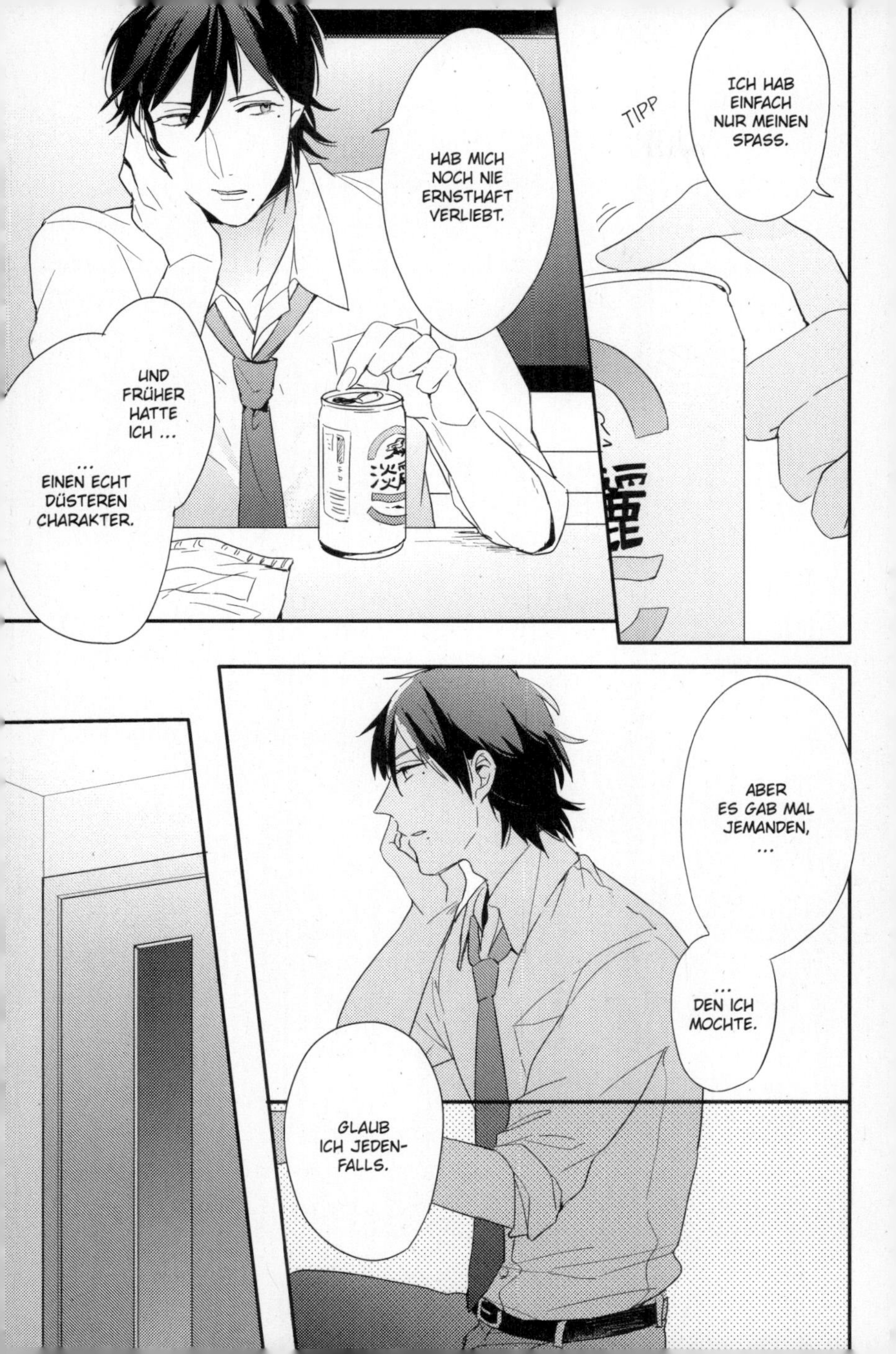
ICH HAB EINFACH NUR MEINEN SPASS.
TIPP
HAB MICH NOCH NIE ERNSTHAFT VERLIEBT.
UND FRÜHER HATTE ICH …
… EINEN ECHT DÜSTEREN CHARAKTER.
ABER ES GAB MAL JEMANDEN, …
… DEN ICH MOCHTE.
GLAUB ICH JEDENFALLS.

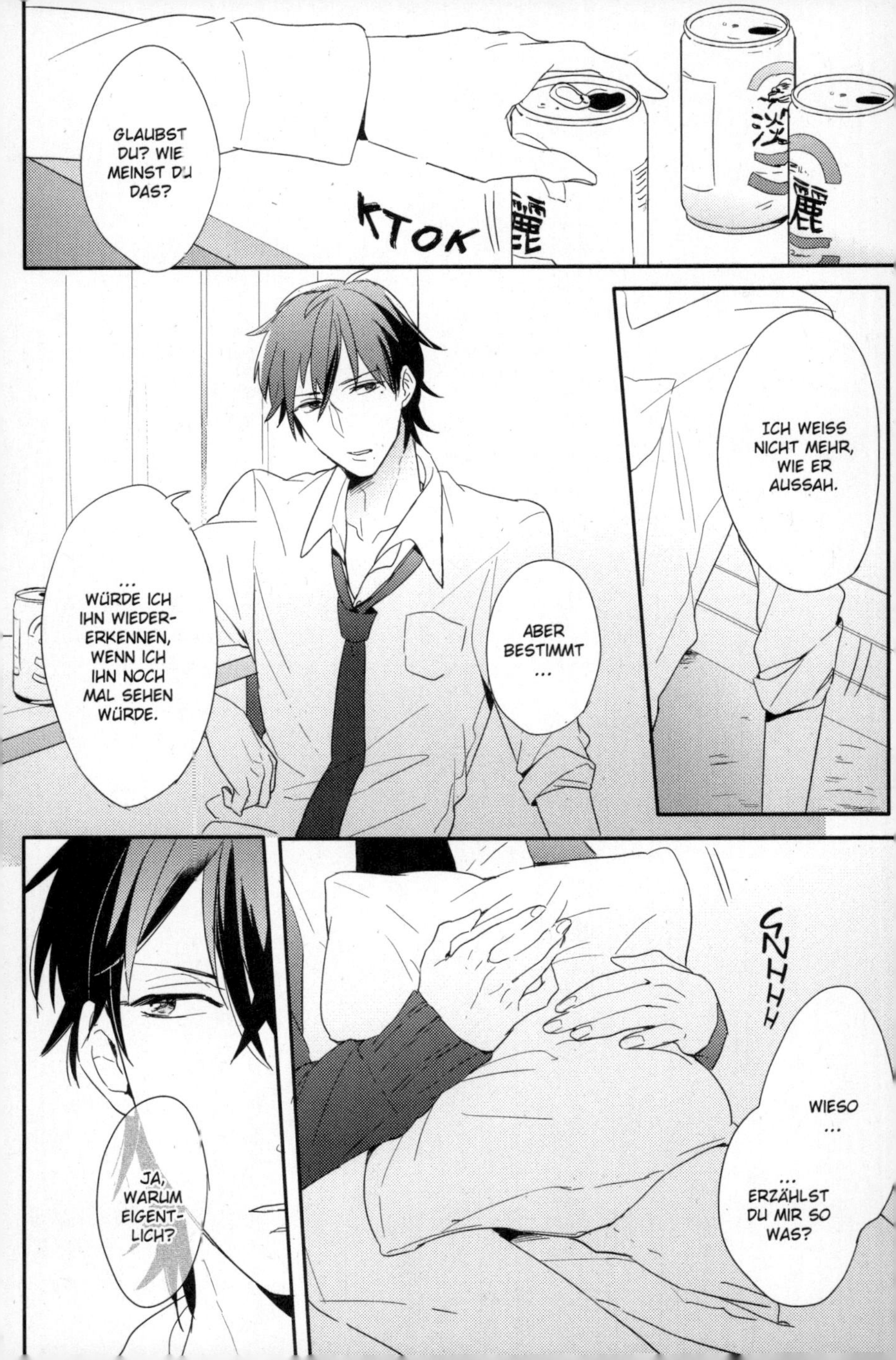
KTOK
GLAUBST DU? WIE MEINST DU DAS?
ICH WEISS NICHT MEHR, WIE ER AUSSAH.
ABER BESTIMMT ...
... WÜRDE ICH IHN WIEDER-ERKENNEN, WENN ICH IHN NOCH MAL SEHEN WÜRDE.
GNHHH
WIESO ...
... ERZÄHLST DU MIR SO WAS?
JA, WARUM EIGENT-LICH?

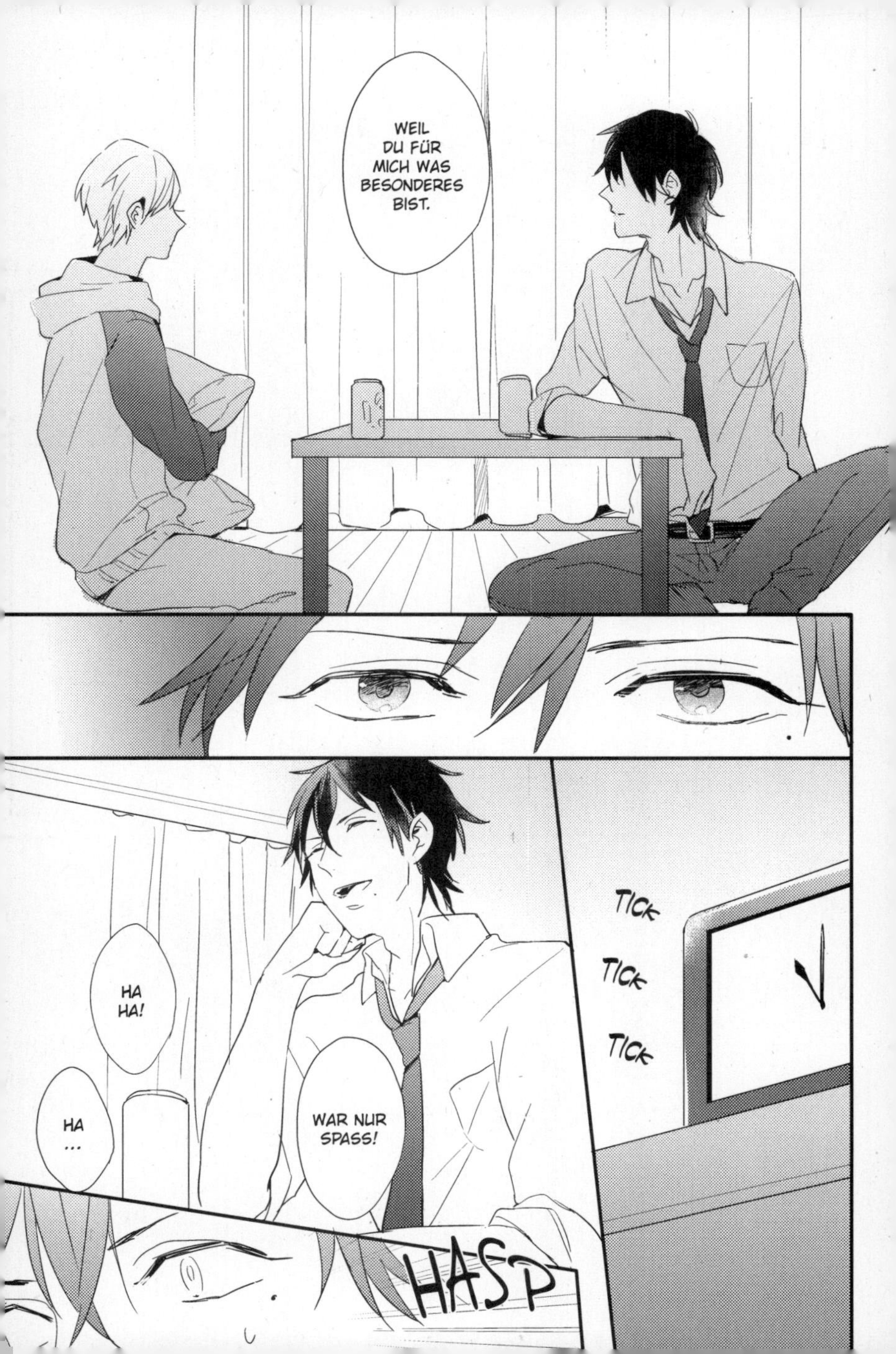
WEIL DU FÜR MICH WAS BESONDERES BIST.
TICK
TICK
TICK
WAR NUR SPASS!
HA HA!
HA ...
HASP

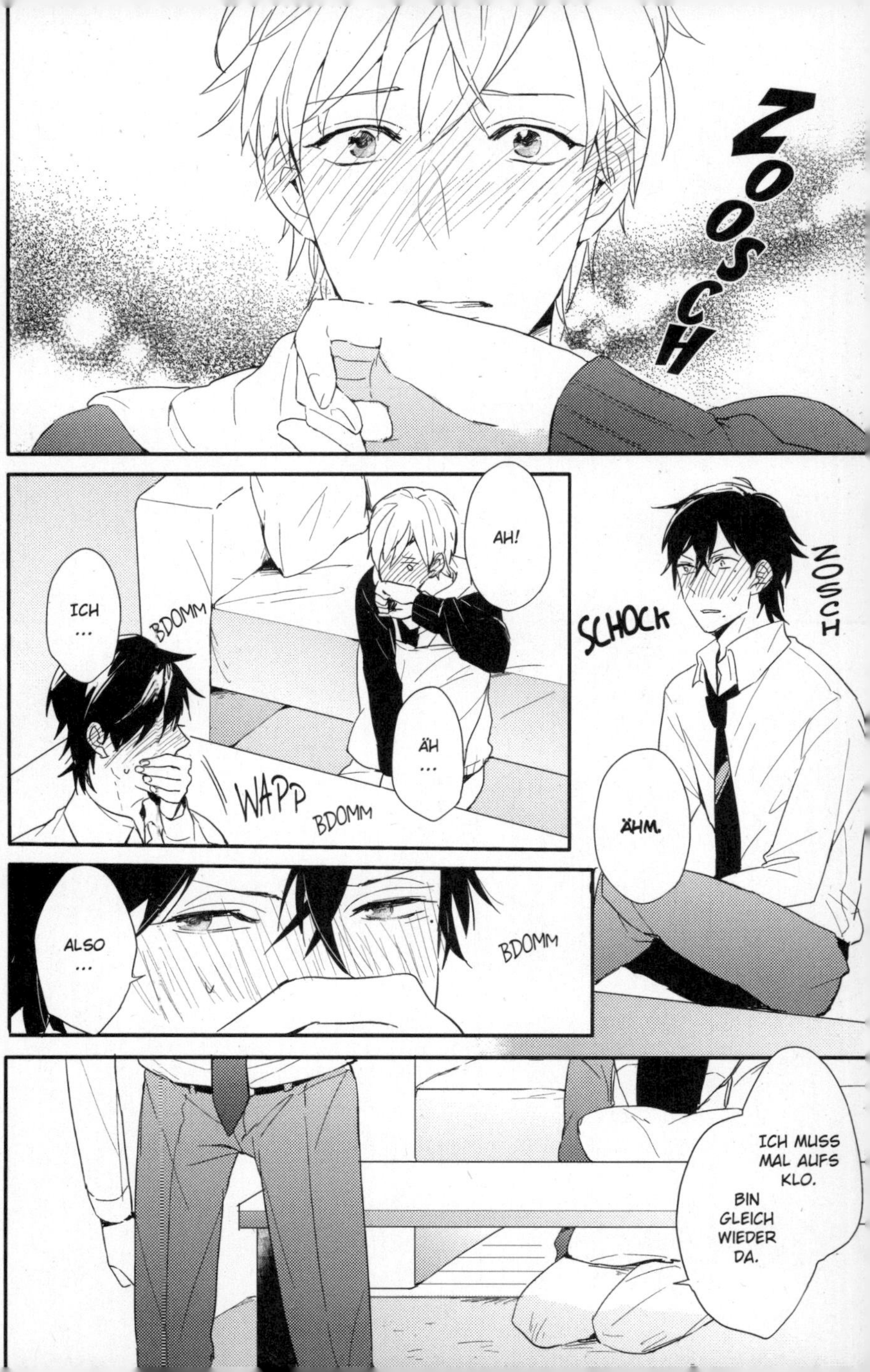
ZOOSCH
ZOSCH
SCHOCK
ÄHM.
AH!
ÄH
...
BDOMM
ICH
...
WAPP
BDOMM
BDOMM
ALSO
...
ICH MUSS MAL AUFS KLO.
BIN GLEICH WIEDER DA.

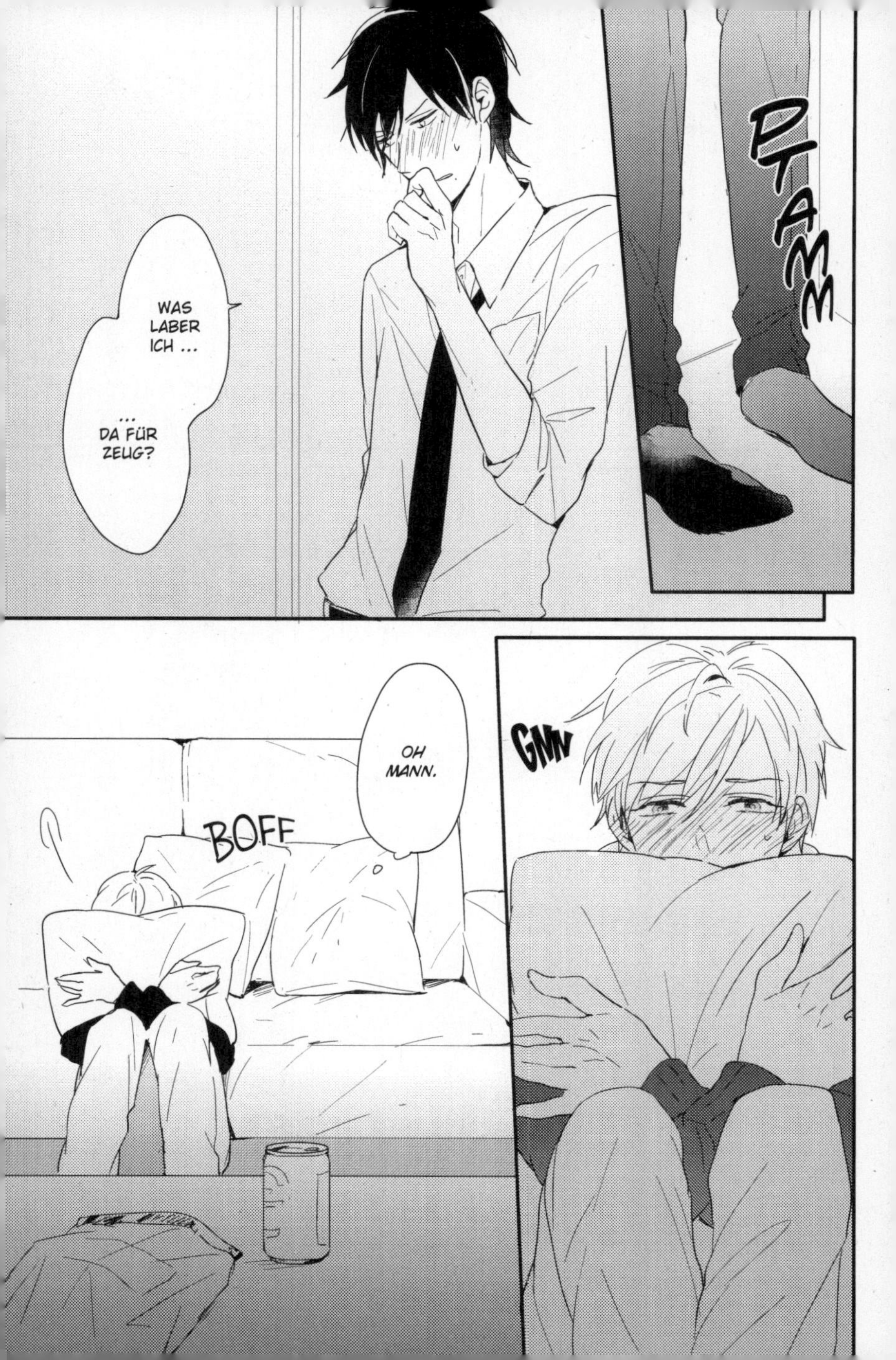
PTAMM
WAS LABER ICH …
… DA FÜR ZEUG?
GMN
OH MANN.
BOFF

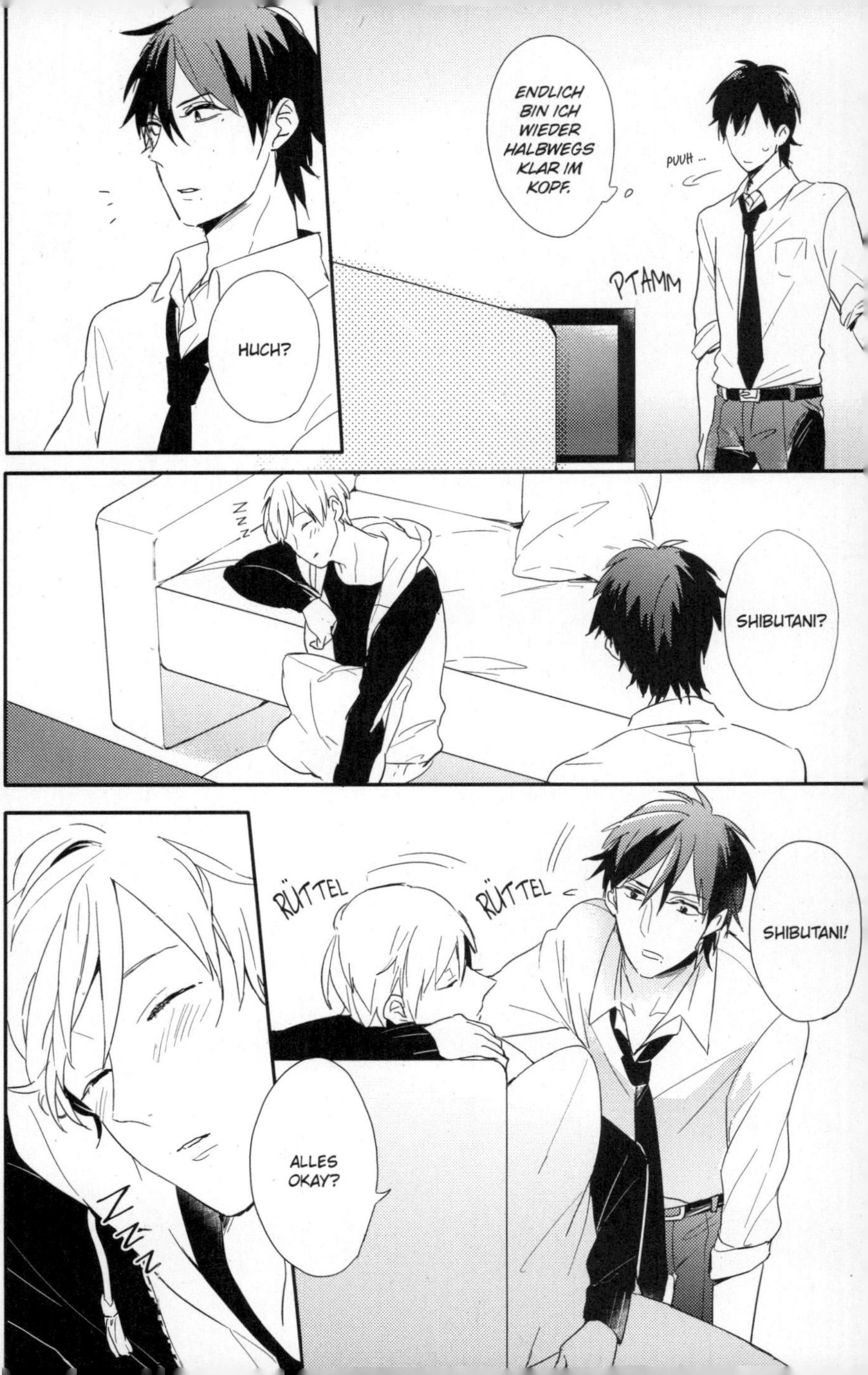

PUUH ...
ENDLICH BIN ICH WIEDER HALBWEGS KLAR IM KOPF.
PTAMM
HUCH?
SHIBUTANI?
ZZZ
SHIBUTANI!
RÜTTEL
RÜTTEL
ALLES OKAY?
NNN

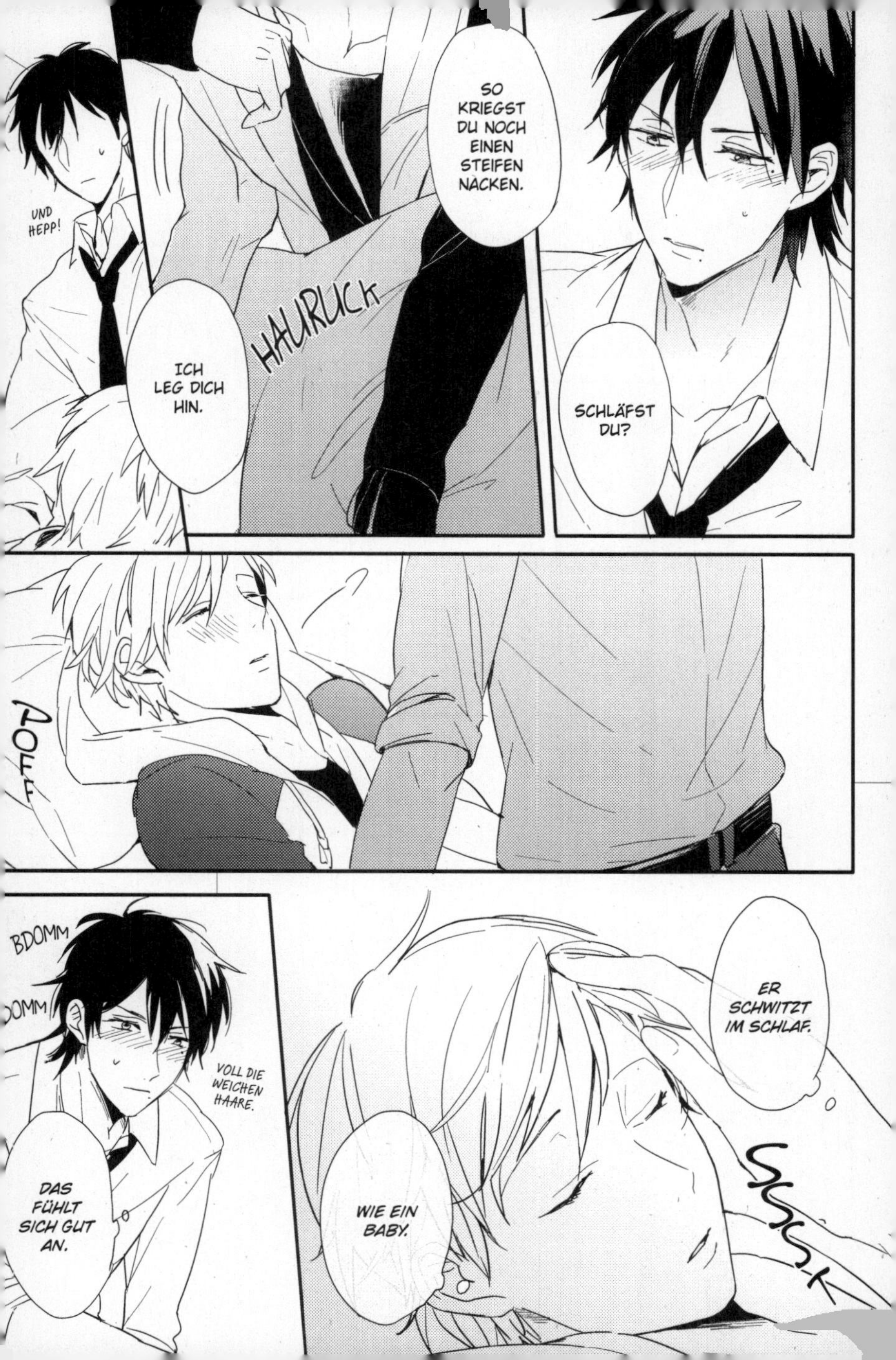
SCHLÄFST DU?
SO KRIEGST DU NOCH EINEN STEIFEN NACKEN.
HAURUCK
ICH LEG DICH HIN.
UND HEPP!
PLOFF
ER SCHWITZT IM SCHLAF.
SSSS-K
WIE EIN BABY.
VOLL DIE WEICHEN HAARE.
BDOMM
DOMM
DAS FÜHLT SICH GUT AN.

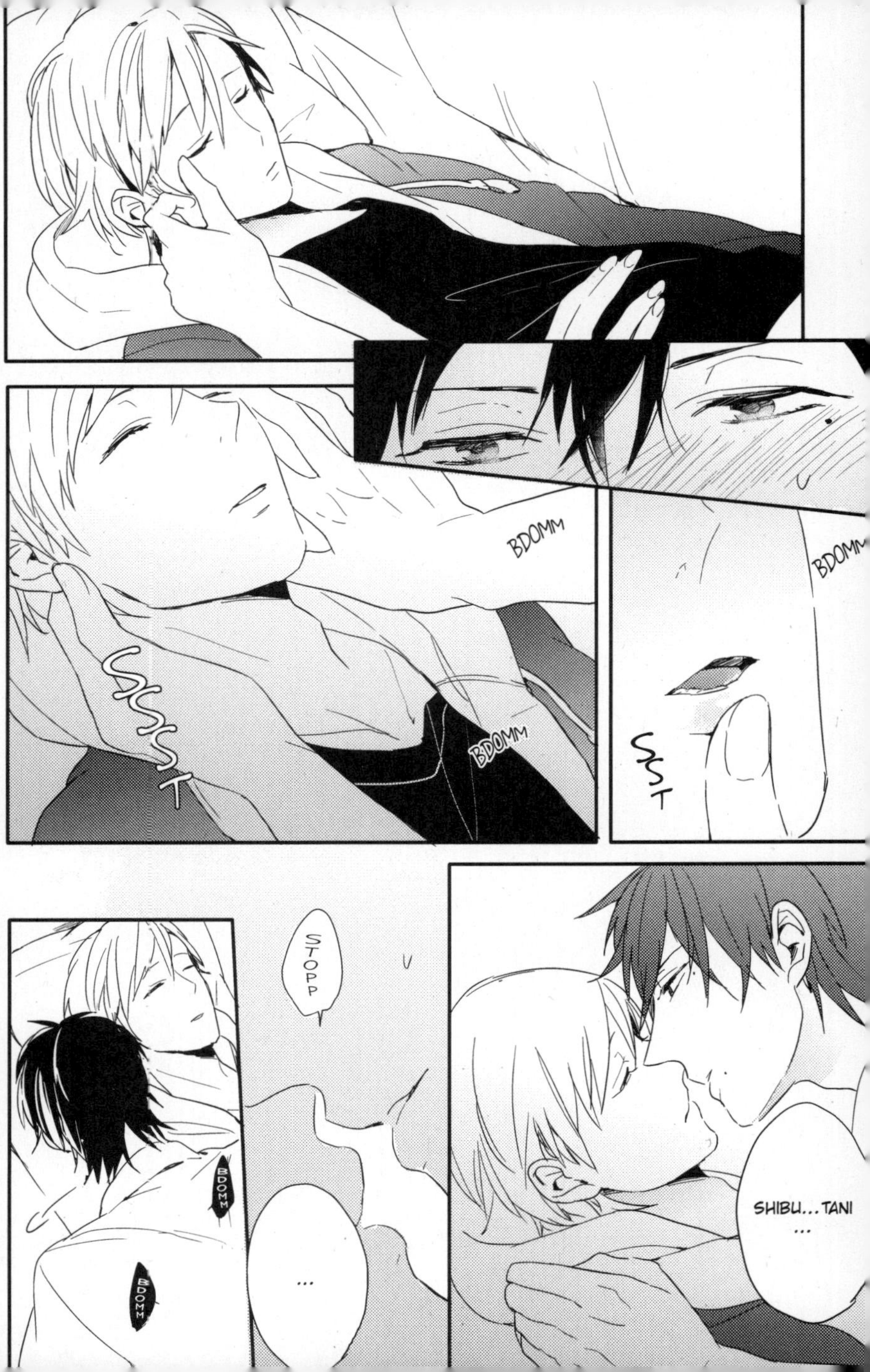

BDOMM
SST
BDOMM
SSST
BDOMM
SHIBU...TANI
...
STOPP
...
BDOMM
BDOMM

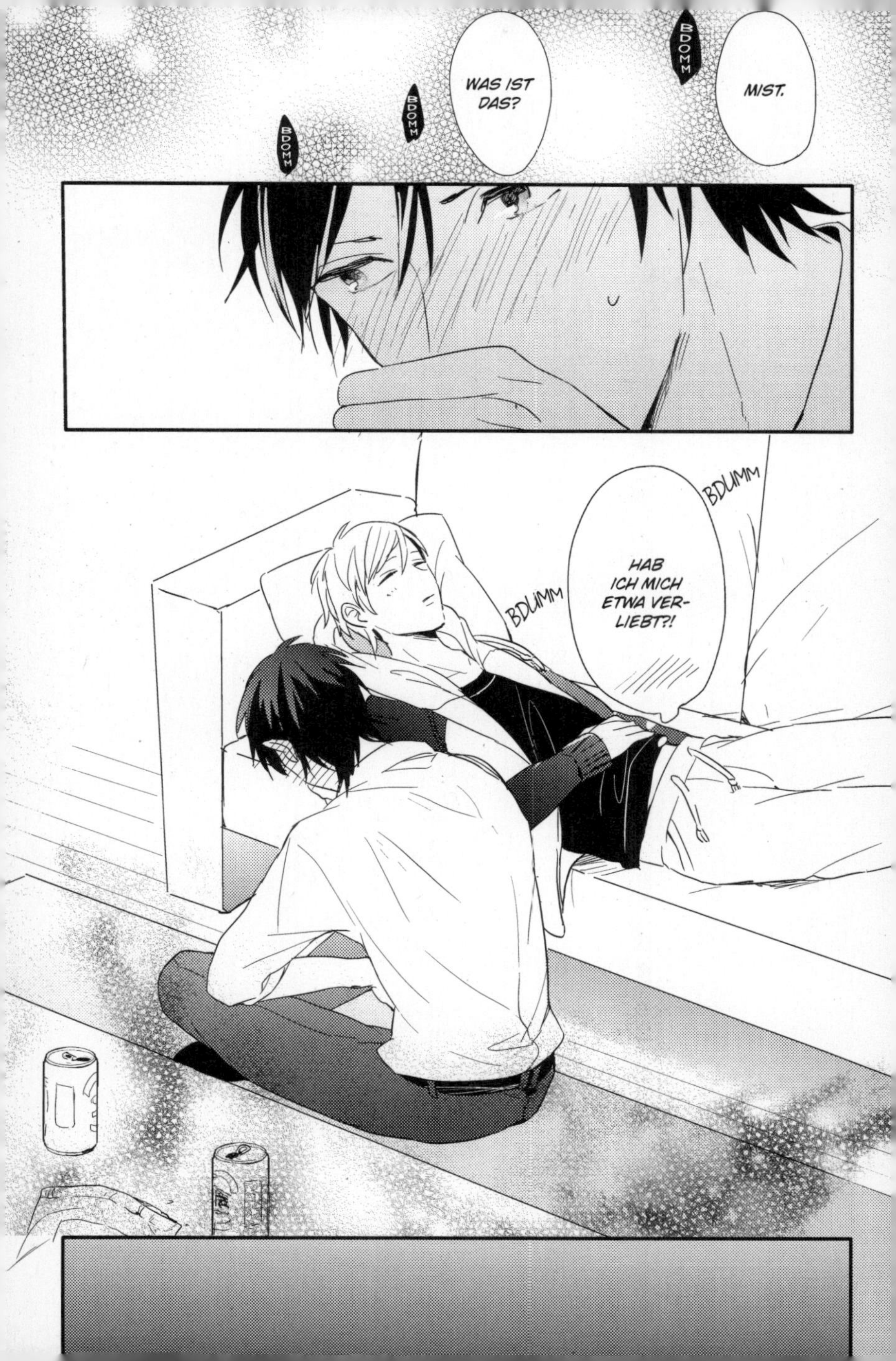
BDOMM
MIST.
WAS IST DAS?
BDOMM
BDOMM
BDUMM
HAB ICH MICH ETWA VER- LIEBT?!
BDUMM

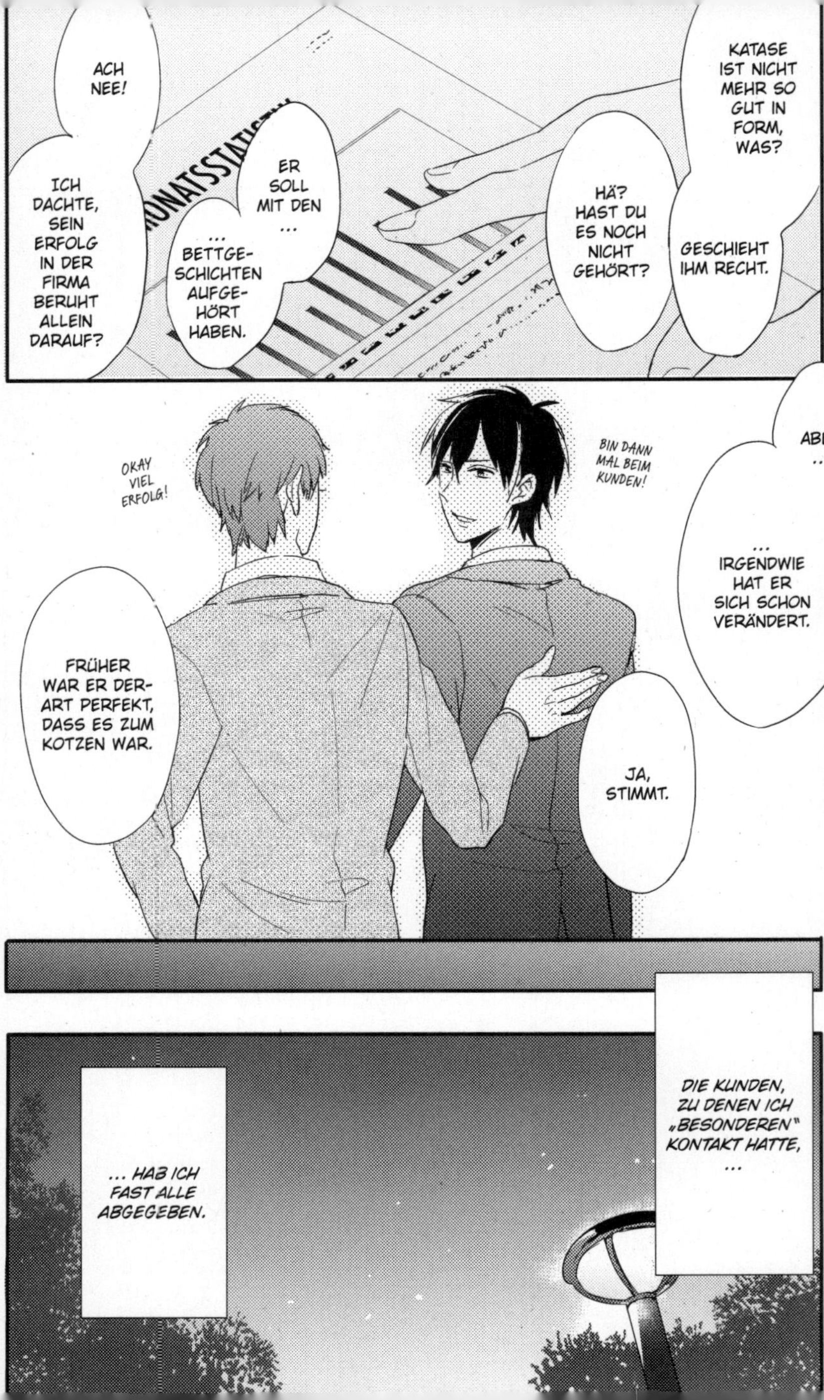
KATASE IST NICHT MEHR SO GUT IN FORM, WAS?
HÄ? HAST DU ES NOCH NICHT GEHÖRT?
GESCHIEHT IHM RECHT.
ER SOLL MIT DEN …
… BETTGESCHICHTEN AUFGEHÖRT HABEN.
ACH NEE!
ICH DACHTE, SEIN ERFOLG IN DER FIRMA BERUHT ALLEIN DARAUF?
ABER …
… IRGENDWIE HAT ER SICH SCHON VERÄNDERT.
BIN DANN MAL BEIM KUNDEN!
OKAY VIEL ERFOLG!
JA, STIMMT.
FRÜHER WAR ER DERART PERFEKT, DASS ES ZUM KOTZEN WAR.
DIE KUNDEN, ZU DENEN ICH „BESONDEREN" KONTAKT HATTE, …
… HAB ICH FAST ALLE ABGEGEBEN.

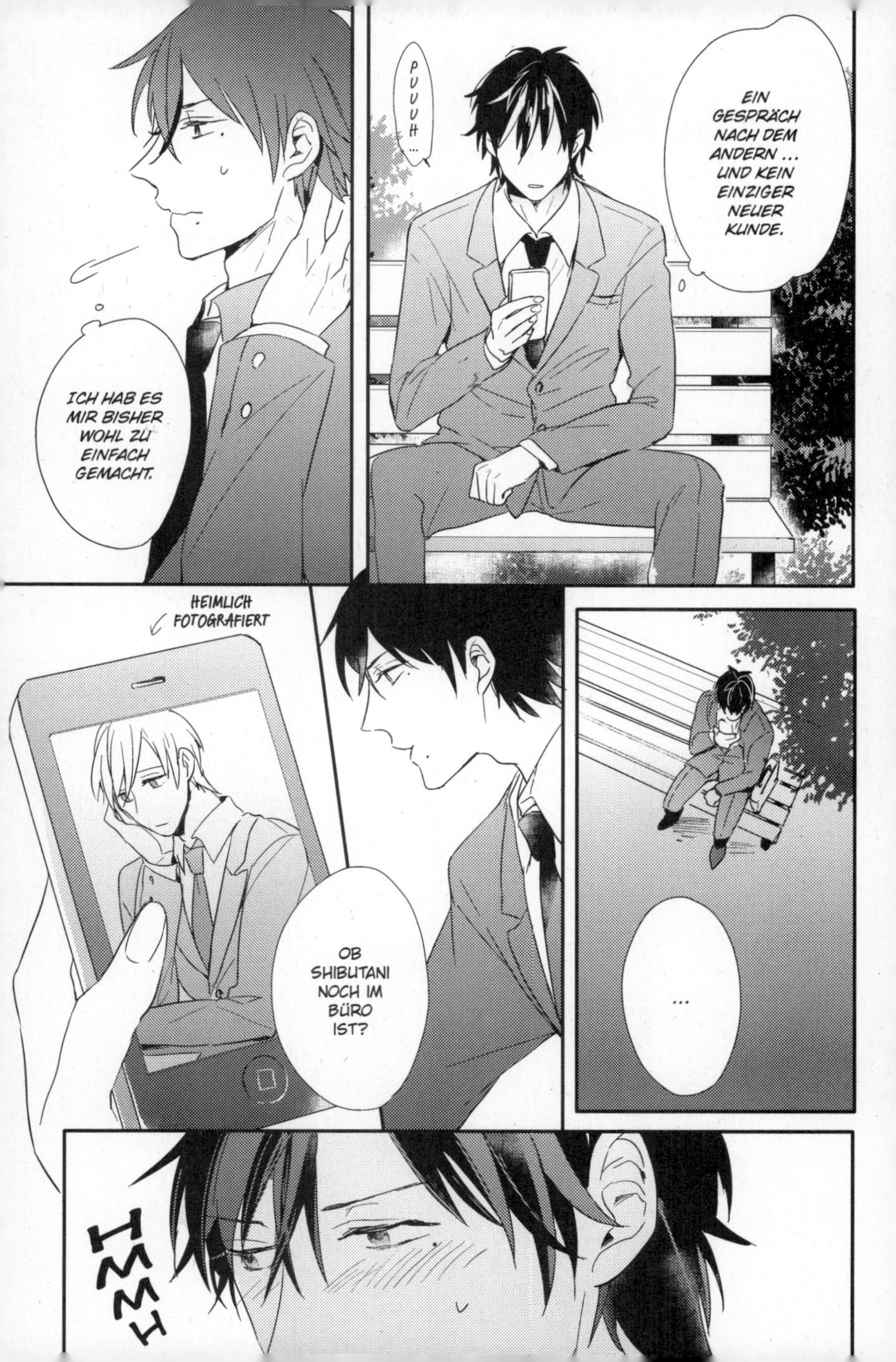
EIN GESPRÄCH NACH DEM ANDERN … UND KEIN EINZIGER NEUER KUNDE.
PUUUH …
ICH HAB ES MIR BISHER WOHL ZU EINFACH GEMACHT.
…
OB SHIBUTANI NOCH IM BÜRO IST?
HEIMLICH FOTOGRAFIERT
HMMH

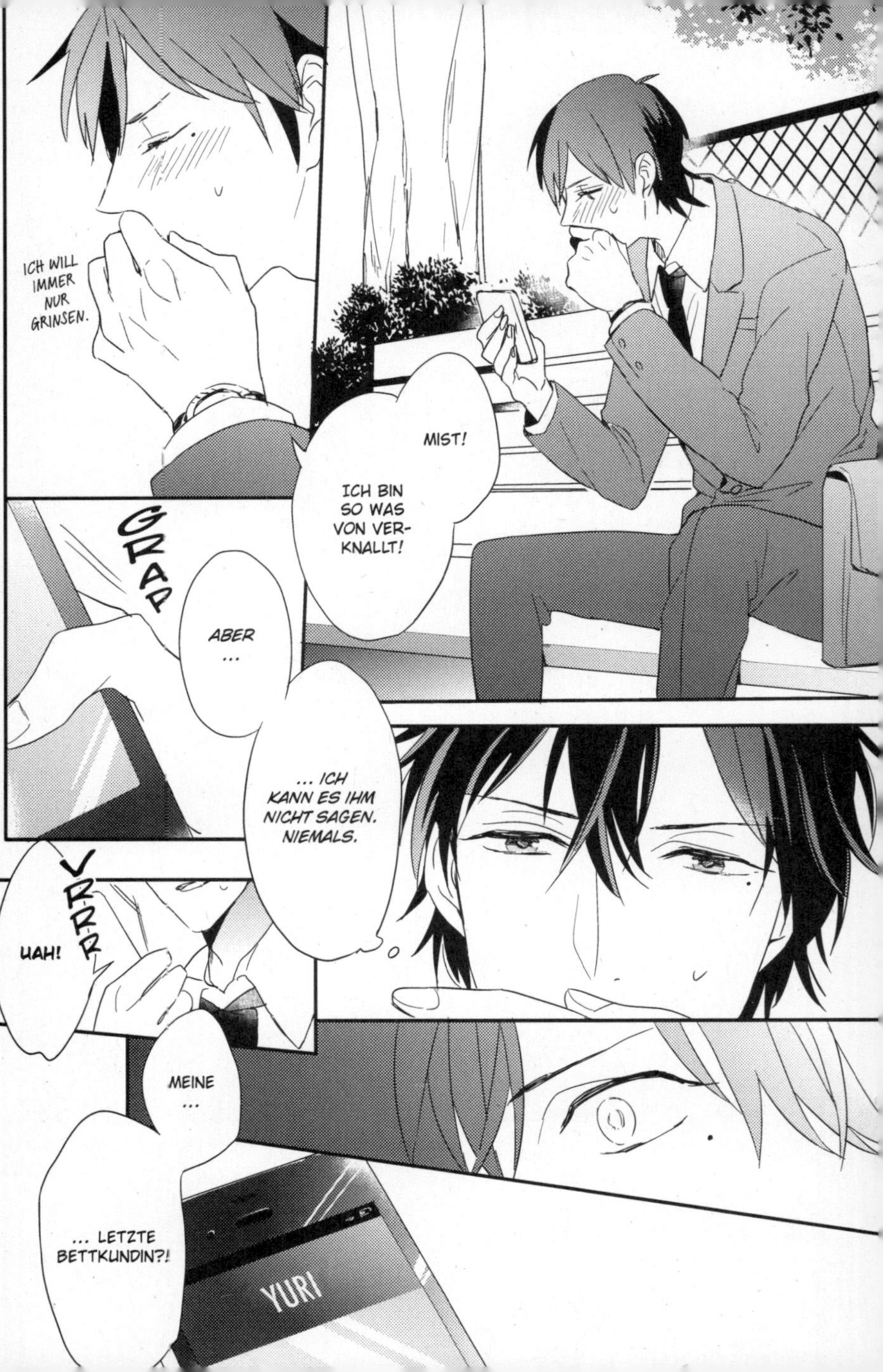

ICH WILL IMMER NUR GRINSEN.
MIST!
ICH BIN SO WAS VON VER-KNALLT!
ABER ...
... ICH KANN ES IHM NICHT SAGEN. NIEMALS.
GRAP
VRRR
UAH!
MEINE ...
... LETZTE BETTKUNDIN?!
YURI

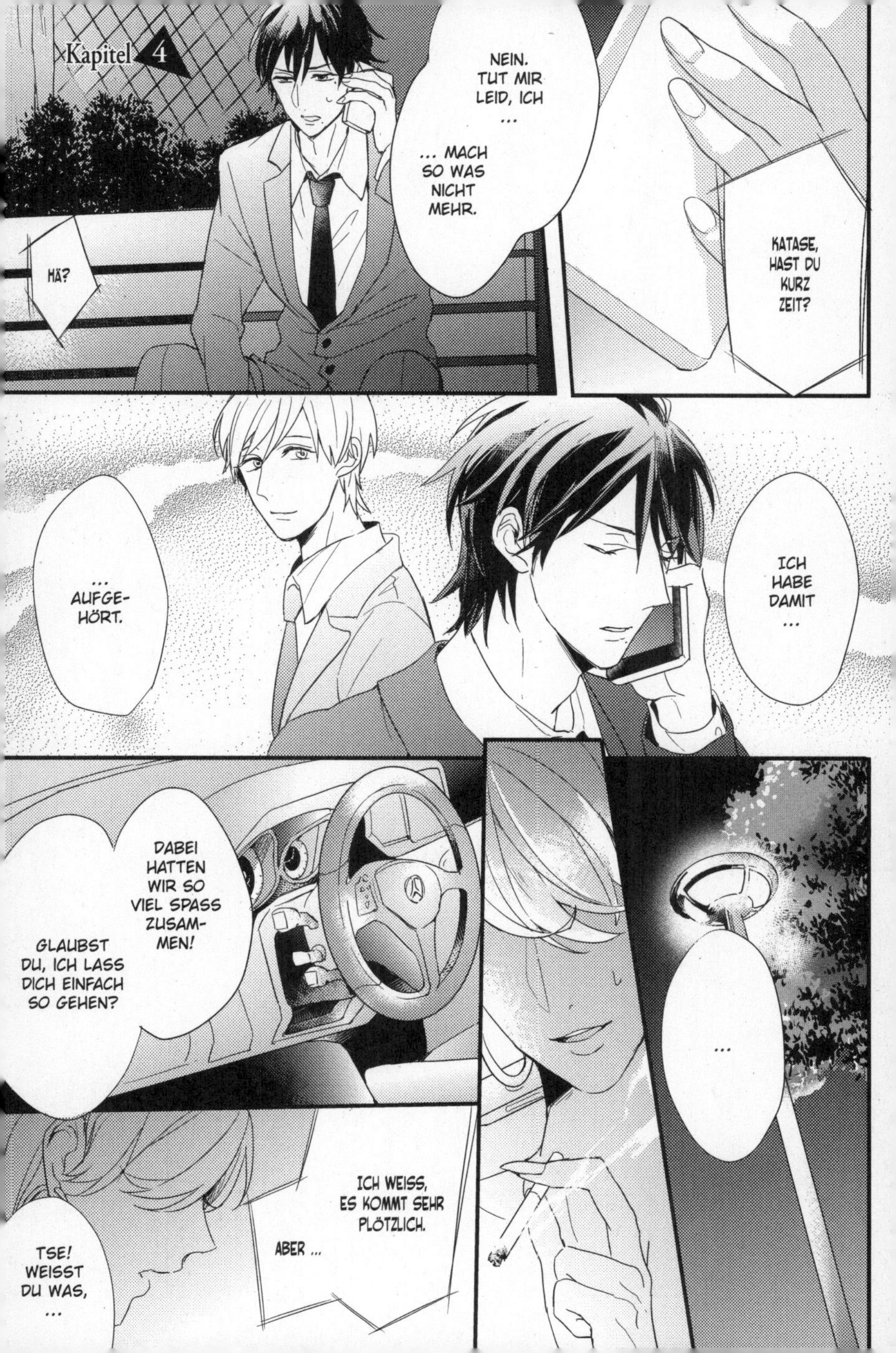
Kapitel 4
KATASE, HAST DU KURZ ZEIT?
NEIN. TUT MIR LEID, ICH …
… MACH SO WAS NICHT MEHR.
HÄ?
ICH HABE DAMIT …
… AUFGE-HÖRT.
…
DABEI HATTEN WIR SO VIEL SPASS ZUSAM-MEN!
GLAUBST DU, ICH LASS DICH EINFACH SO GEHEN?
ICH WEISS, ES KOMMT SEHR PLÖTZLICH.
ABER …
TSE! WEISST DU WAS, …

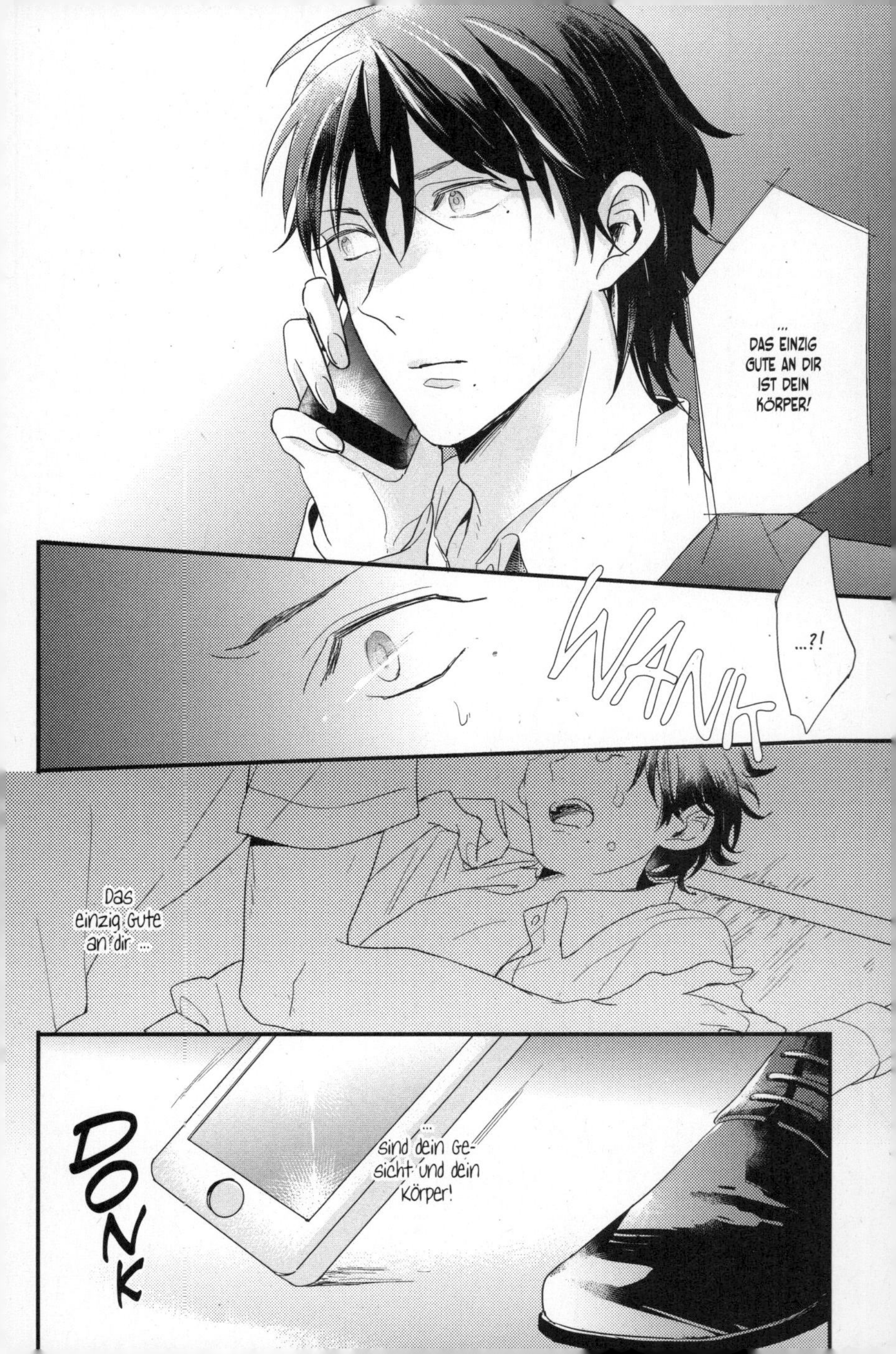
... DAS EINZIG GUTE AN DIR IST DEIN KÖRPER!
...?!
WANK
Das einzig Gute an dir ...
... sind dein Gesicht und dein Körper!
DONK

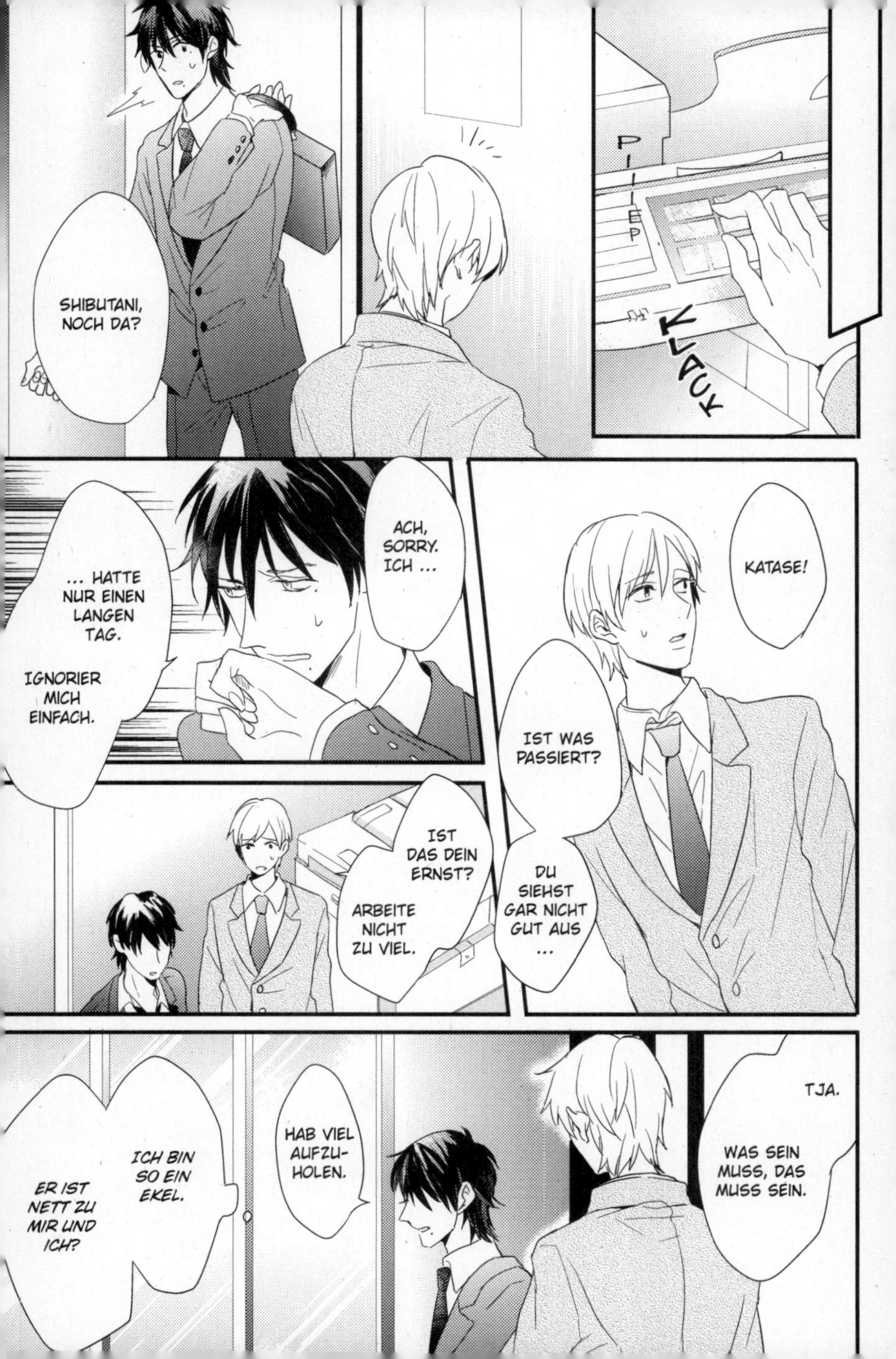
PIIEP
KLACK
SHIBUTANI, NOCH DA?
KATASE!
IST WAS PASSIERT?
DU SIEHST GAR NICHT GUT AUS ...
ACH, SORRY. ICH ...
... HATTE NUR EINEN LANGEN TAG.
IGNORIER MICH EINFACH.
IST DAS DEIN ERNST?
ARBEITE NICHT ZU VIEL.
TJA.
WAS SEIN MUSS, DAS MUSS SEIN.
HAB VIEL AUFZUHOLEN.
ICH BIN SO EIN EKEL.
ER IST NETT ZU MIR UND ICH?

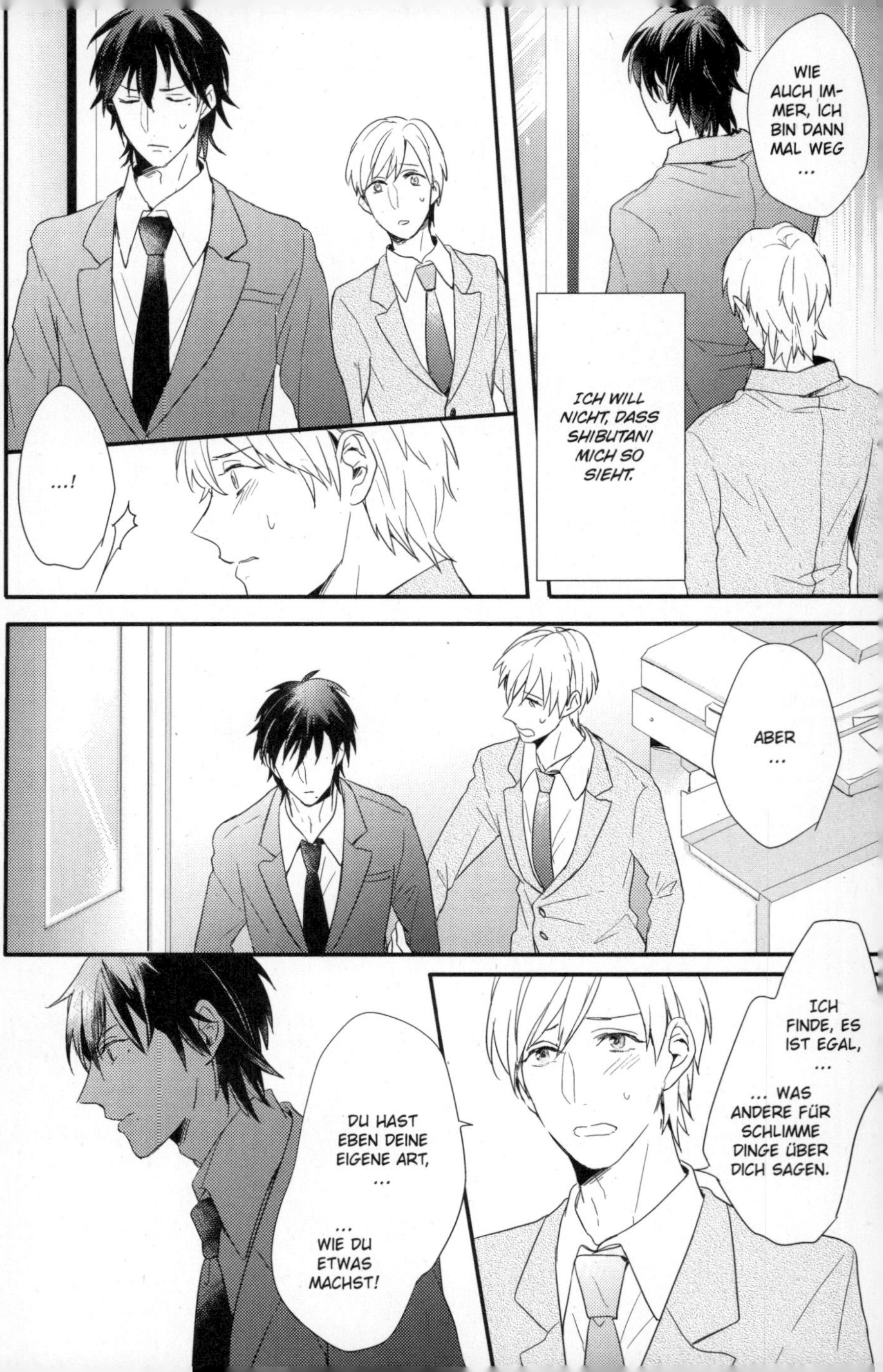
WIE AUCH IMMER, ICH BIN DANN MAL WEG …
ICH WILL NICHT, DASS SHIBUTANI MICH SO SIEHT.
…!
ABER …
ICH FINDE, ES IST EGAL, …
… WAS ANDERE FÜR SCHLIMME DINGE ÜBER DICH SAGEN.
DU HAST EBEN DEINE EIGENE ART, …
… WIE DU ETWAS MACHST!

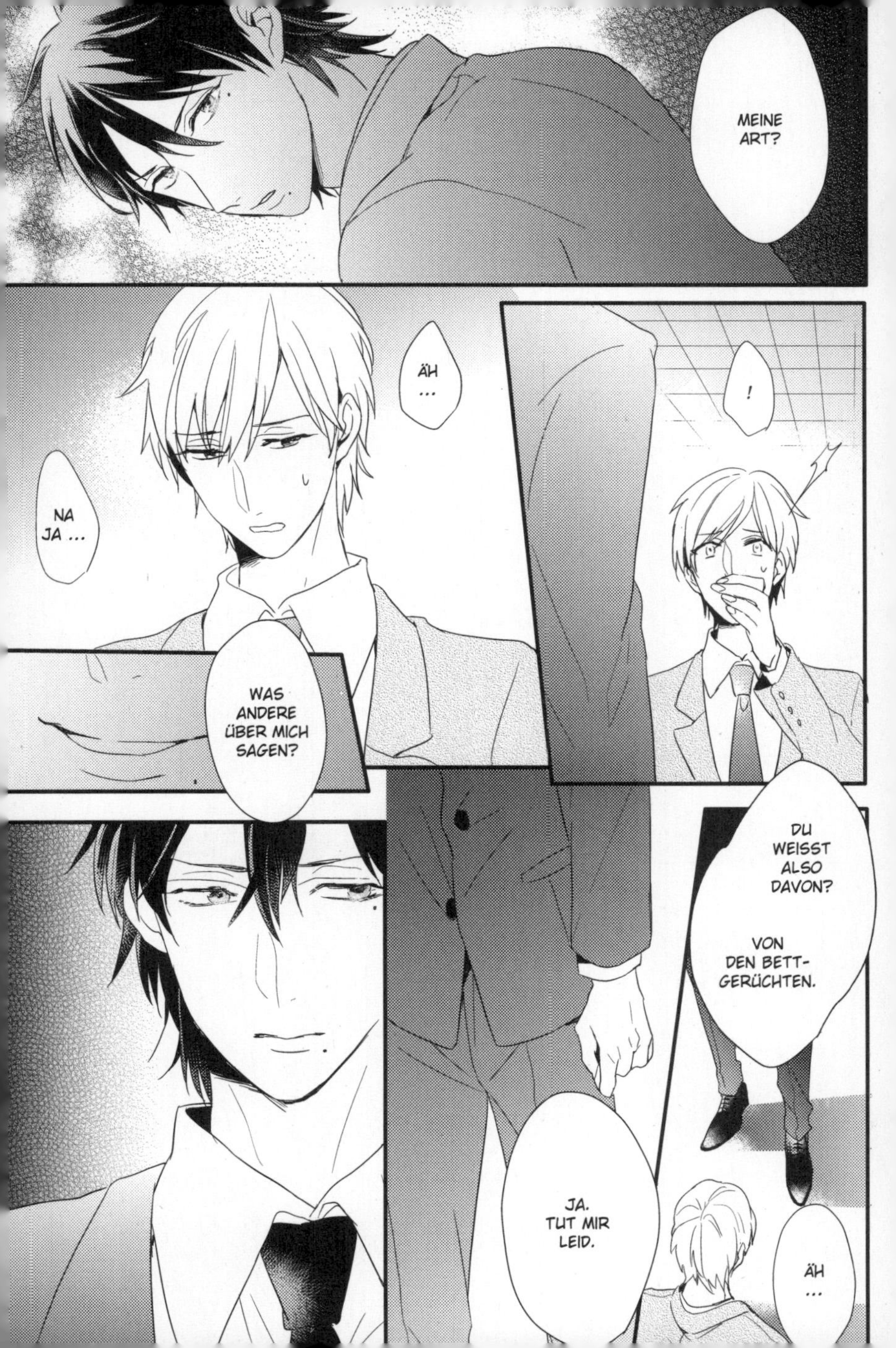
MEINE ART?
!
ÄH ...
NA JA ...
WAS ANDERE ÜBER MICH SAGEN?
DU WEISST ALSO DAVON?
VON DEN BETT-GERÜCHTEN.
ÄH ...
JA. TUT MIR LEID.

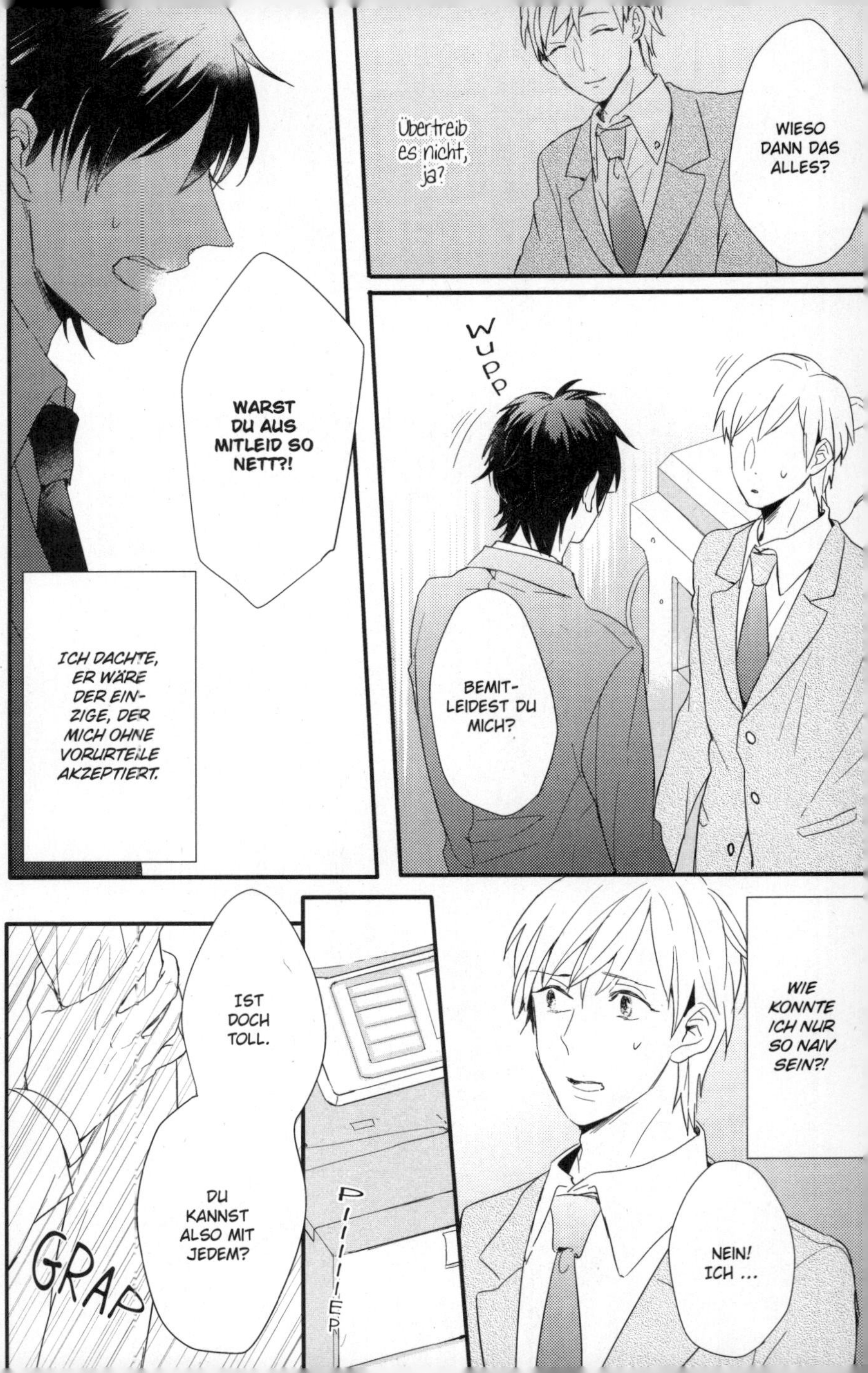

WIESO DANN DAS ALLES?
Übertreib es nicht, ja?
WUPP
BEMIT-LEIDEST DU MICH?
WARST DU AUS MITLEID SO NETT?!
ICH DACHTE, ER WÄRE DER EIN-ZIGE, DER MICH OHNE VORURTEILE AKZEPTIERT.
WIE KONNTE ICH NUR SO NAIV SEIN?!
NEIN! ICH …
IST DOCH TOLL.
DU KANNST ALSO MIT JEDEM?
PIIIEP
GRAP

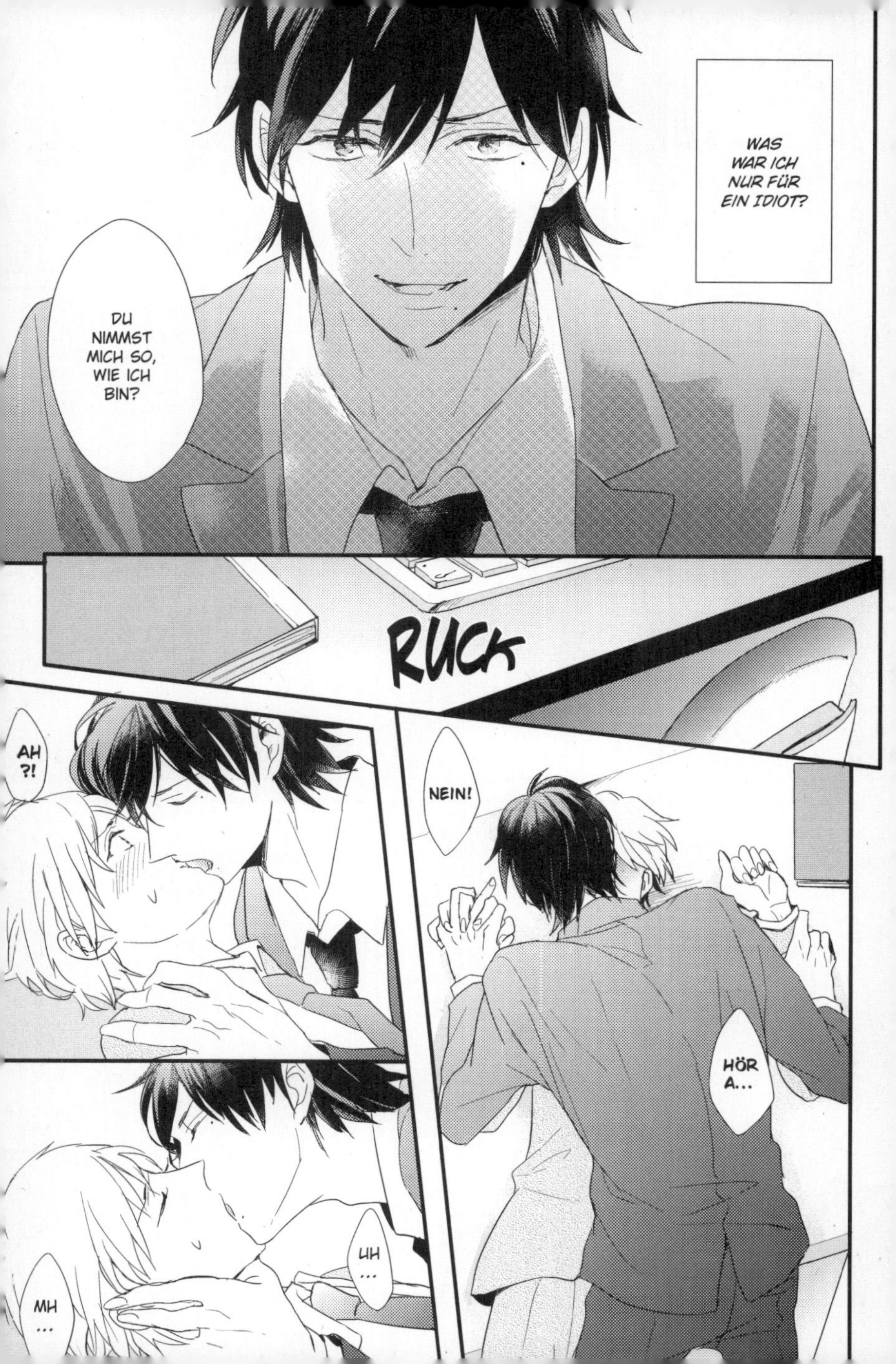
WAS WAR ICH NUR FÜR EIN IDIOT?
DU NIMMST MICH SO, WIE ICH BIN?
RUCK
NEIN!
HÖR A...
AH ?!
UH ...
MH ...

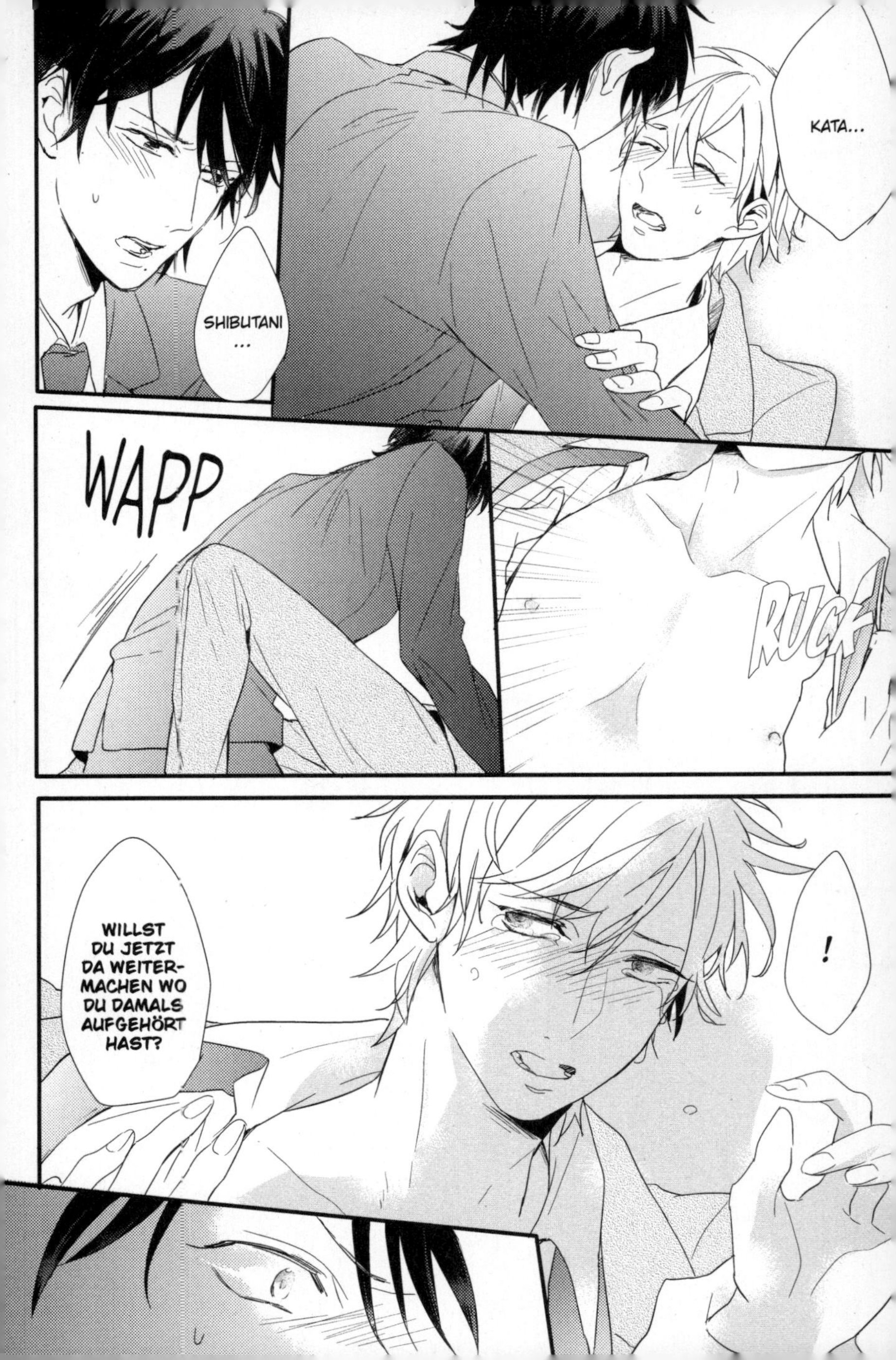
KATA...
SHIBUTANI ...
WAPP
RUCK
!
WILLST DU JETZT DA WEITER-MACHEN WO DU DAMALS AUFGEHÖRT HAST?

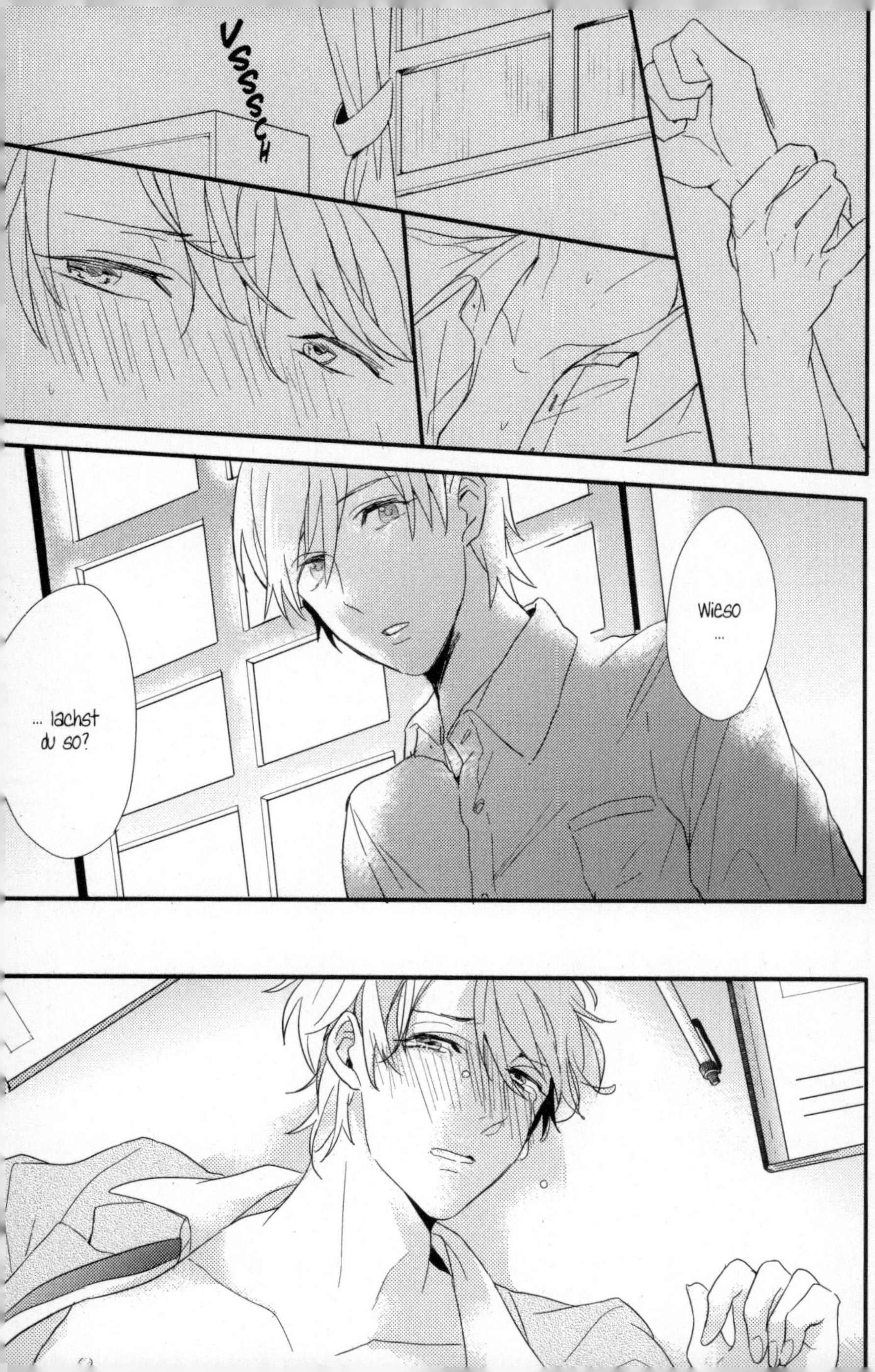
VSSSCH
Wieso ...
... lachst du so?

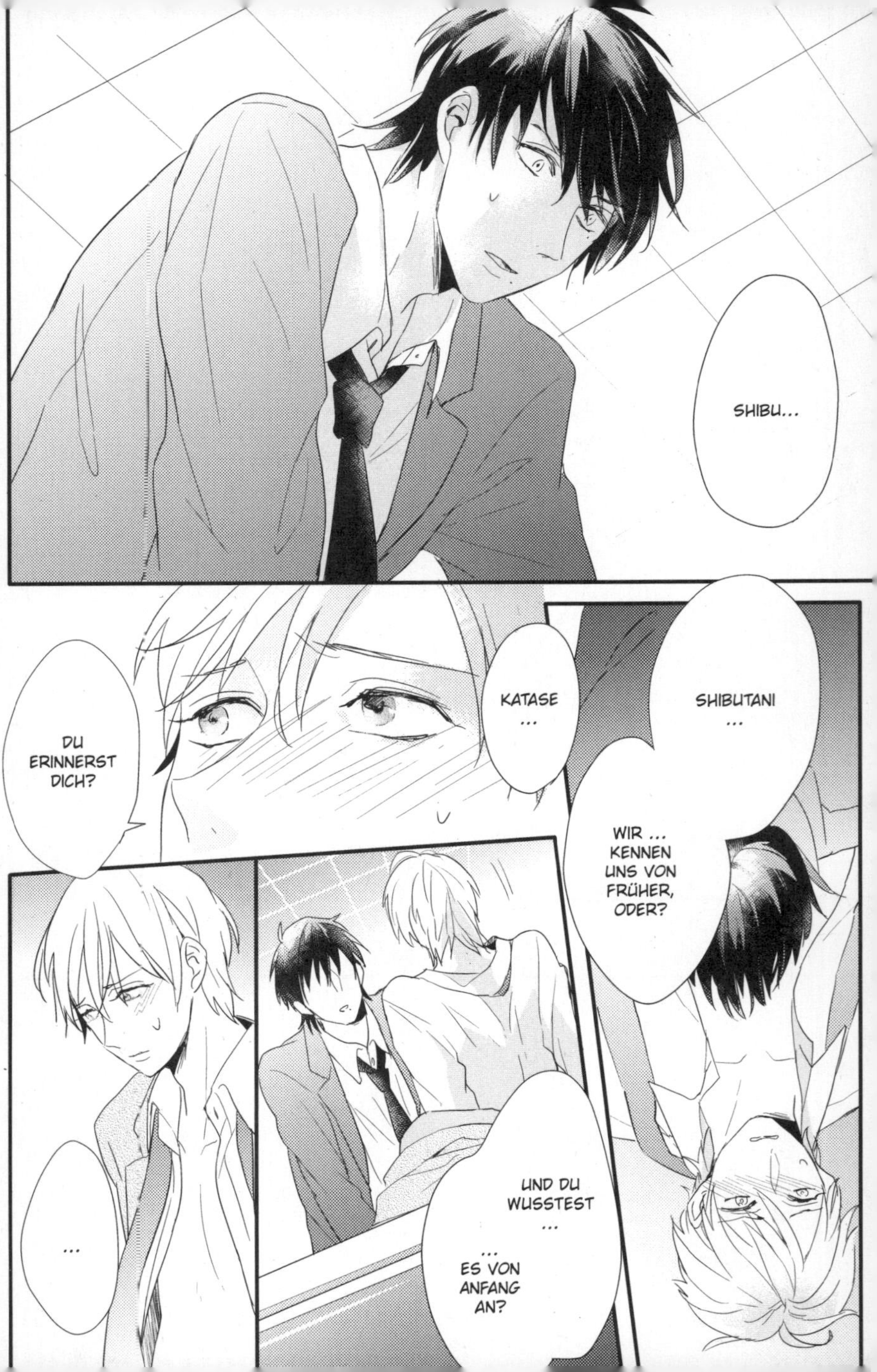
SHIBU…
SHIBUTANI …
KATASE …
DU ERINNERST DICH?
WIR … KENNEN UNS VON FRÜHER, ODER?
UND DU WUSSTEST … … ES VON ANFANG AN?
…

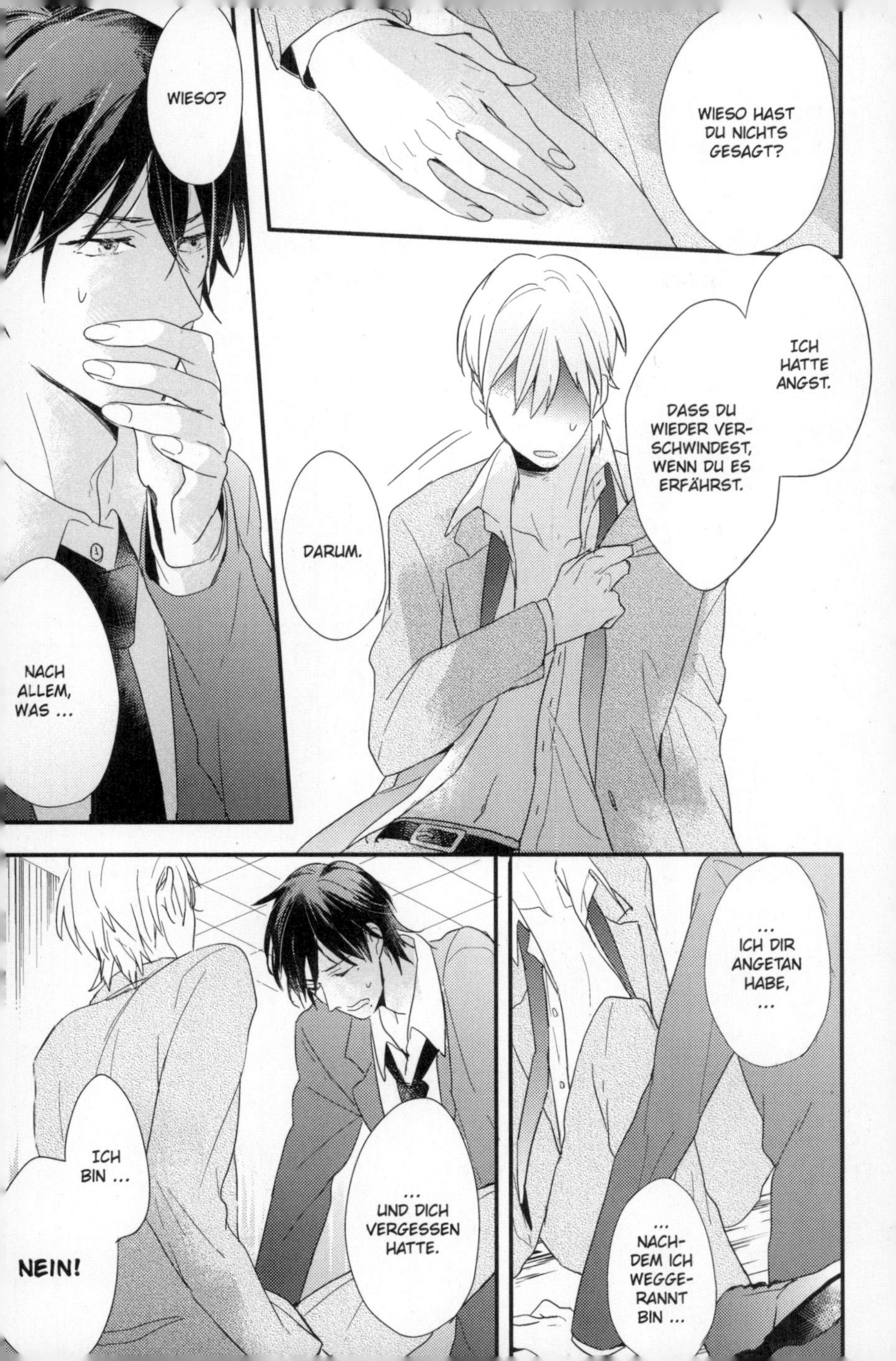
WIESO HAST DU NICHTS GESAGT?
WIESO?
ICH HATTE ANGST.
DASS DU WIEDER VERSCHWINDEST, WENN DU ES ERFÄHRST.
DARUM.
NACH ALLEM, WAS …
… ICH DIR ANGETAN HABE, …
… NACHDEM ICH WEGGERANNT BIN …
… UND DICH VERGESSEN HATTE.
ICH BIN …
NEIN!

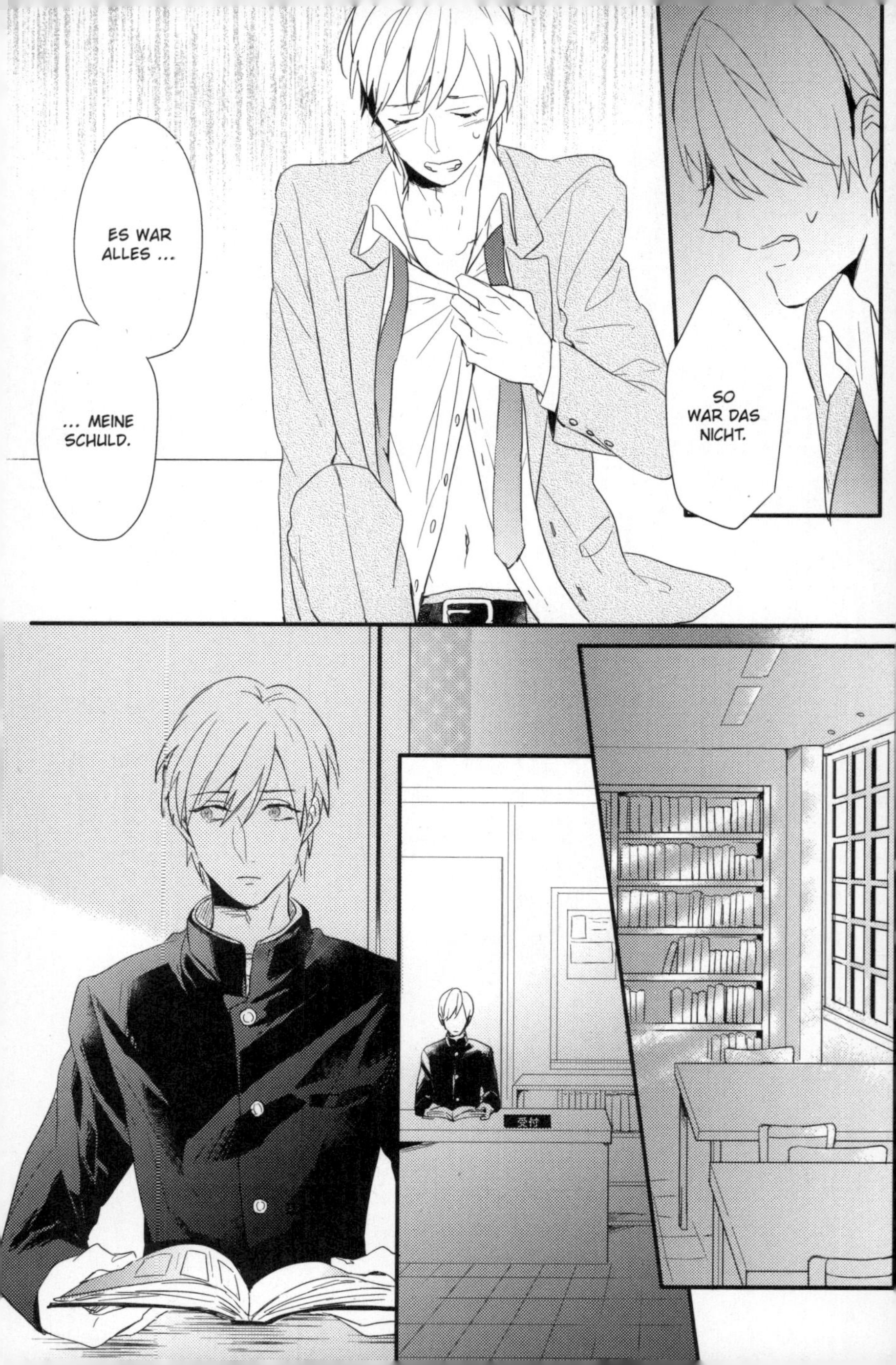
ES WAR ALLES ...
... MEINE SCHULD.
SO WAR DAS NICHT.
受付

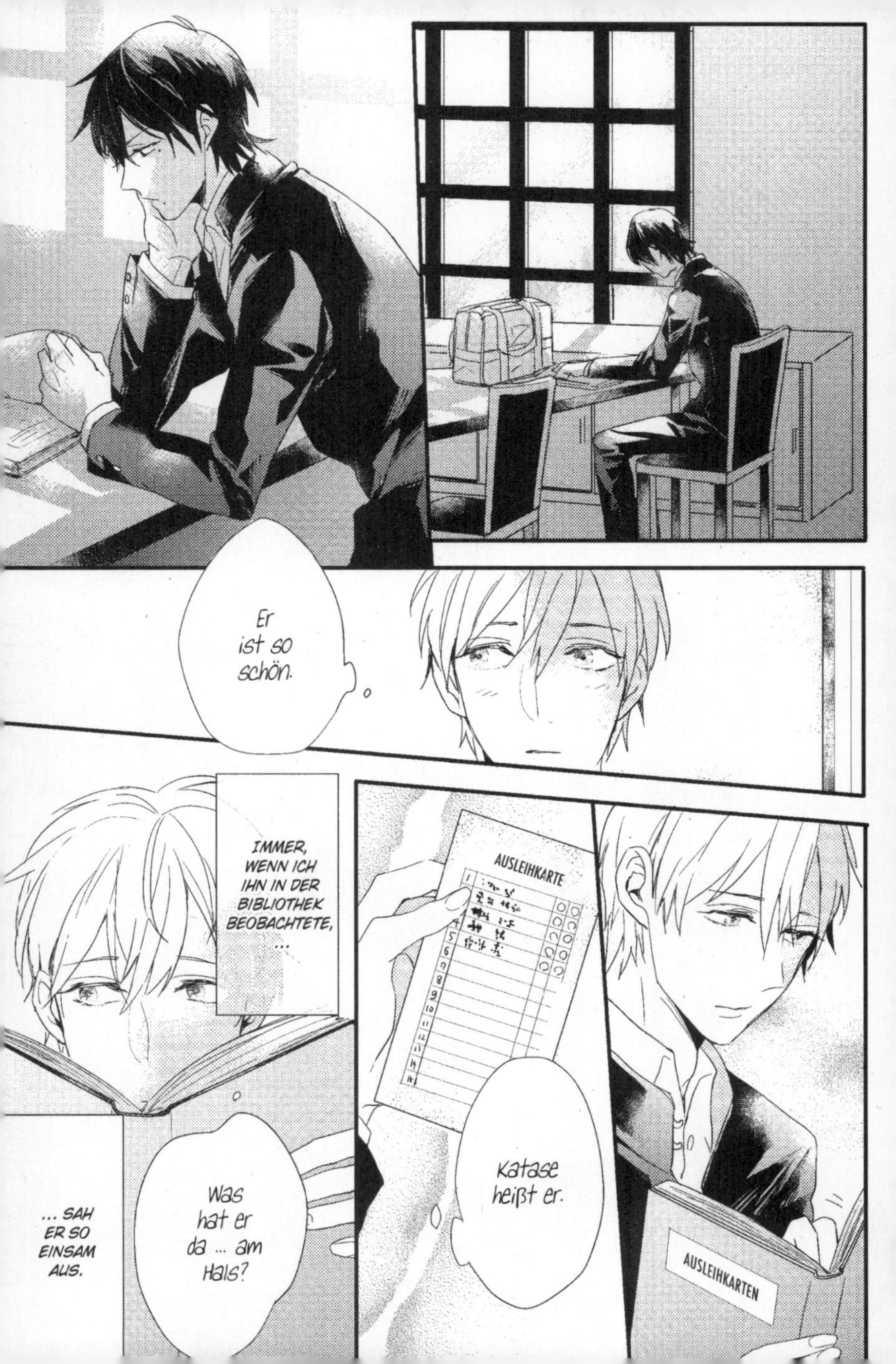
Er ist so schön.
IMMER, WENN ICH IHN IN DER BIBLIOTHEK BEOBACHTETE, …
AUSLEIHKARTE
Katase heißt er.
AUSLEIHKARTEN
Was hat er da … am Hals?
… SAH ER SO EINSAM AUS.

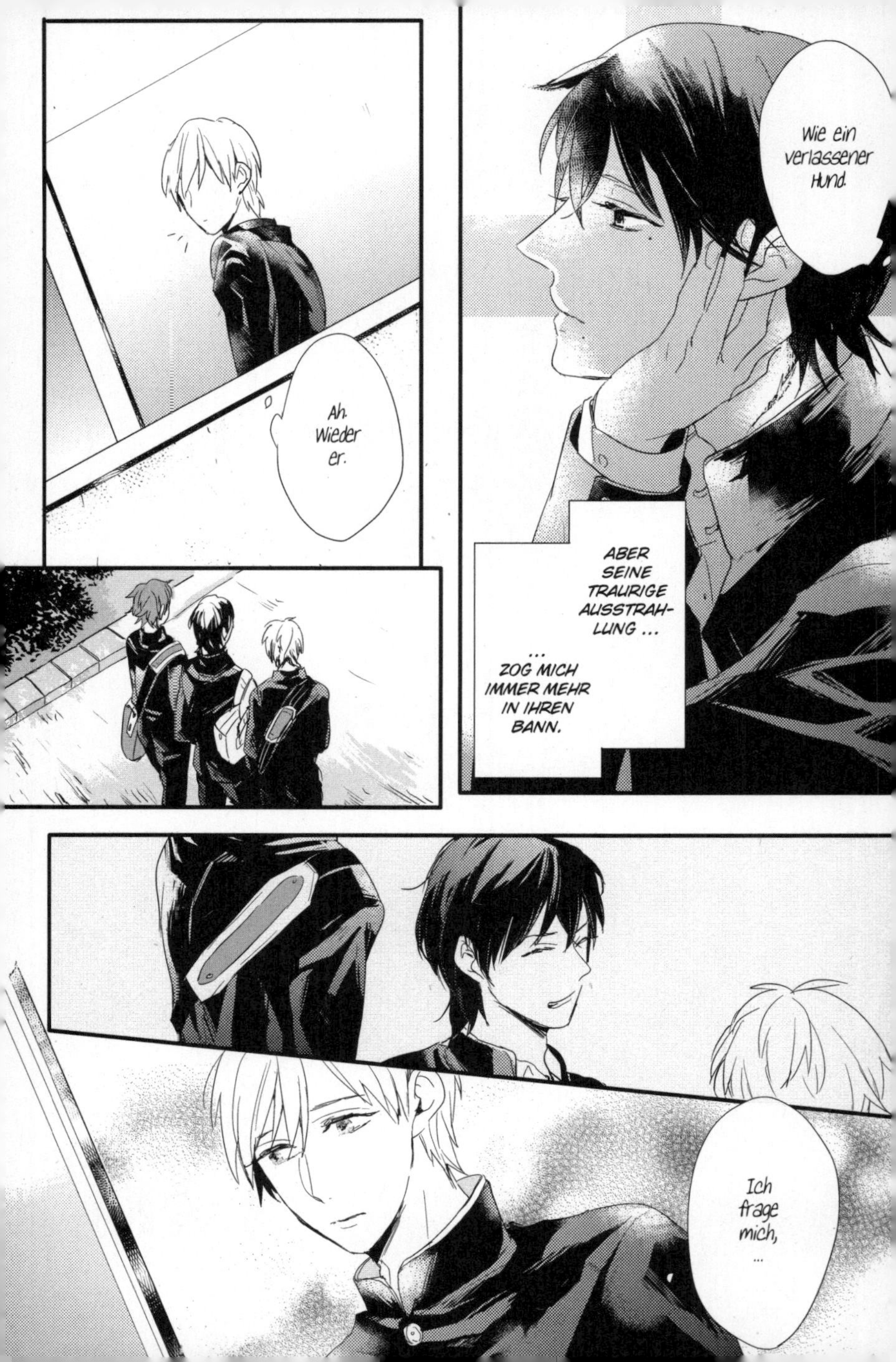
Wie ein verlassener Hund.
Ah. Wieder er.
ABER SEINE TRAURIGE AUSSTRAH-LUNG ...
... ZOG MICH IMMER MEHR IN IHREN BANN.
Ich frage mich, ...

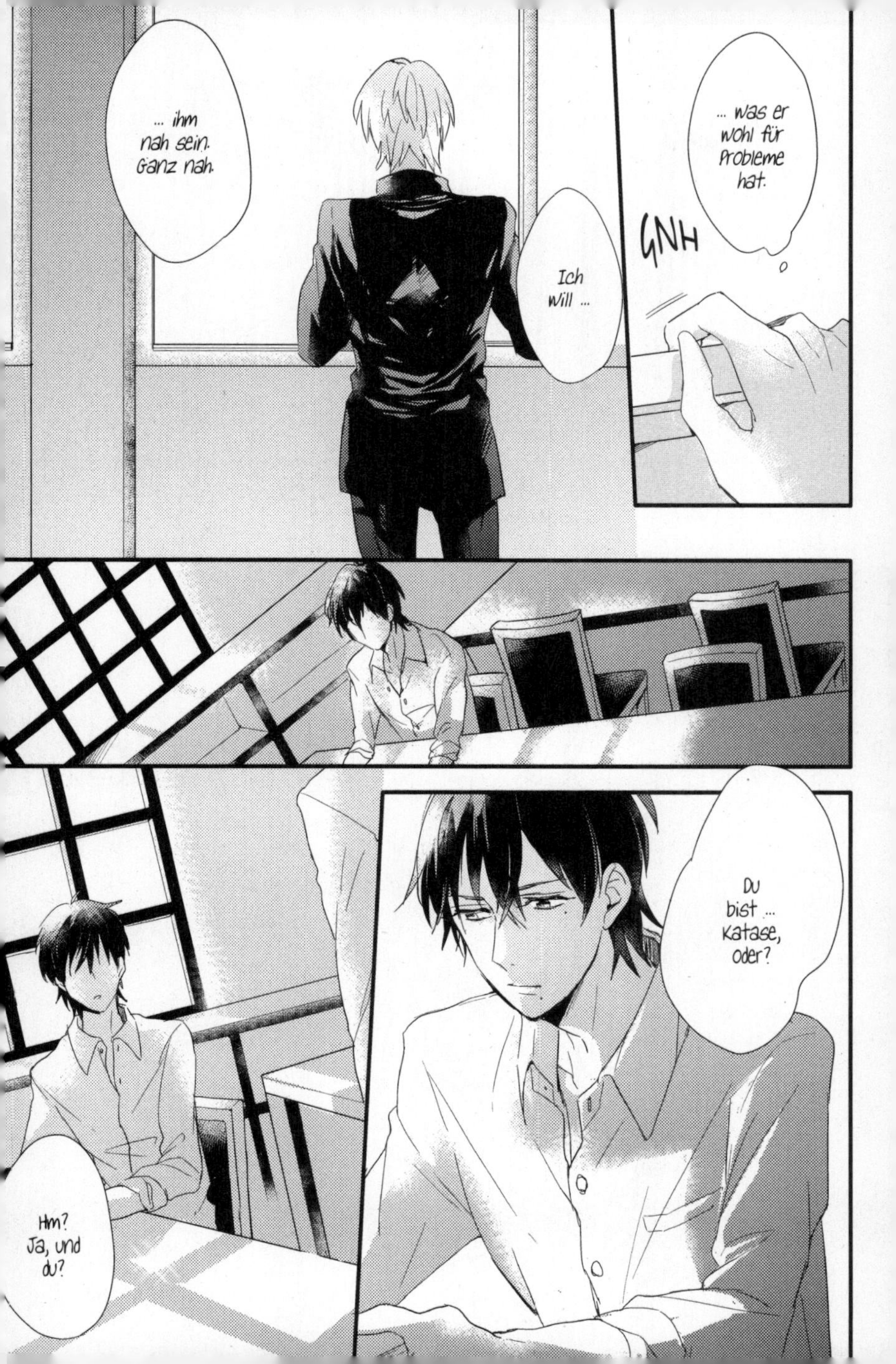
... was er wohl für Probleme hat.
GNH
Ich will ...
... ihm nah sein. Ganz nah.
Du bist ... Katase, oder?
Hm? Ja, und du?

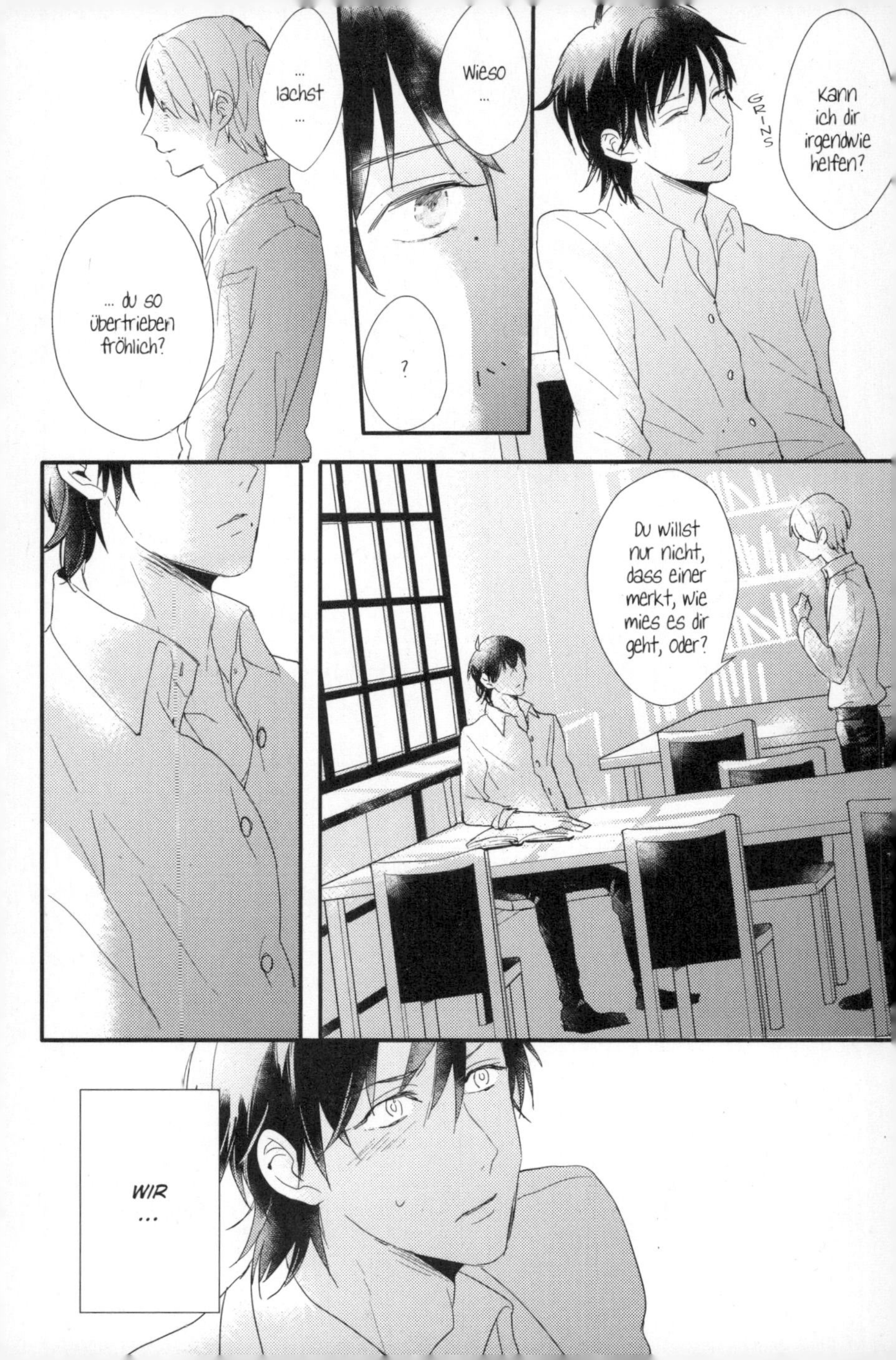
Kann ich dir irgendwie helfen?
GRINS
Wieso ...
?
... lachst ...
... du so übertrieben fröhlich?
Du willst nur nicht, dass einer merkt, wie mies es dir geht, oder?
WIR ...

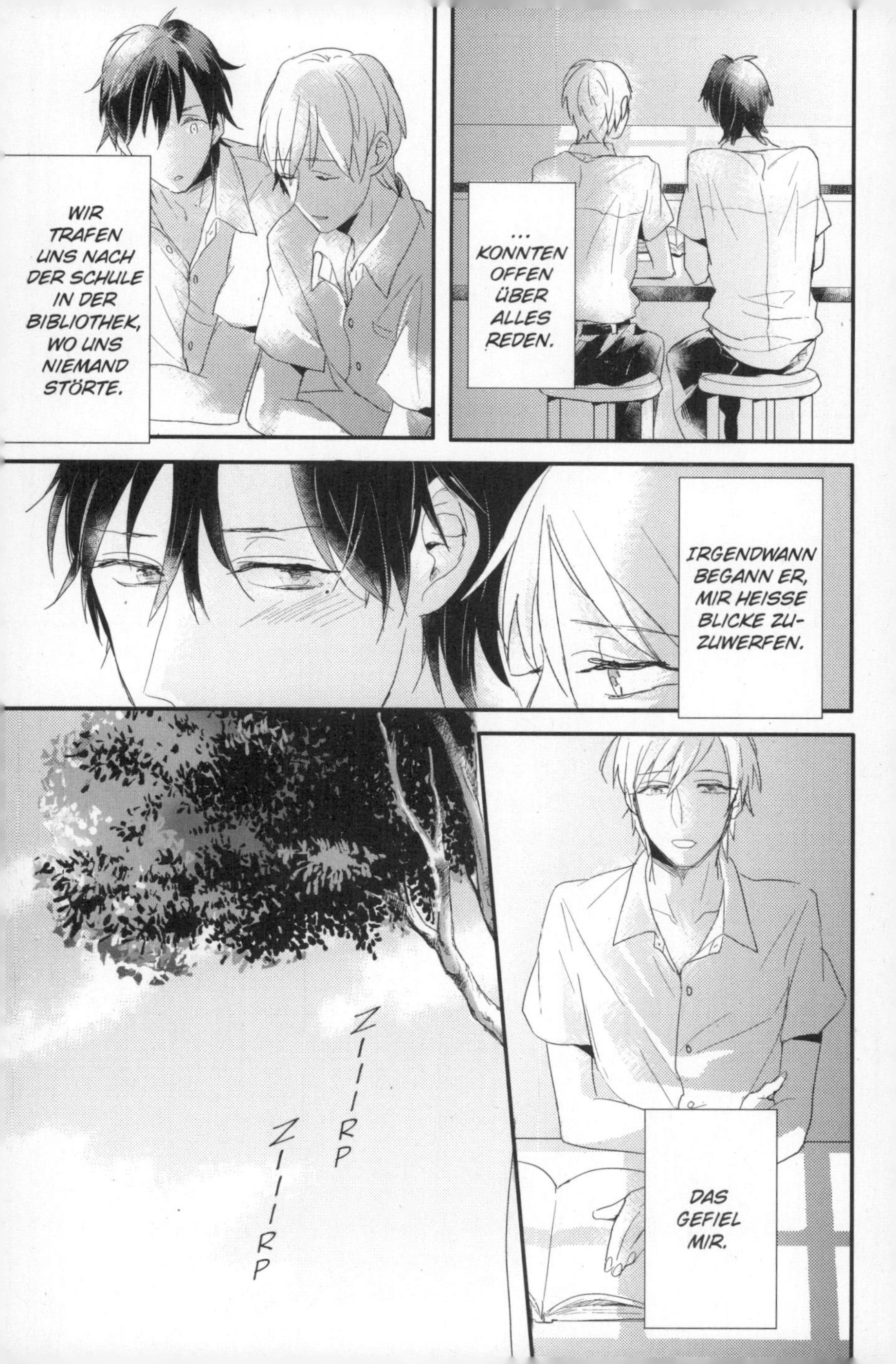
WIR TRAFEN UNS NACH DER SCHULE IN DER BIBLIOTHEK, WO UNS NIEMAND STÖRTE.
... KONNTEN OFFEN ÜBER ALLES REDEN.
IRGENDWANN BEGANN ER, MIR HEISSE BLICKE ZU-ZUWERFEN.
ZIIIRP
ZIIIRP
DAS GEFIEL MIR.

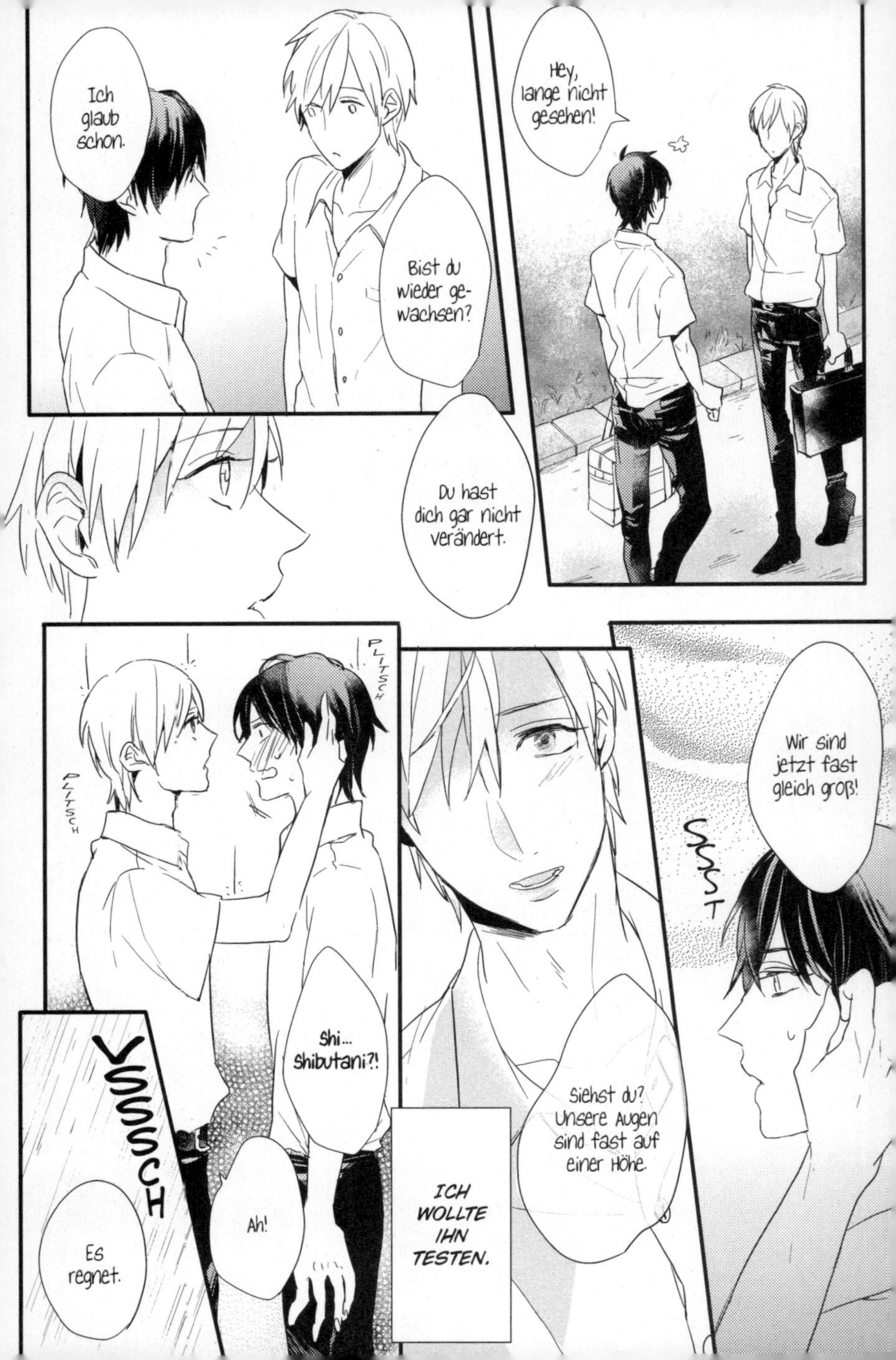
Hey, lange nicht gesehen!
Bist du wieder gewachsen?
Ich glaub schon.
Du hast dich gar nicht verändert.
Wir sind jetzt fast gleich groß!
SSST
Siehst du? Unsere Augen sind fast auf einer Höhe.
ICH WOLLTE IHN TESTEN.
PLITSCH
PLITSCH
Shi... Shibutani?!
Ah!
VSSSCH
Es regnet.

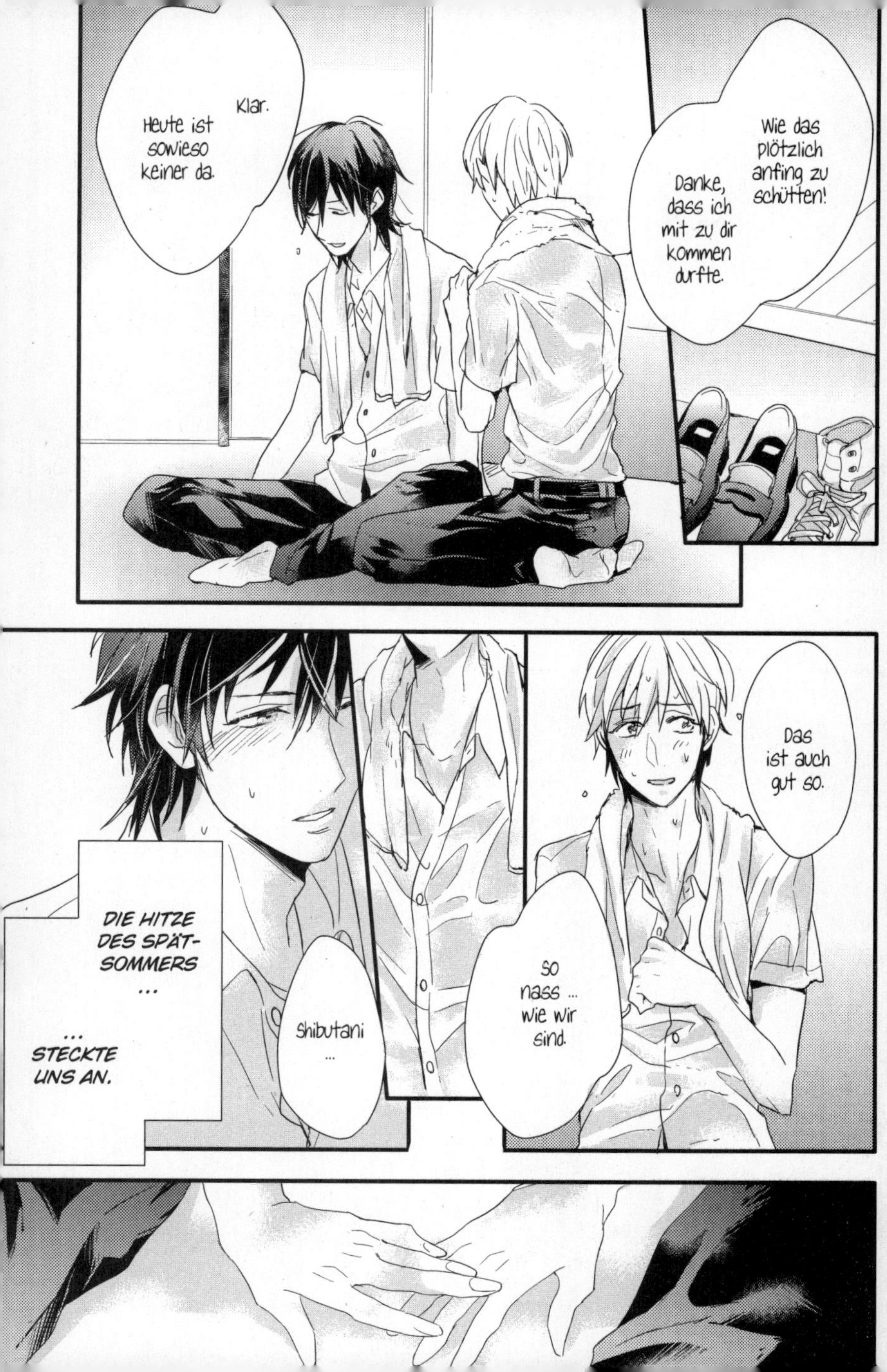
Wie das plötzlich anfing zu schütten!
Danke, dass ich mit zu dir kommen durfte.
Klar.
Heute ist sowieso keiner da.
Das ist auch gut so.
So nass ... wie wir sind.
Shibutani ...
DIE HITZE DES SPÄT-SOMMERS ...
... STECKTE UNS AN.

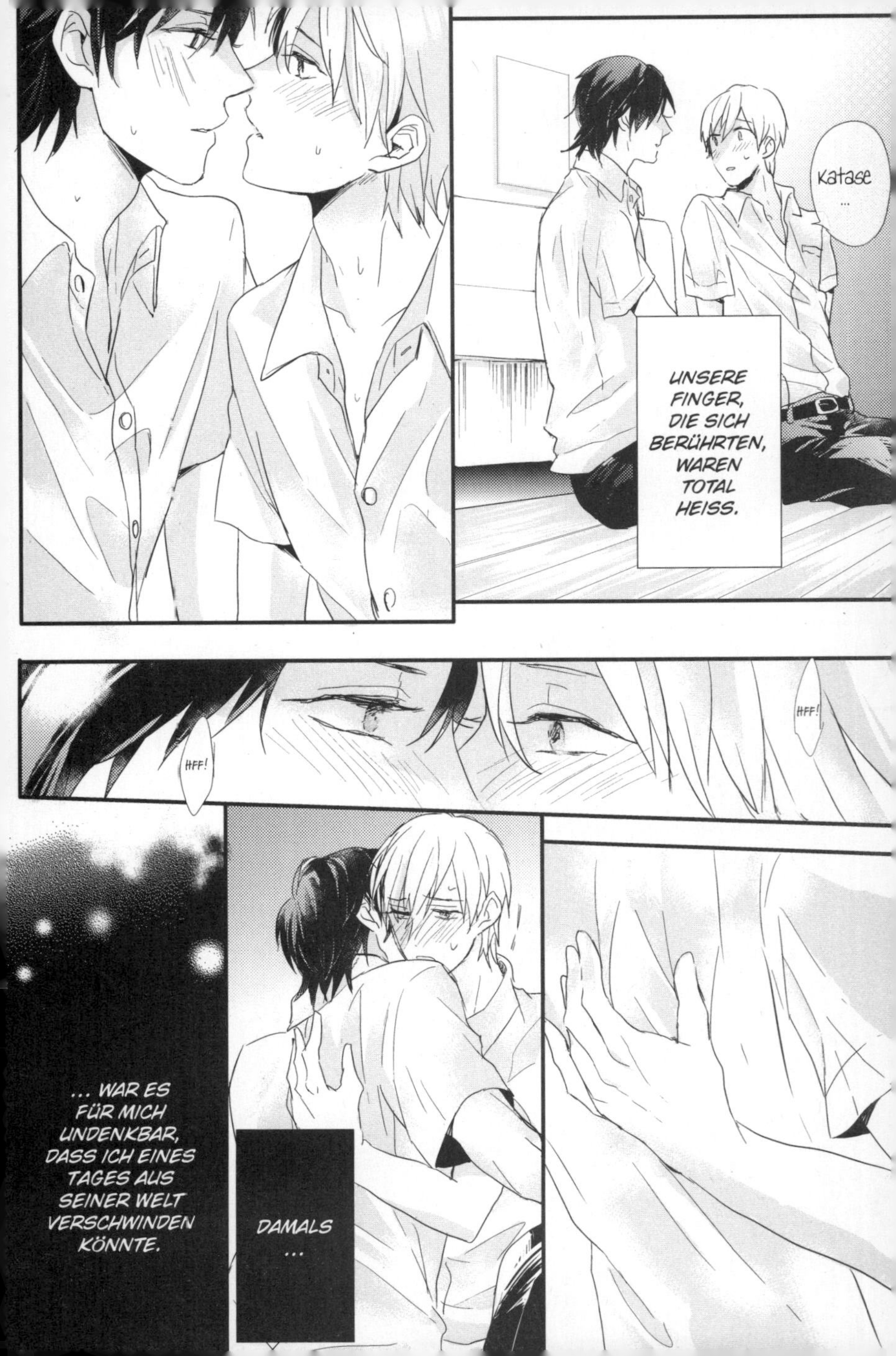
Katase ...
UNSERE FINGER, DIE SICH BERÜHRTEN, WAREN TOTAL HEISS.
HFF!
HFF!
DAMALS ...
... WAR ES FÜR MICH UNDENKBAR, DASS ICH EINES TAGES AUS SEINER WELT VERSCHWINDEN KÖNNTE.

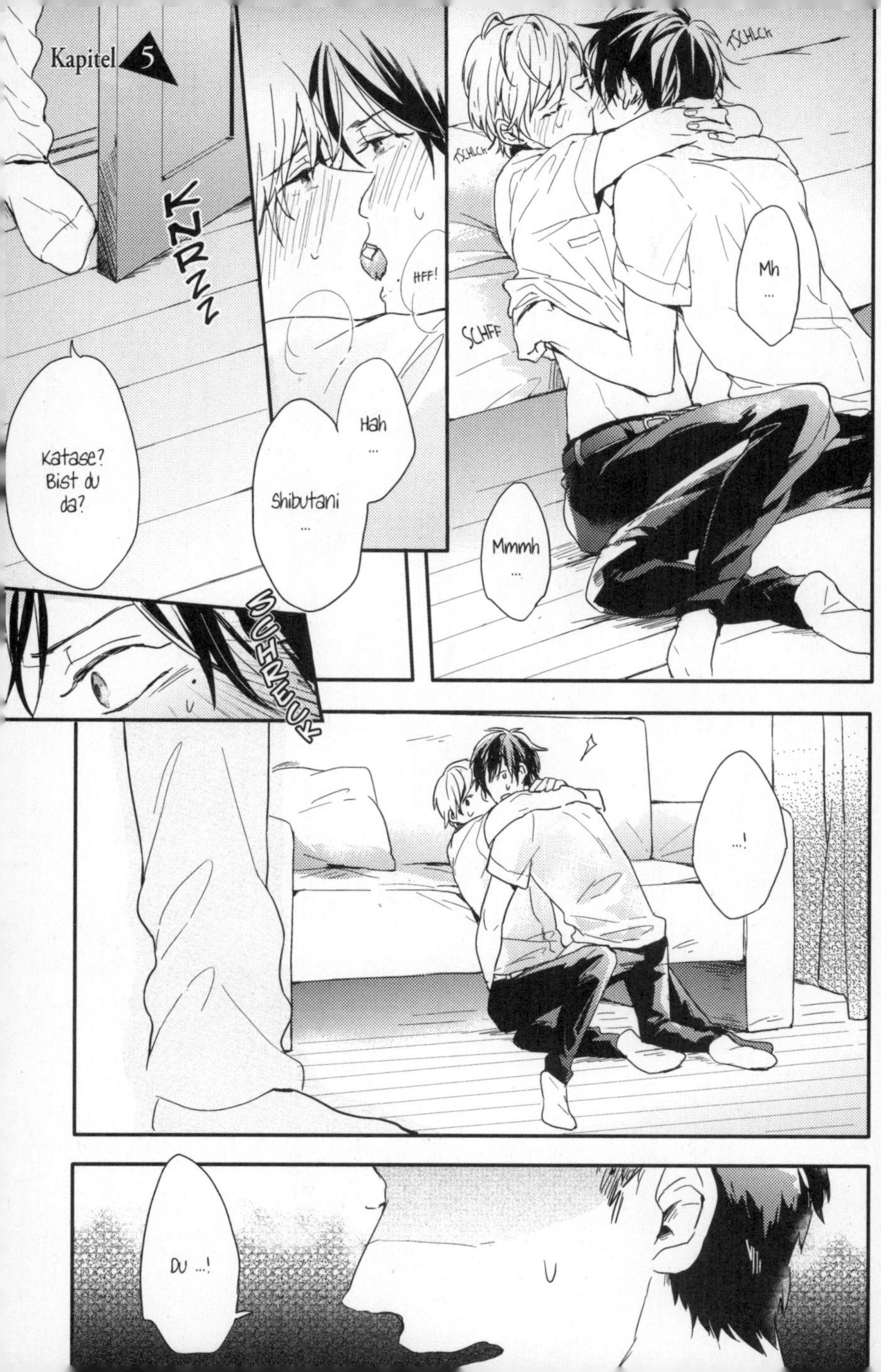
TSCHLCK
TSCHLCK
Mh ...
SCHFF
Mmmh ...
Hah ...
Shibutani ...
HFF!
Kapitel 5
KNRZZ
Katase? Bist du da?
SCHRECK
...!
Du ...!

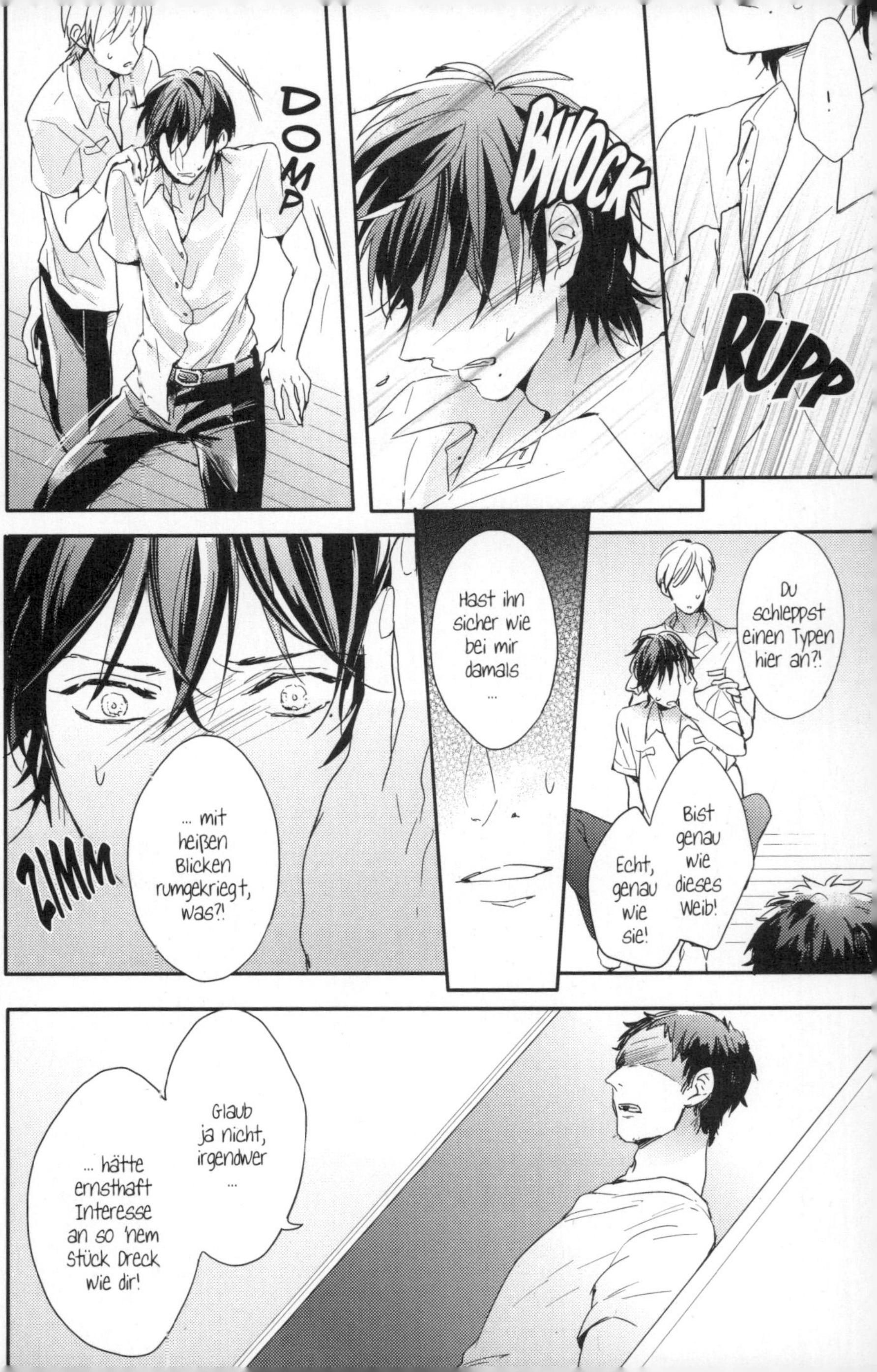
!
RUPP
BWOCK
DOMP
Du schleppst einen Typen hier an?!
Bist genau wie dieses Weib!
Echt, genau wie sie!
Hast ihn sicher wie bei mir damals ...
... mit heißen Blicken rumgekriegt, was?!
ZIMM
Glaub ja nicht, irgendwer ...
... hätte ernsthaft Interesse an so 'nem Stück Dreck wie dir!

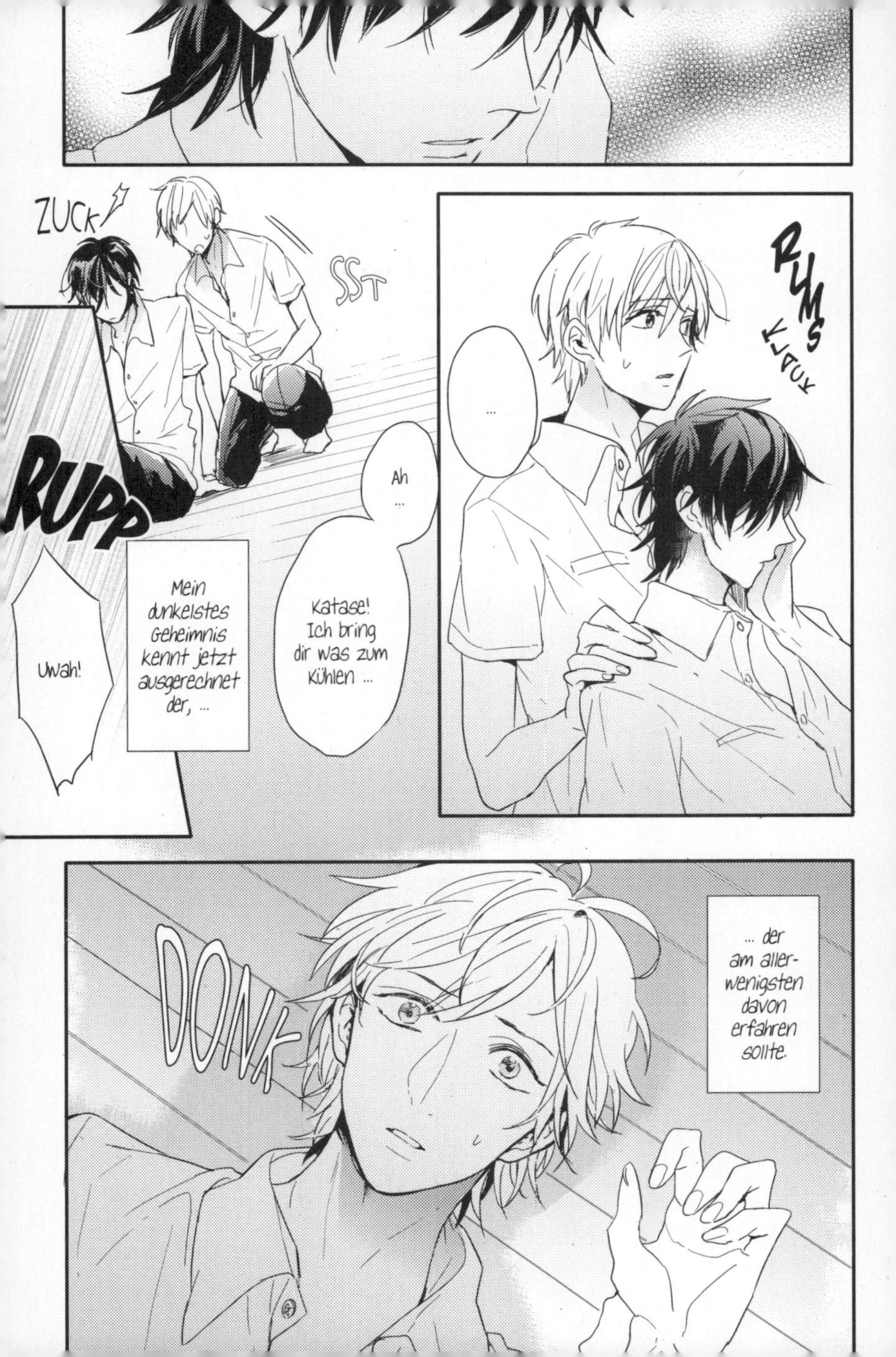
RUMS
KLACK
…
ZUCK
SST
Ah …
Katase! Ich bring dir was zum Kühlen …
RUPP
Mein dunkelstes Geheimnis kennt jetzt ausgerechnet der, …
Uwah!
… der am aller-wenigsten davon erfahren sollte.
DONK

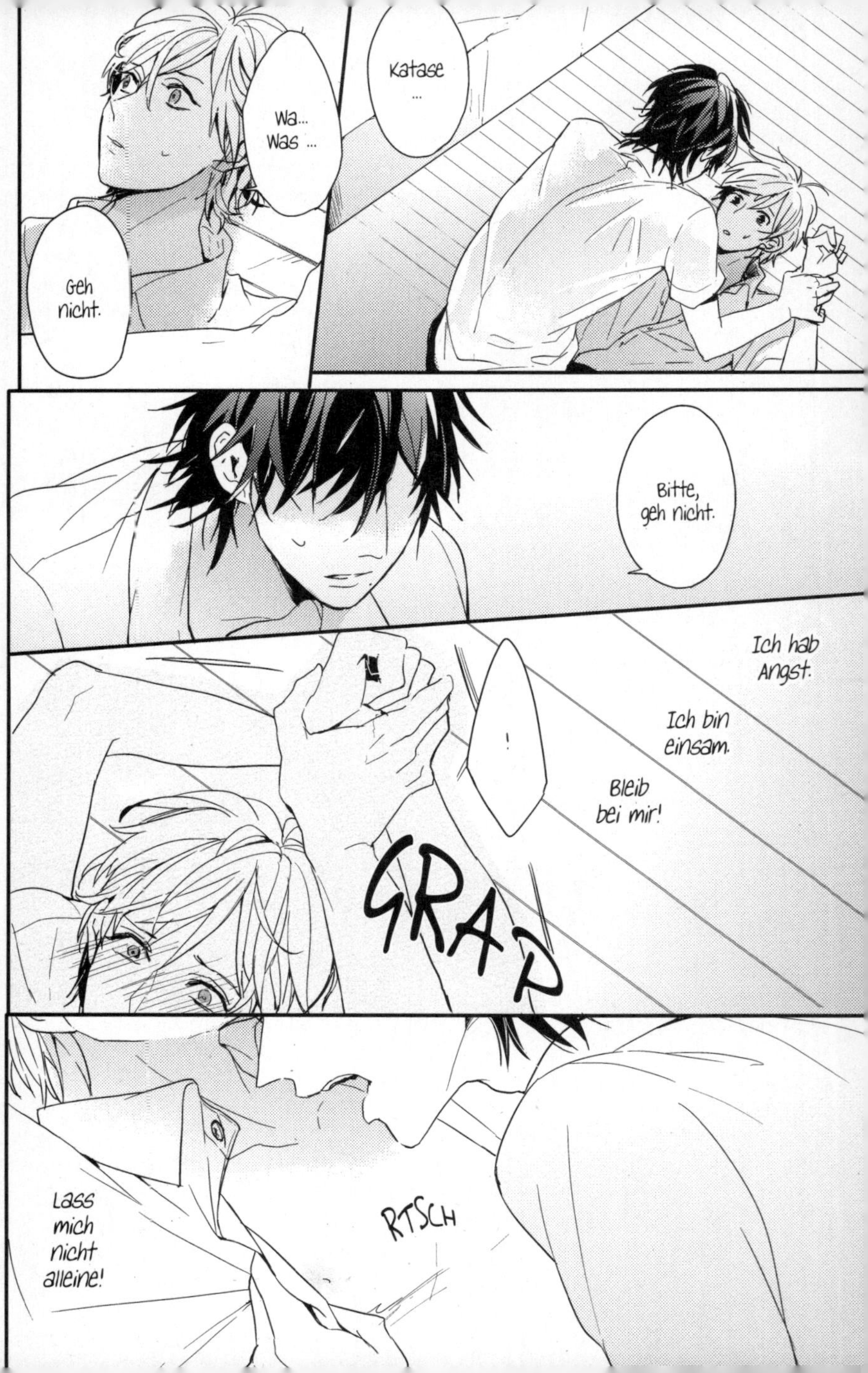
Katase ...
Wa... Was ...
Geh nicht.
Bitte, geh nicht.
Ich hab Angst.
Ich bin einsam.
Bleib bei mir!
!
GRAP
Lass mich nicht alleine!
RTSCH

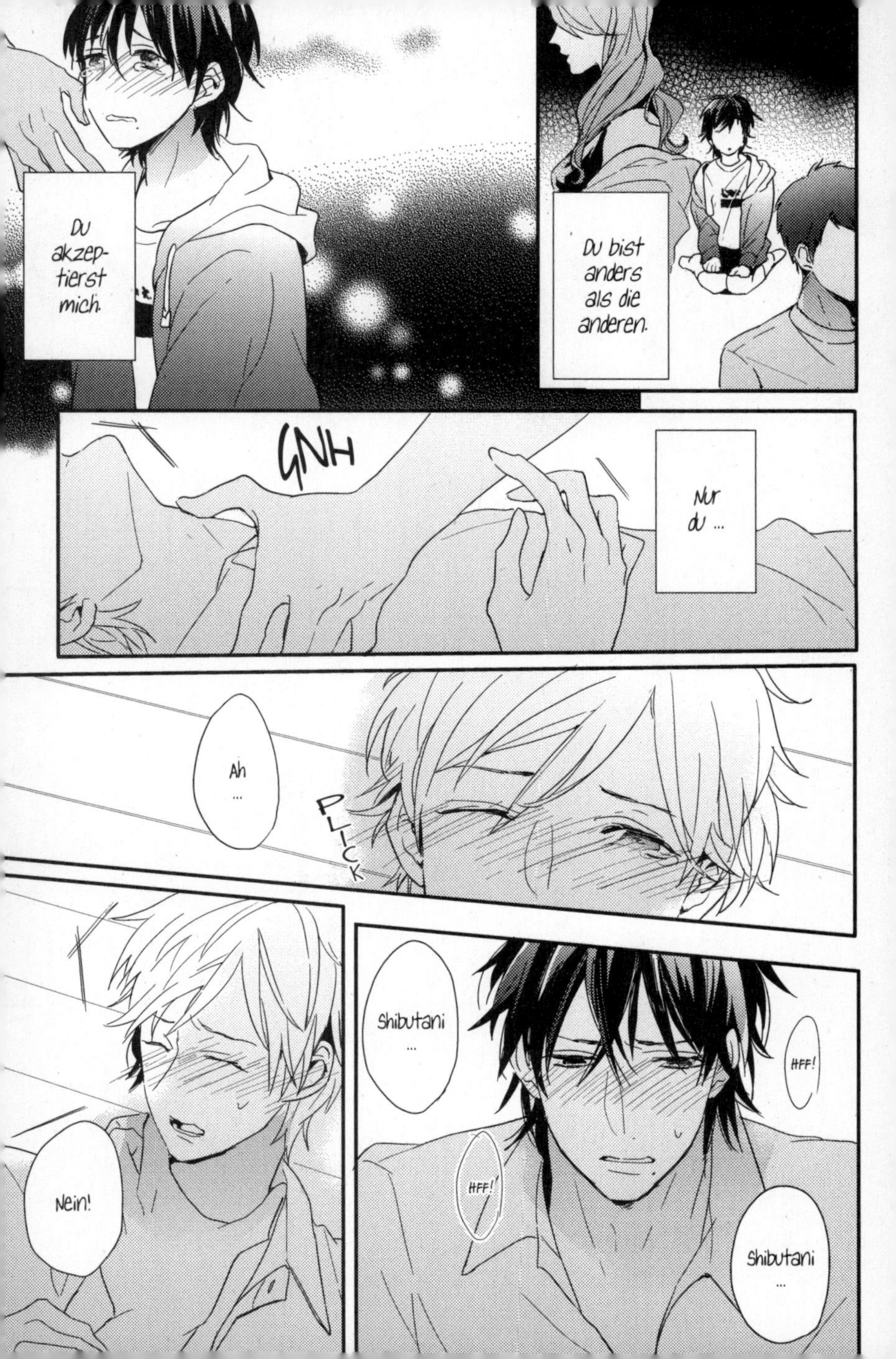
Du bist anders als die anderen.
Du akzeptierst mich.
Nur du ...
GNH
Ah ...
PLICK
Shibutani ...
HFF!
HFF!
Shibutani ...
Nein!

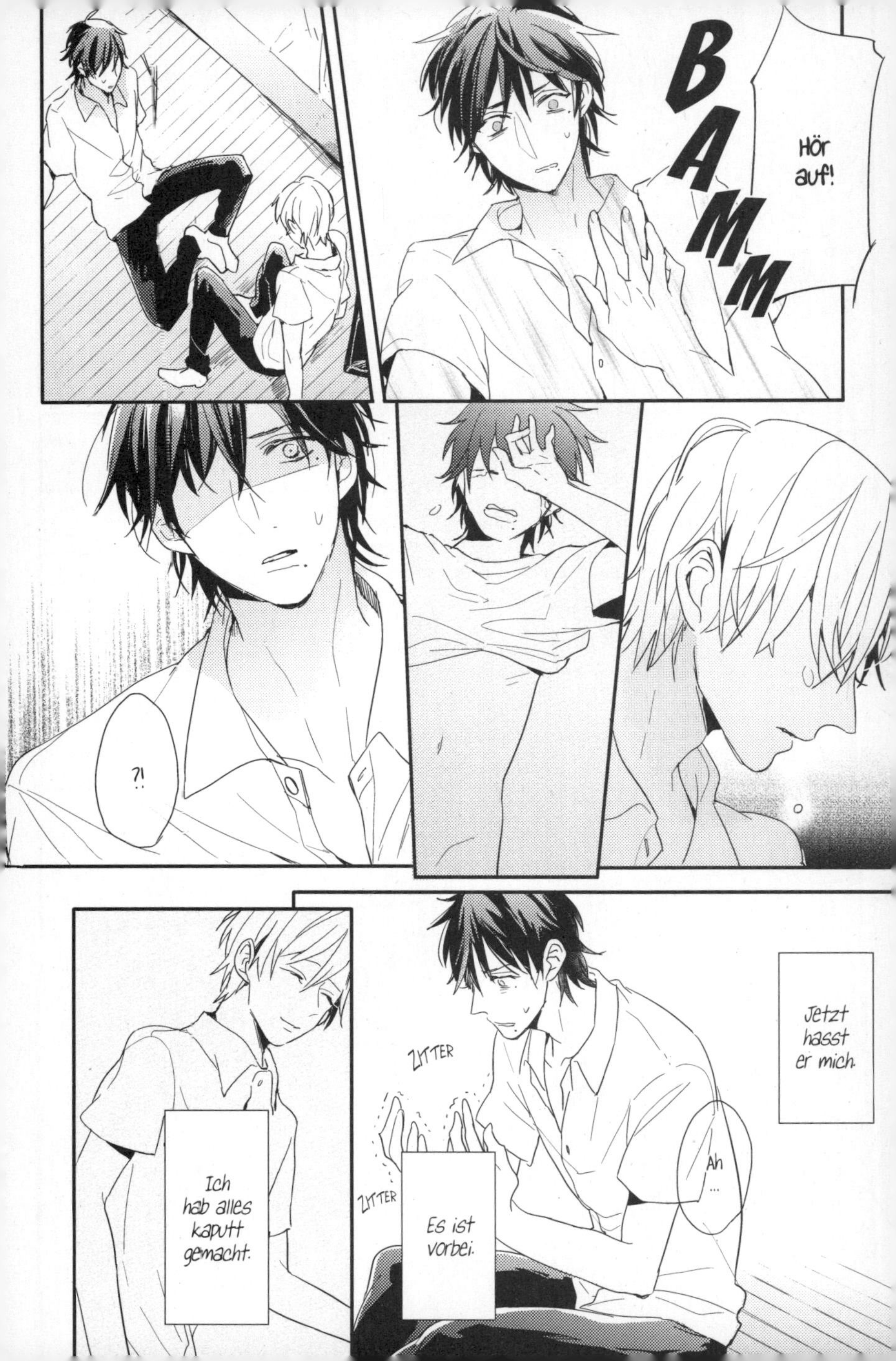
Hör auf!
BAMM
?!
Jetzt hasst er mich.
Ah ...
ZITTER
ZITTER
Es ist vorbei.
Ich hab alles kaputt gemacht.

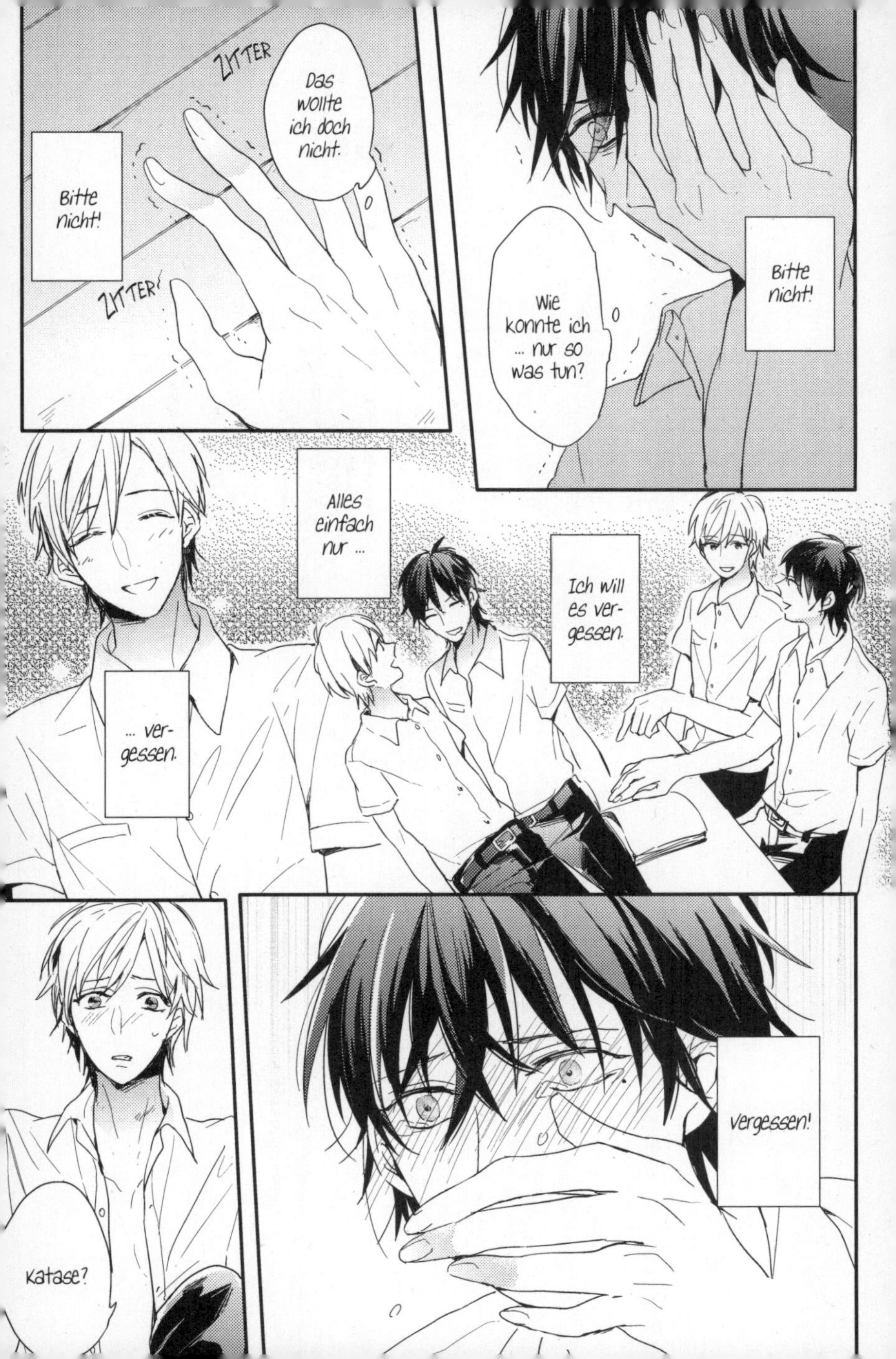
Bitte nicht!
Wie konnte ich ... nur so was tun?
ZITTER
Das wollte ich doch nicht.
Bitte nicht!
ZITTER
Ich will es vergessen.
Alles einfach nur ...
... vergessen.
Vergessen!
Katase?

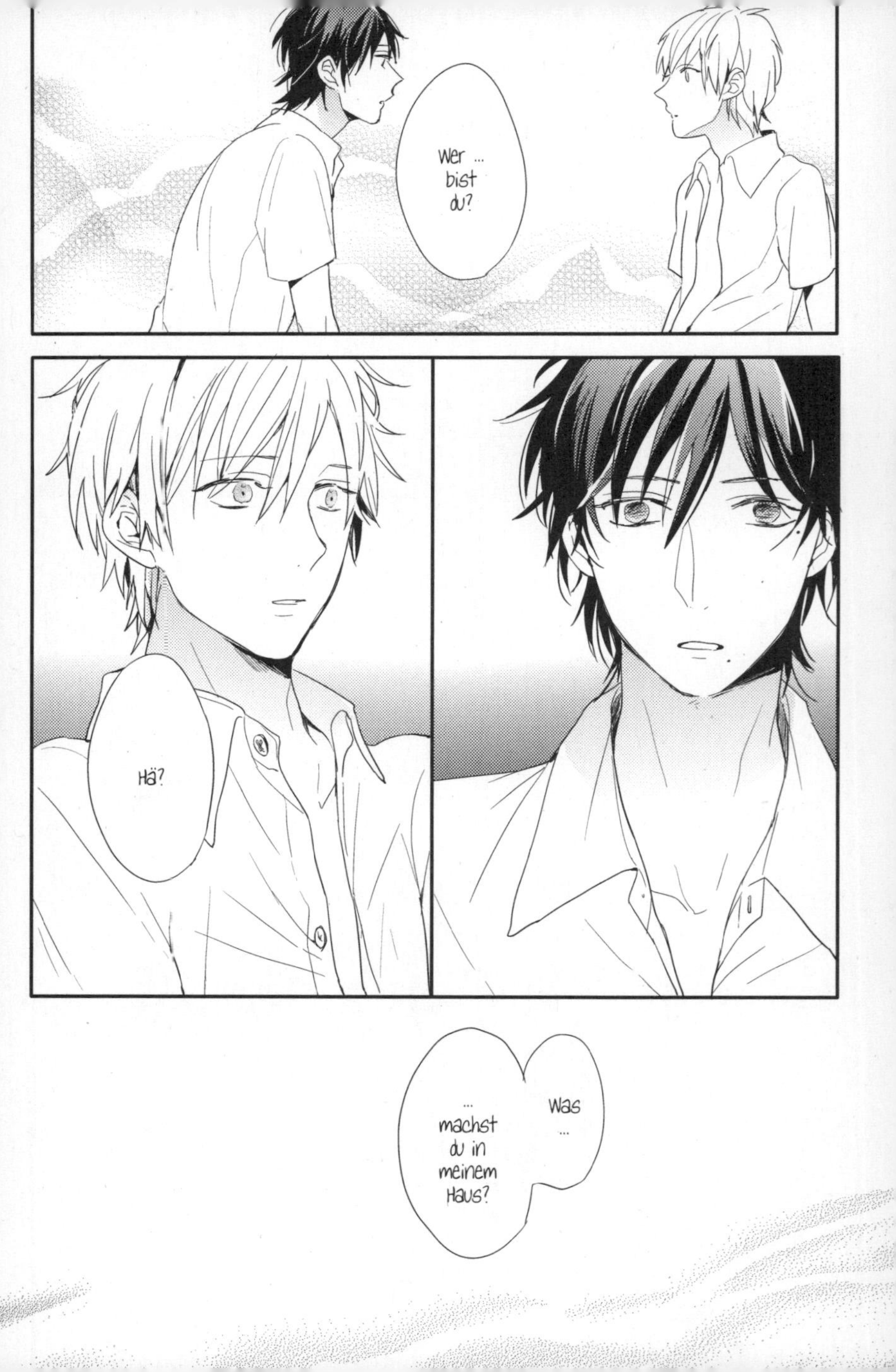
Wer … bist du?
Hä?
Was … … machst du in meinem Haus?

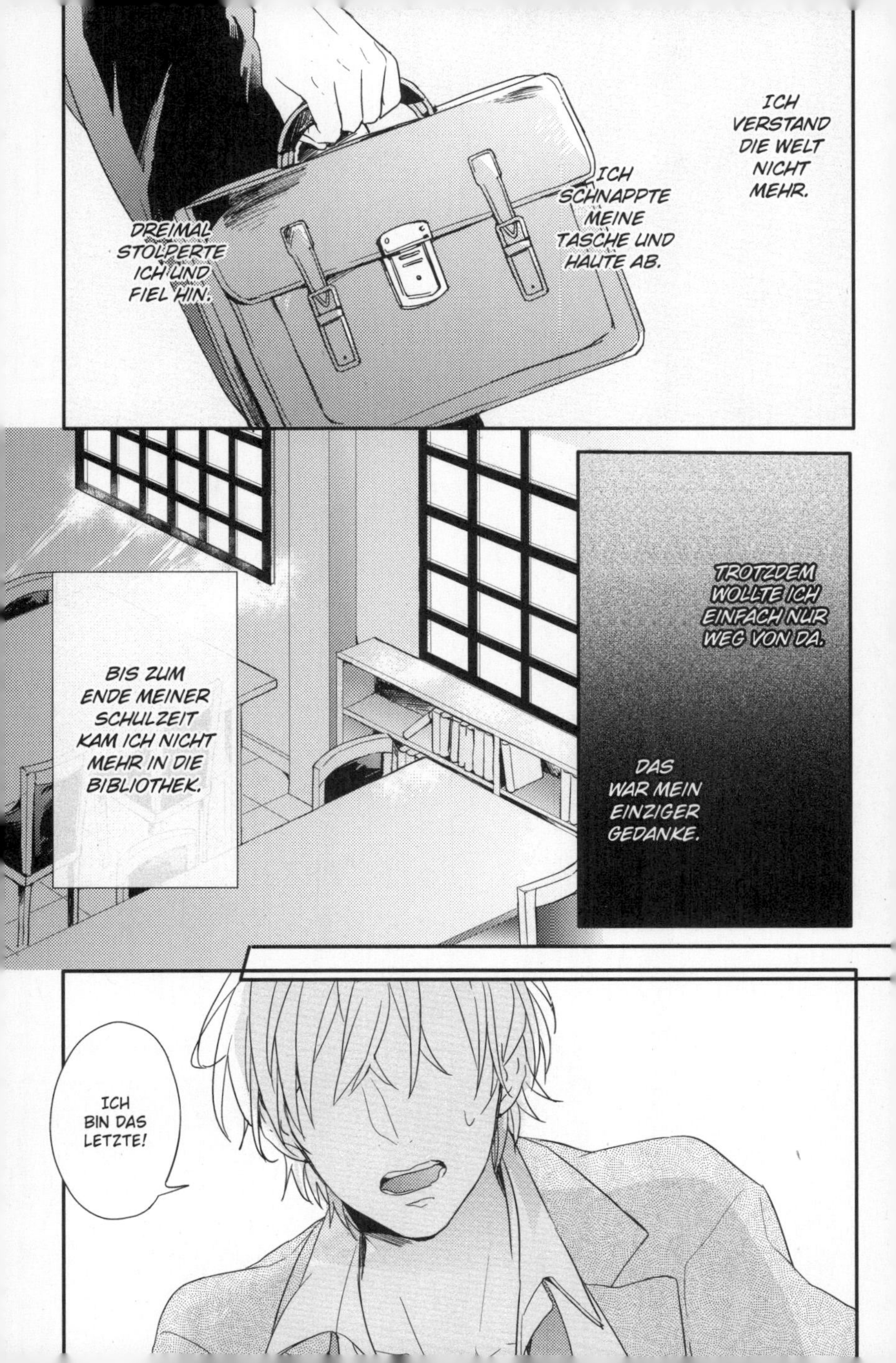
ICH VERSTAND DIE WELT NICHT MEHR.
ICH SCHNAPPTE MEINE TASCHE UND HAUTE AB.
DREIMAL STOLPERTE ICH UND FIEL HIN.
TROTZDEM WOLLTE ICH EINFACH NUR WEG VON DA.
DAS WAR MEIN EINZIGER GEDANKE.
BIS ZUM ENDE MEINER SCHULZEIT KAM ICH NICHT MEHR IN DIE BIBLIOTHEK.
ICH BIN DAS LETZTE!

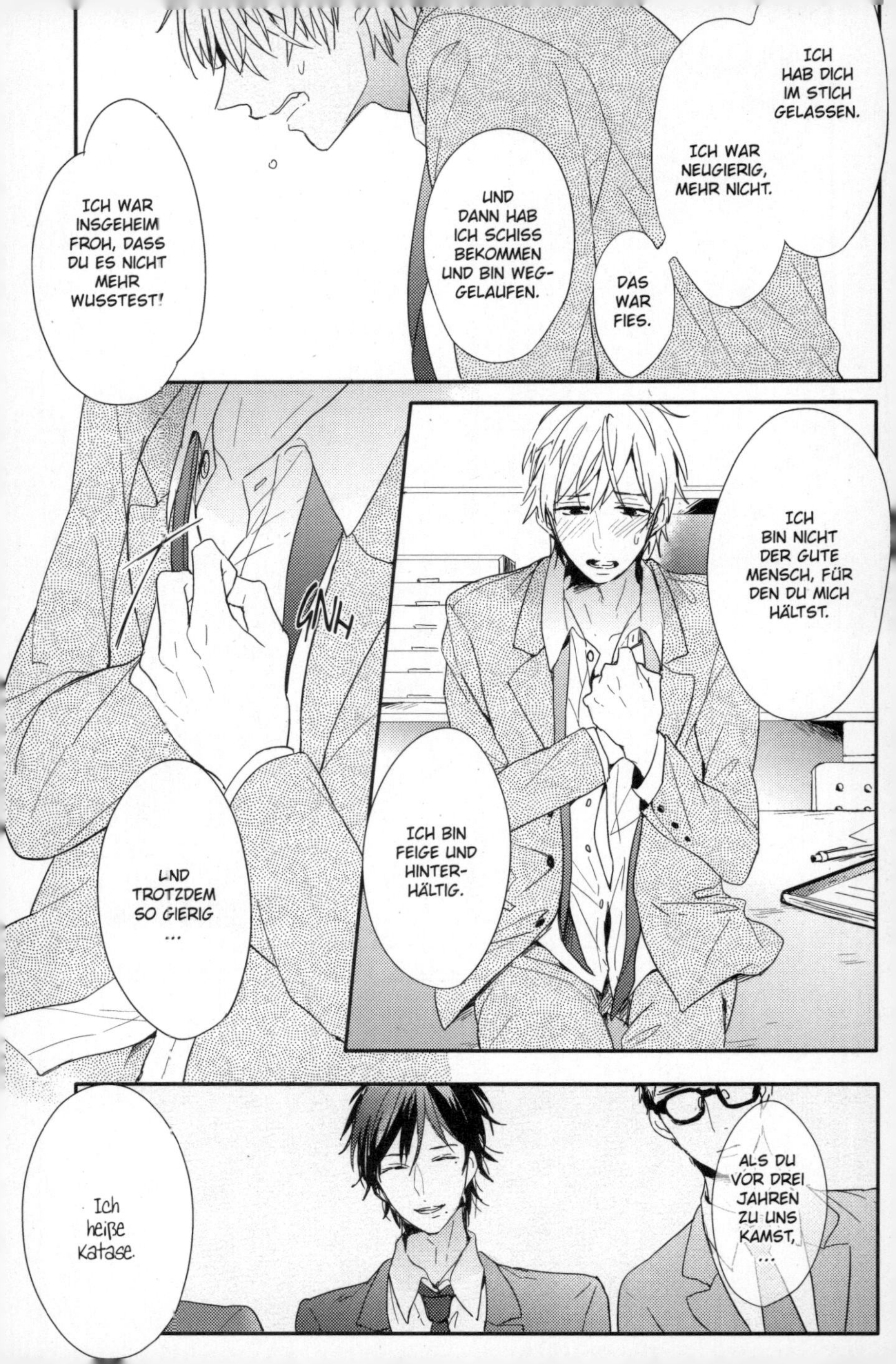
ICH HAB DICH IM STICH GELASSEN.
ICH WAR NEUGIERIG, MEHR NICHT.
DAS WAR FIES.
UND DANN HAB ICH SCHISS BEKOMMEN UND BIN WEG-GELAUFEN.
ICH WAR INSGEHEIM FROH, DASS DU ES NICHT MEHR WUSSTEST!
ICH BIN NICHT DER GUTE MENSCH, FÜR DEN DU MICH HÄLTST.
ICH BIN FEIGE UND HINTER-HÄLTIG.
GNH
UND TROTZDEM SO GIERIG ...
ALS DU VOR DREI JAHREN ZU UNS KAMST, ...
Ich heiße Katase.

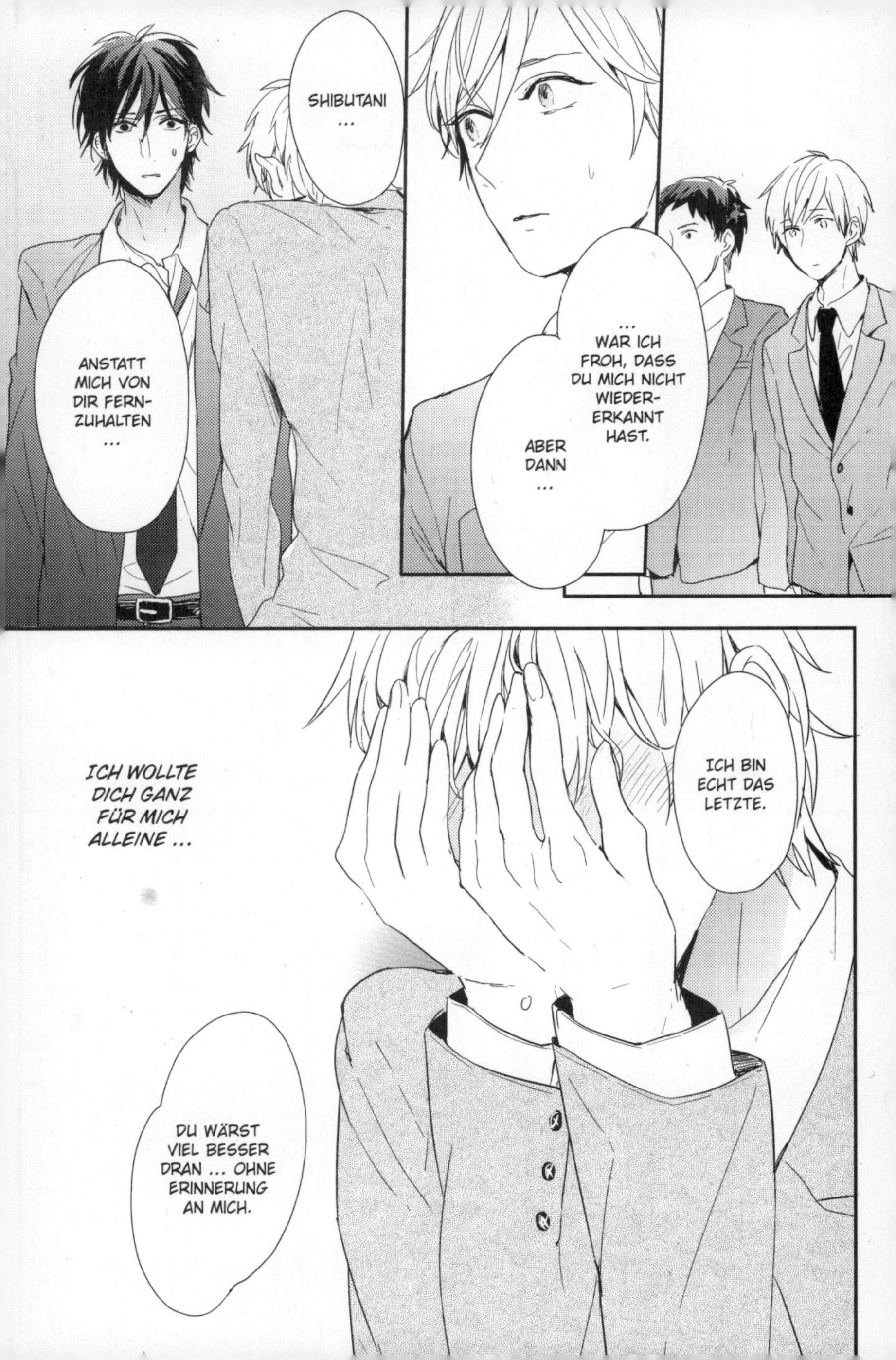
... WAR ICH FROH, DASS DU MICH NICHT WIEDERERKANNT HAST.
ABER DANN ...
SHIBUTANI ...
ANSTATT MICH VON DIR FERNZUHALTEN ...
ICH BIN ECHT DAS LETZTE.
ICH WOLLTE DICH GANZ FÜR MICH ALLEINE ...
DU WÄRST VIEL BESSER DRAN ... OHNE ERINNERUNG AN MICH.

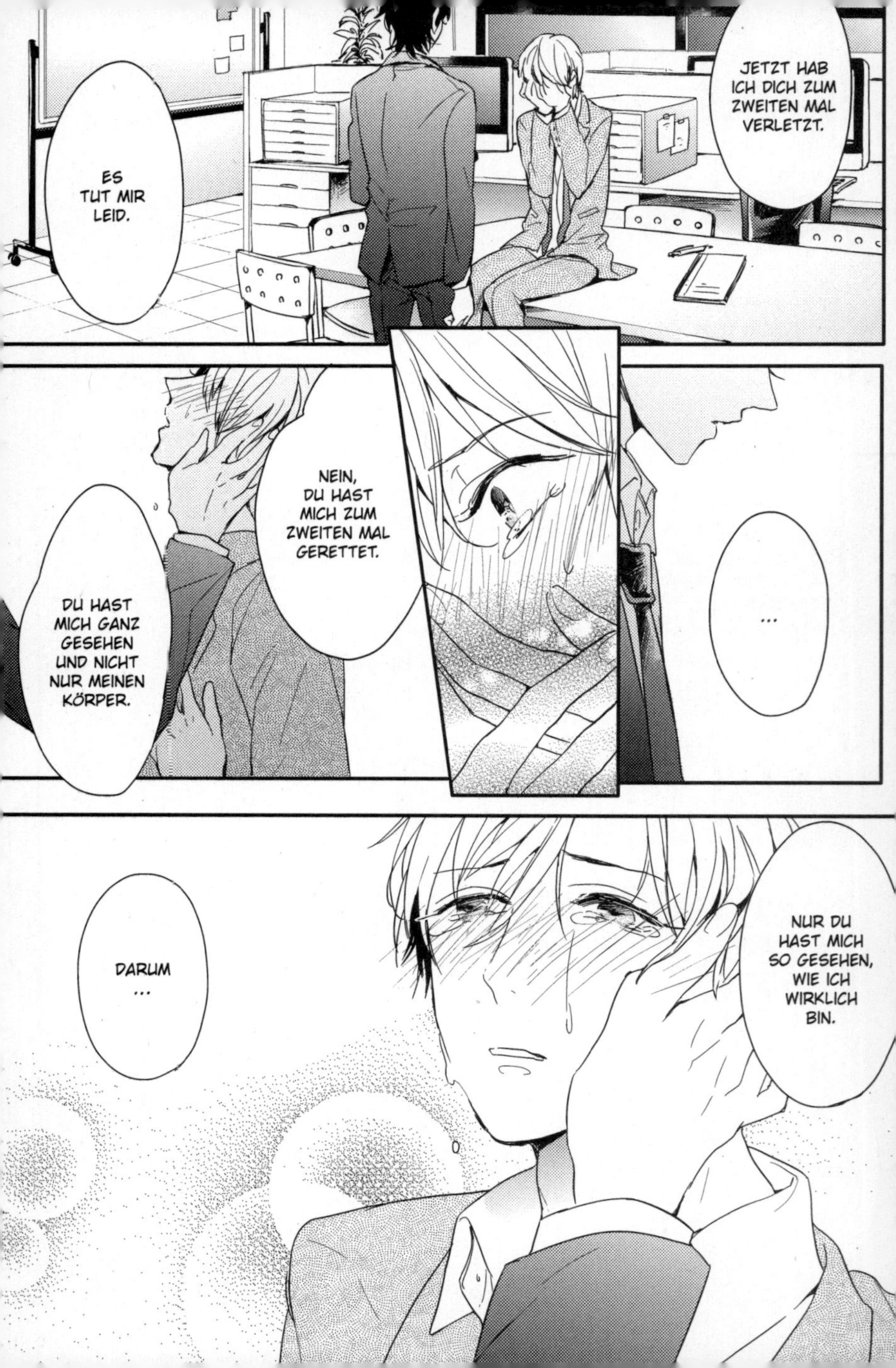
JETZT HAB ICH DICH ZUM ZWEITEN MAL VERLETZT.
ES TUT MIR LEID.
...
NEIN, DU HAST MICH ZUM ZWEITEN MAL GERETTET.
DU HAST MICH GANZ GESEHEN UND NICHT NUR MEINEN KÖRPER.
NUR DU HAST MICH SO GESEHEN, WIE ICH WIRKLICH BIN.
DARUM ...

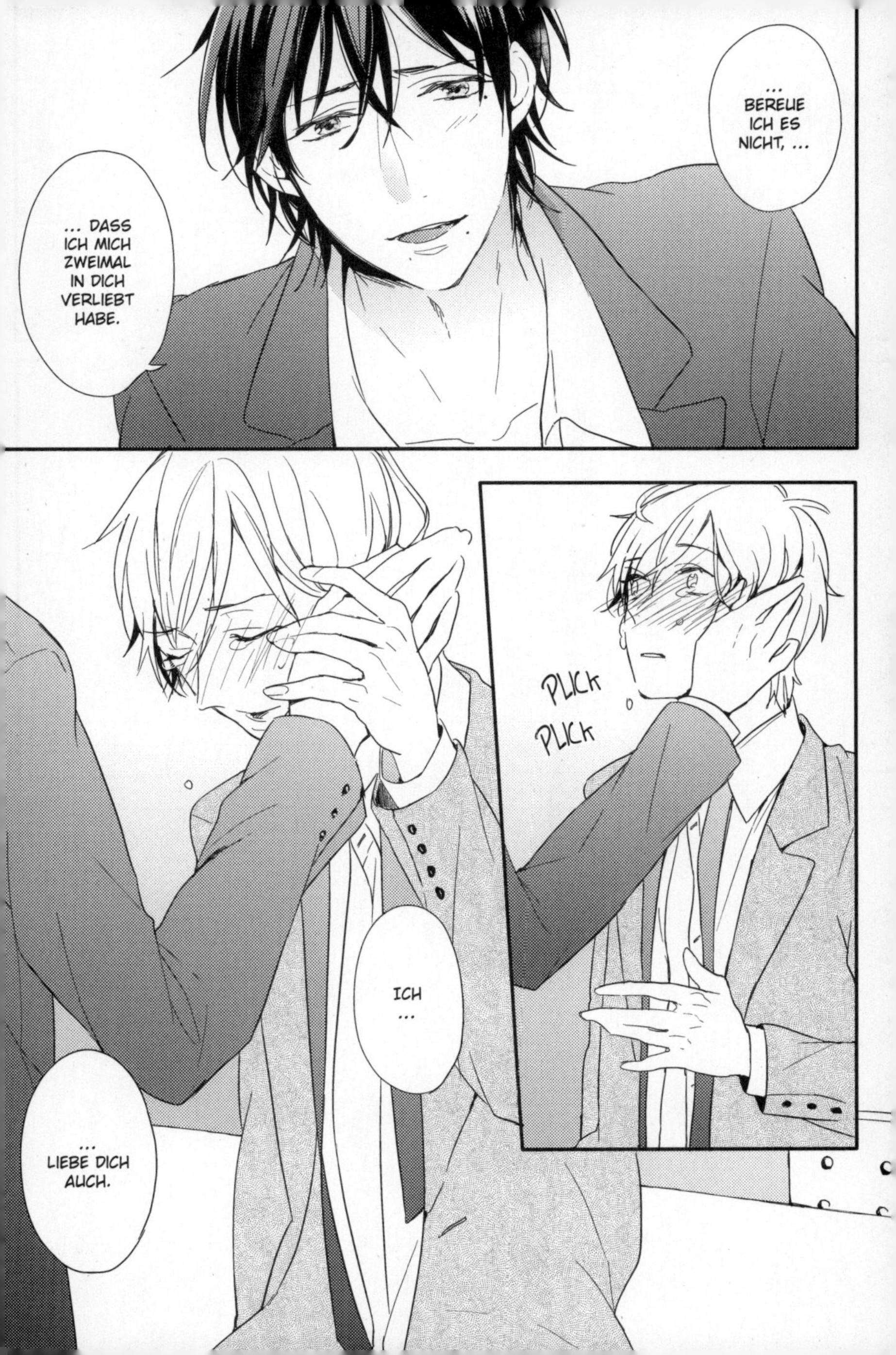

... BEREUE ICH ES NICHT, ...
... DASS ICH MICH ZWEIMAL IN DICH VERLIEBT HABE.
PLICK PLICK
ICH ...
... LIEBE DICH AUCH.

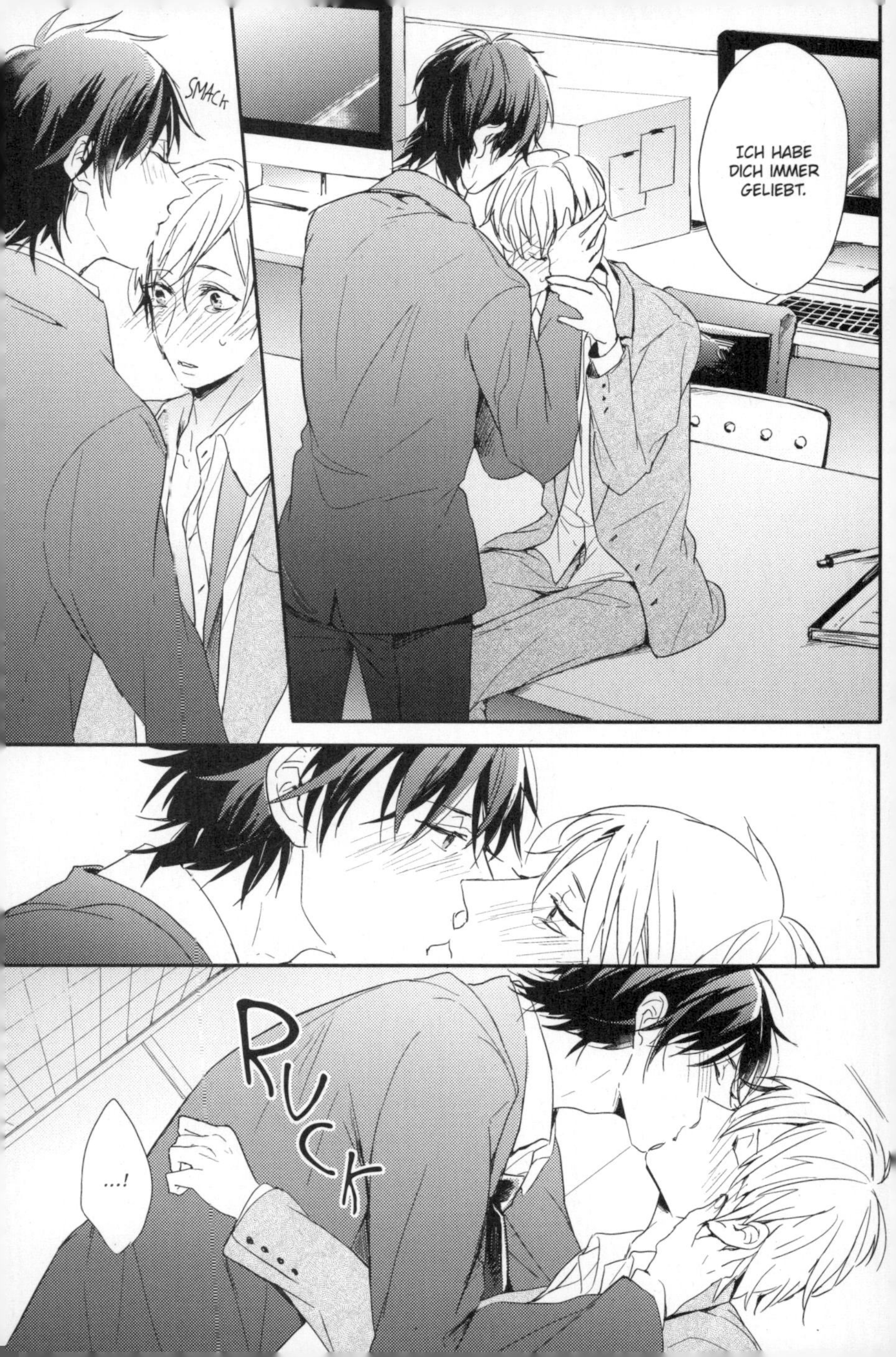
ICH HABE DICH IMMER GELIEBT.
SMACK
RUCK
...!

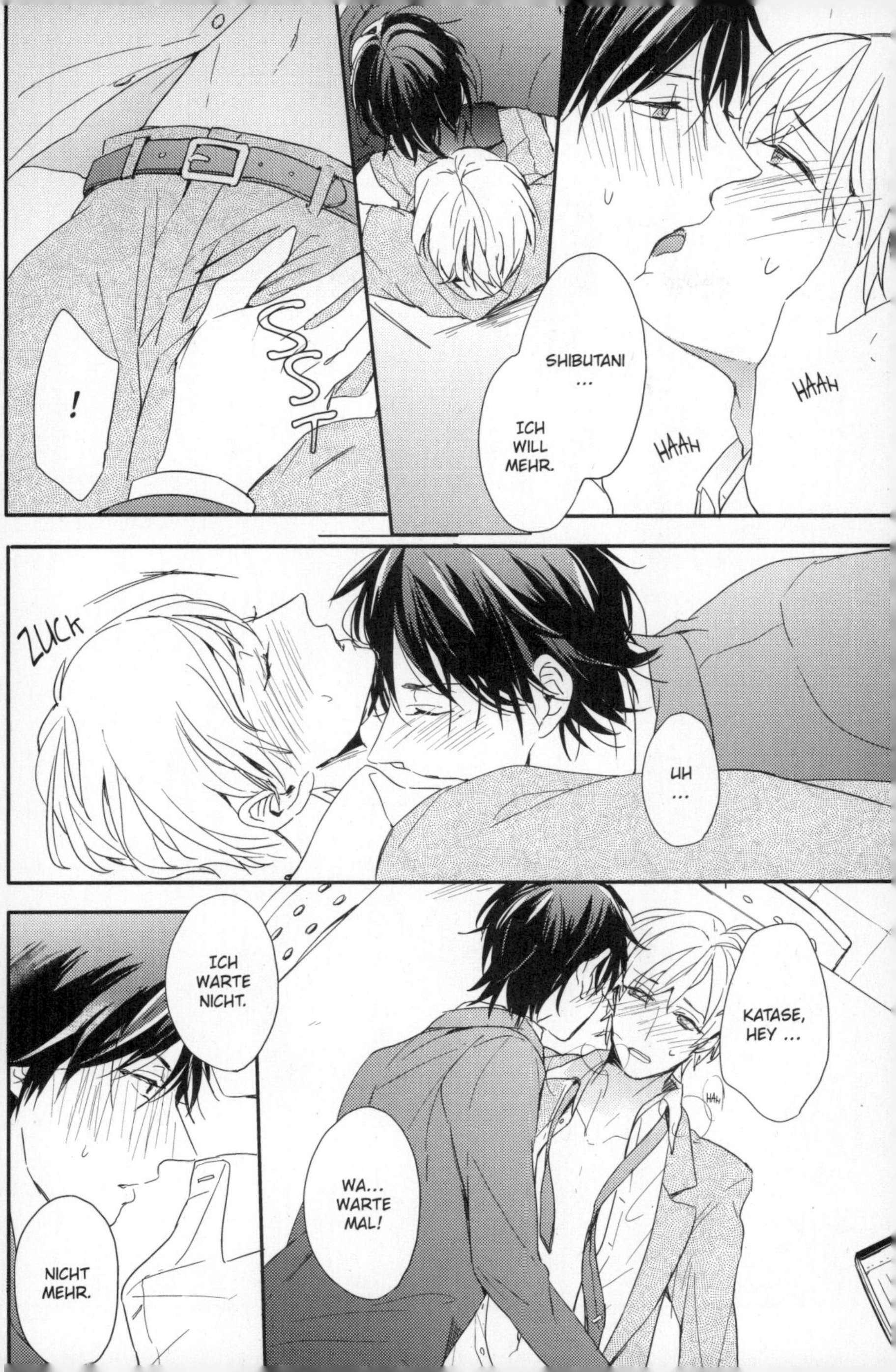
HAAH
HAAH
SHIBUTANI …
ICH WILL MEHR.
SST
!
UH …
ZUCK
KATASE, HEY …
HAH
WA… WARTE MAL!
ICH WARTE NICHT.
NICHT MEHR.

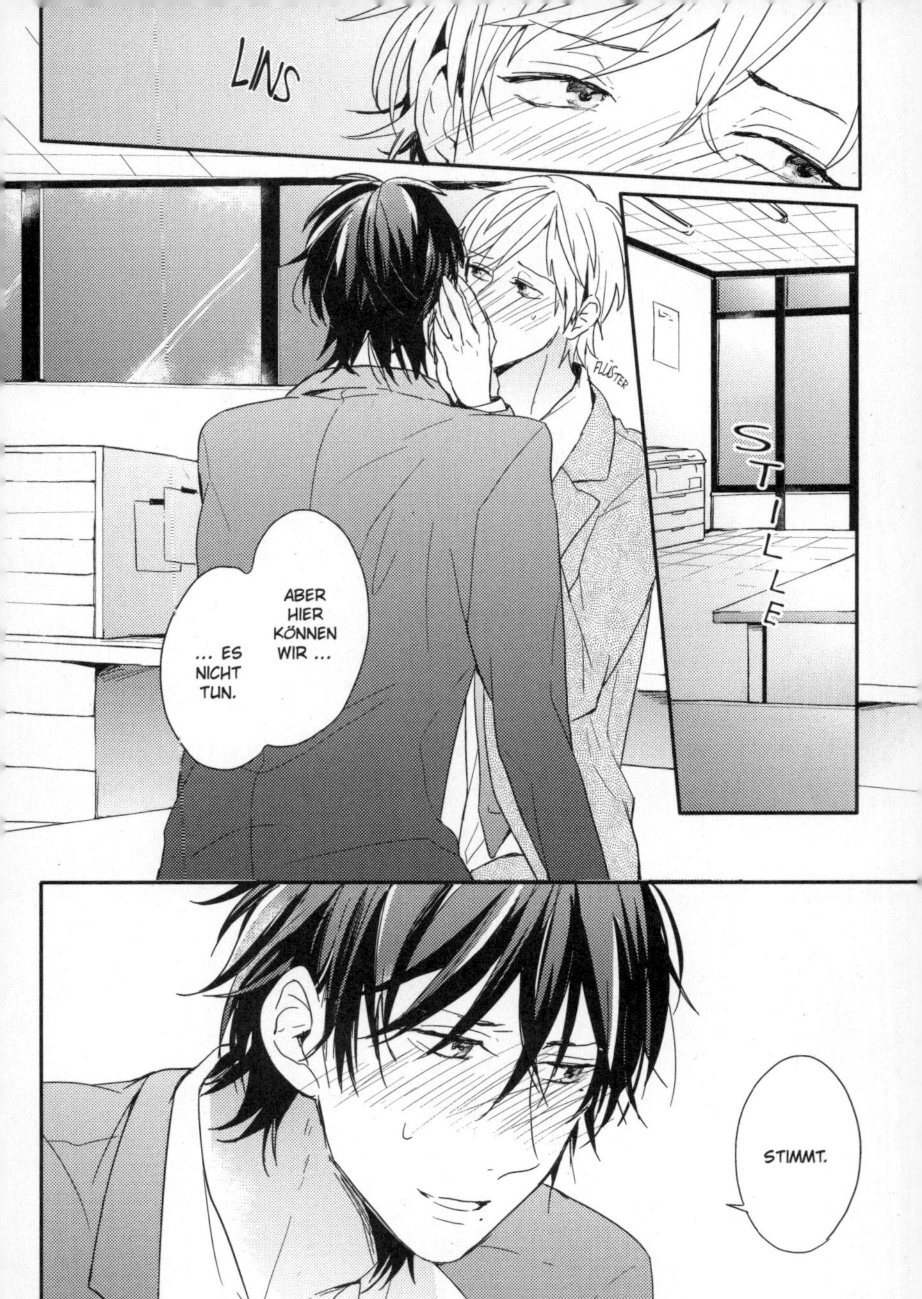
LINS
STILLE
FLÜSTER
ABER HIER KÖNNEN WIR …
… ES NICHT TUN.
STIMMT.

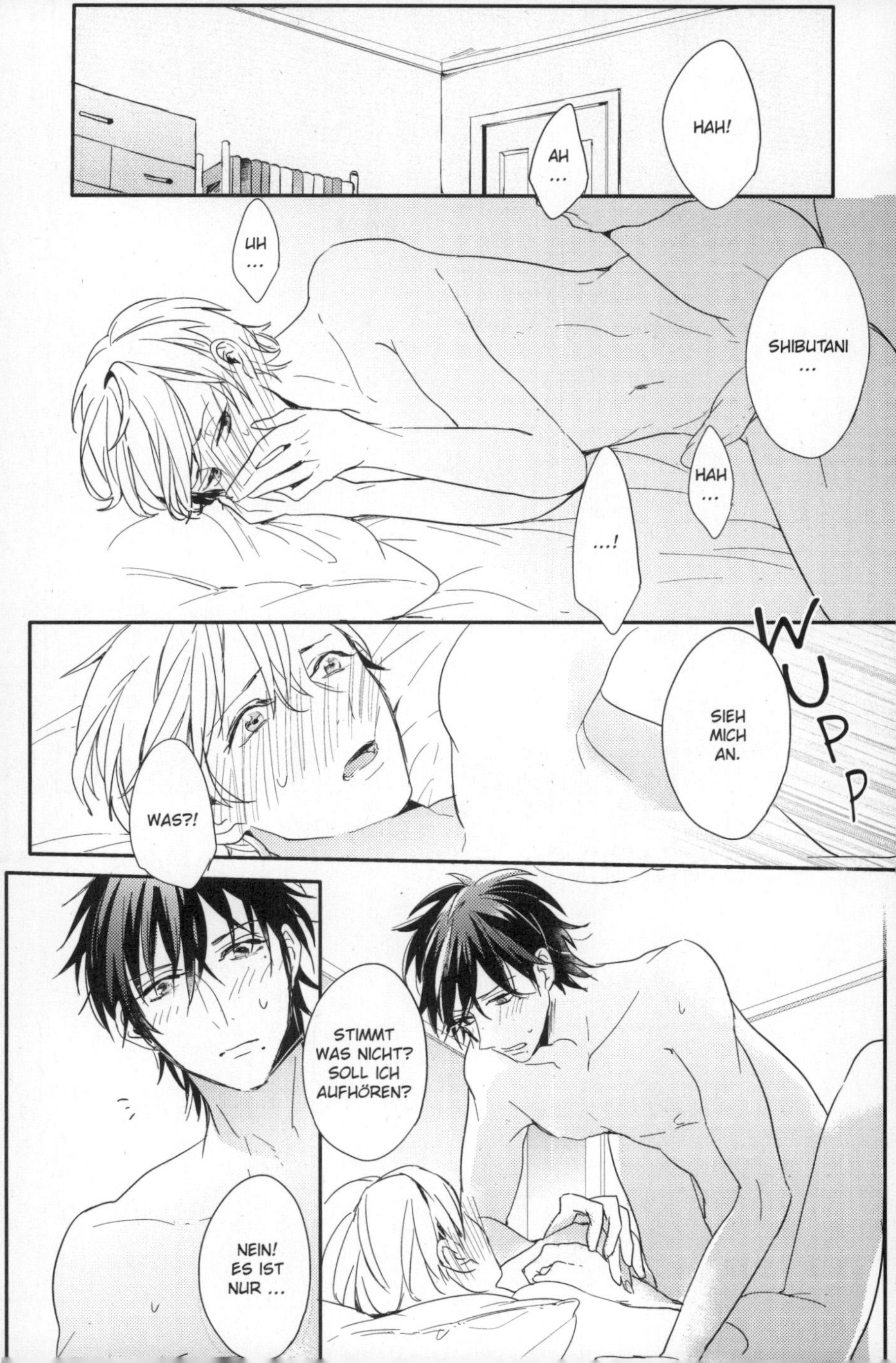
HAH!
AH ...
UH ...
SHIBUTANI ...
HAH ...
...!
WUPP
SIEH MICH AN.
WAS?!
STIMMT WAS NICHT? SOLL ICH AUFHÖREN?
NEIN! ES IST NUR ...

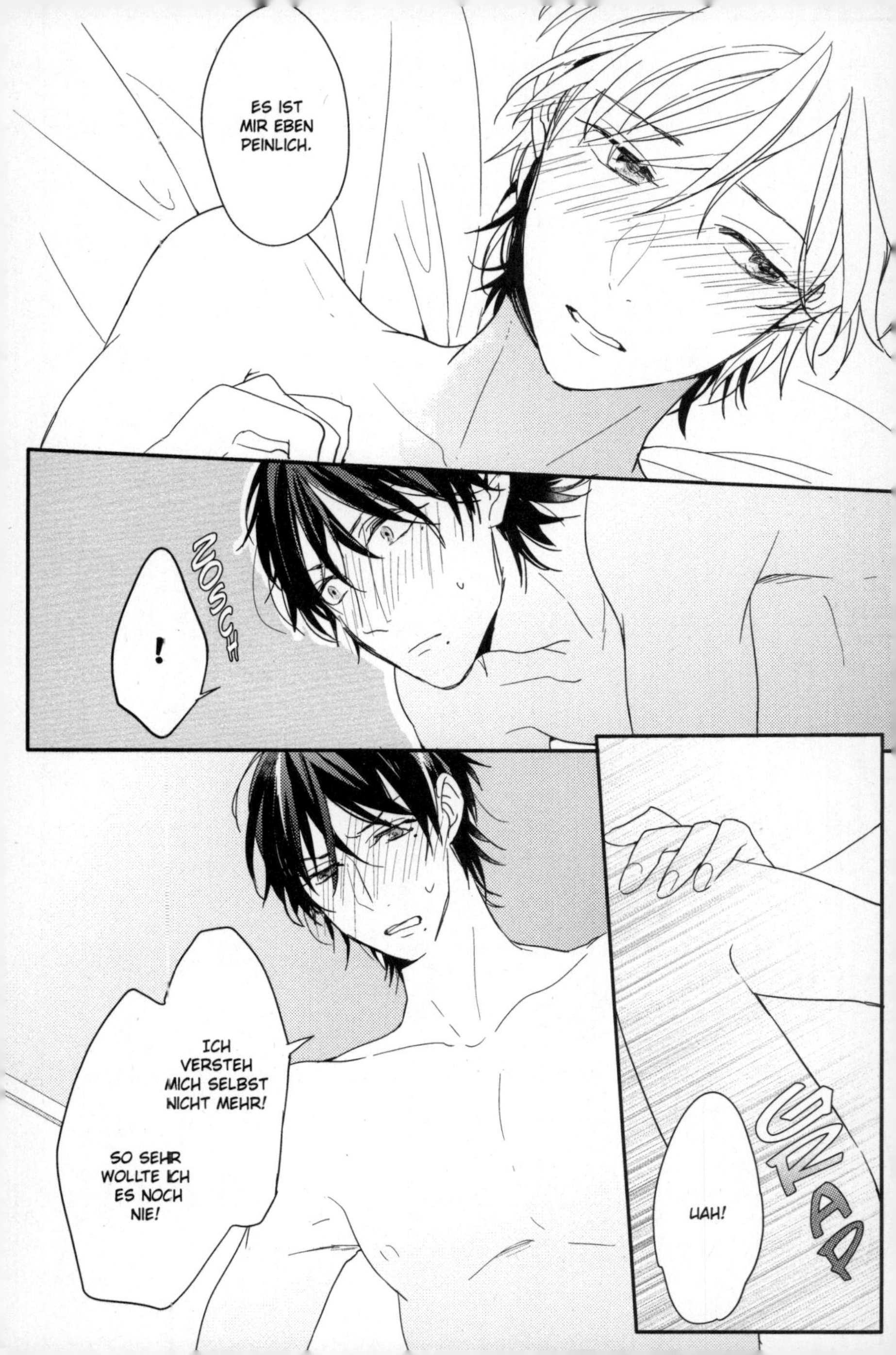
ES IST MIR EBEN PEINLICH.
NOSCH
!
UAH!
ICH VERSTEH MICH SELBST NICHT MEHR!
SO SEHR WOLLTE ICH ES NOCH NIE!

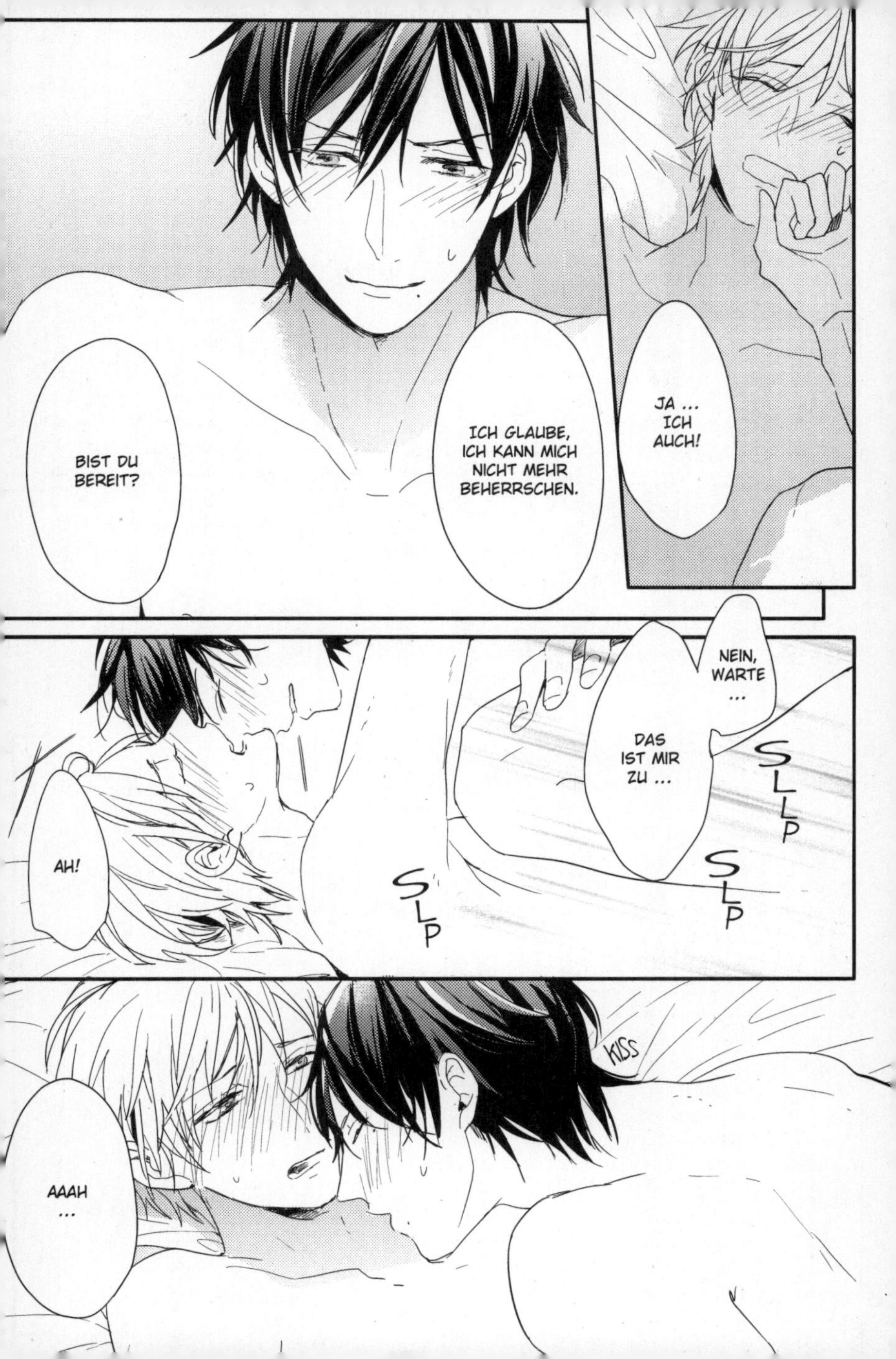
ICH GLAUBE, ICH KANN MICH NICHT MEHR BEHERRSCHEN.
JA ... ICH AUCH!
BIST DU BEREIT?
NEIN, WARTE ...
DAS IST MIR ZU ...
SLP
SLP
AH!
SLP
KISS
AAAH ...

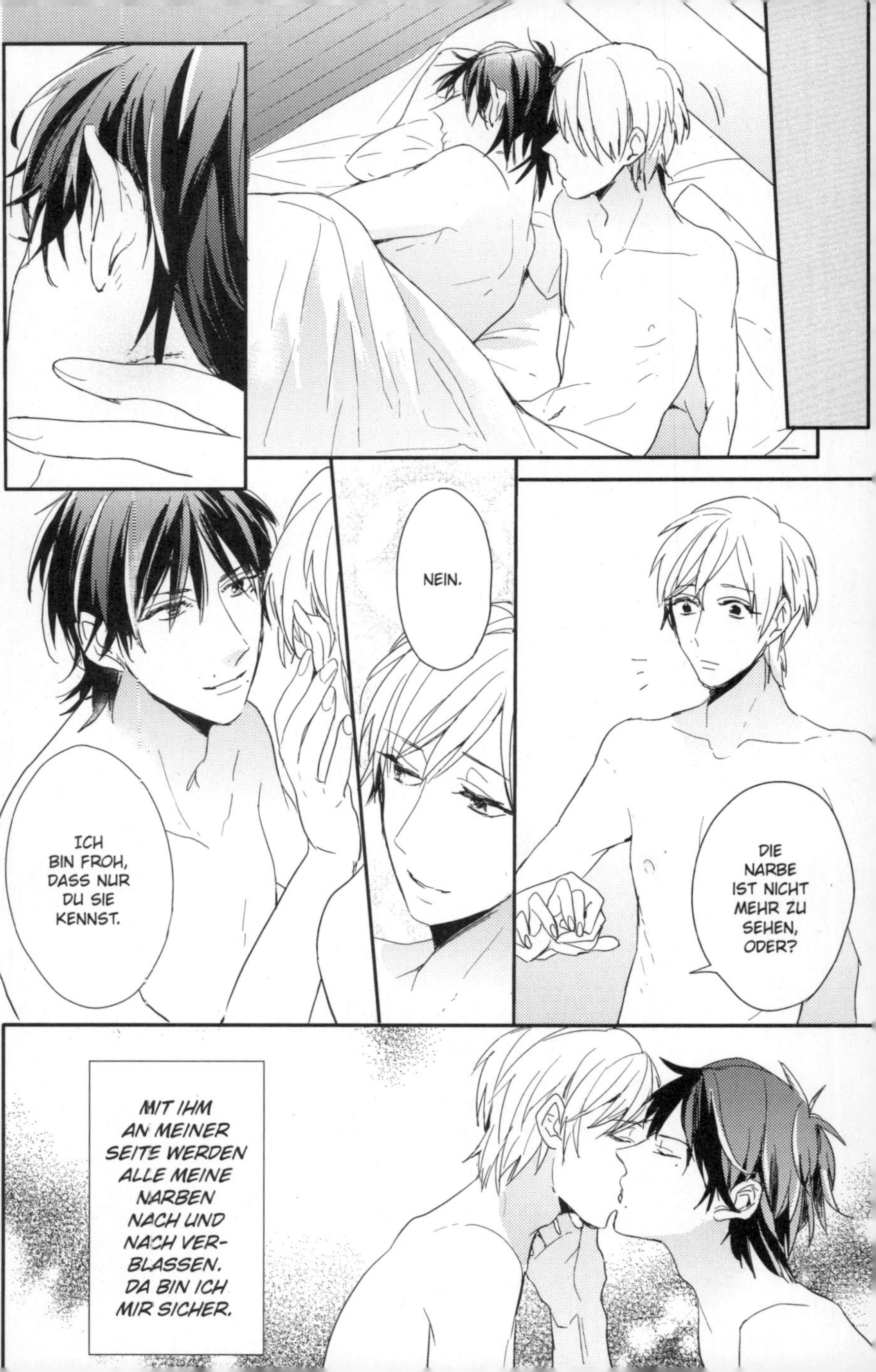
DIE NARBE IST NICHT MEHR ZU SEHEN, ODER?
NEIN.
ICH BIN FROH, DASS NUR DU SIE KENNST.
MIT IHM AN MEINER SEITE WERDEN ALLE MEINE NARBEN NACH UND NACH VER-BLASSEN. DA BIN ICH MIR SICHER.

DE

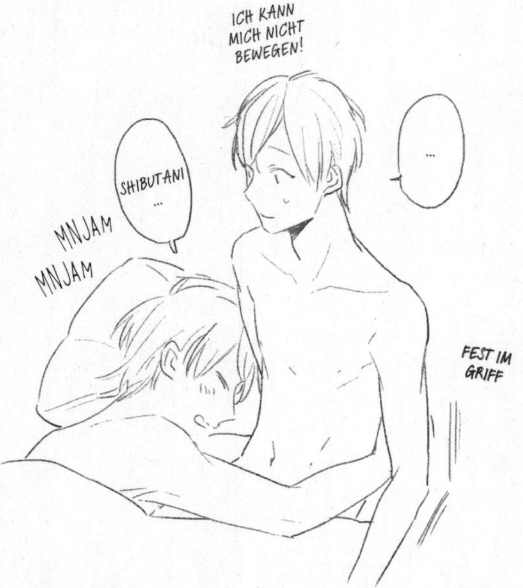
ICH KANN MICH NICHT BEWEGEN!
…
SHIBUTANI …
MNJAM MNJAM
FEST IM GRIFF

# An Invisible Scar

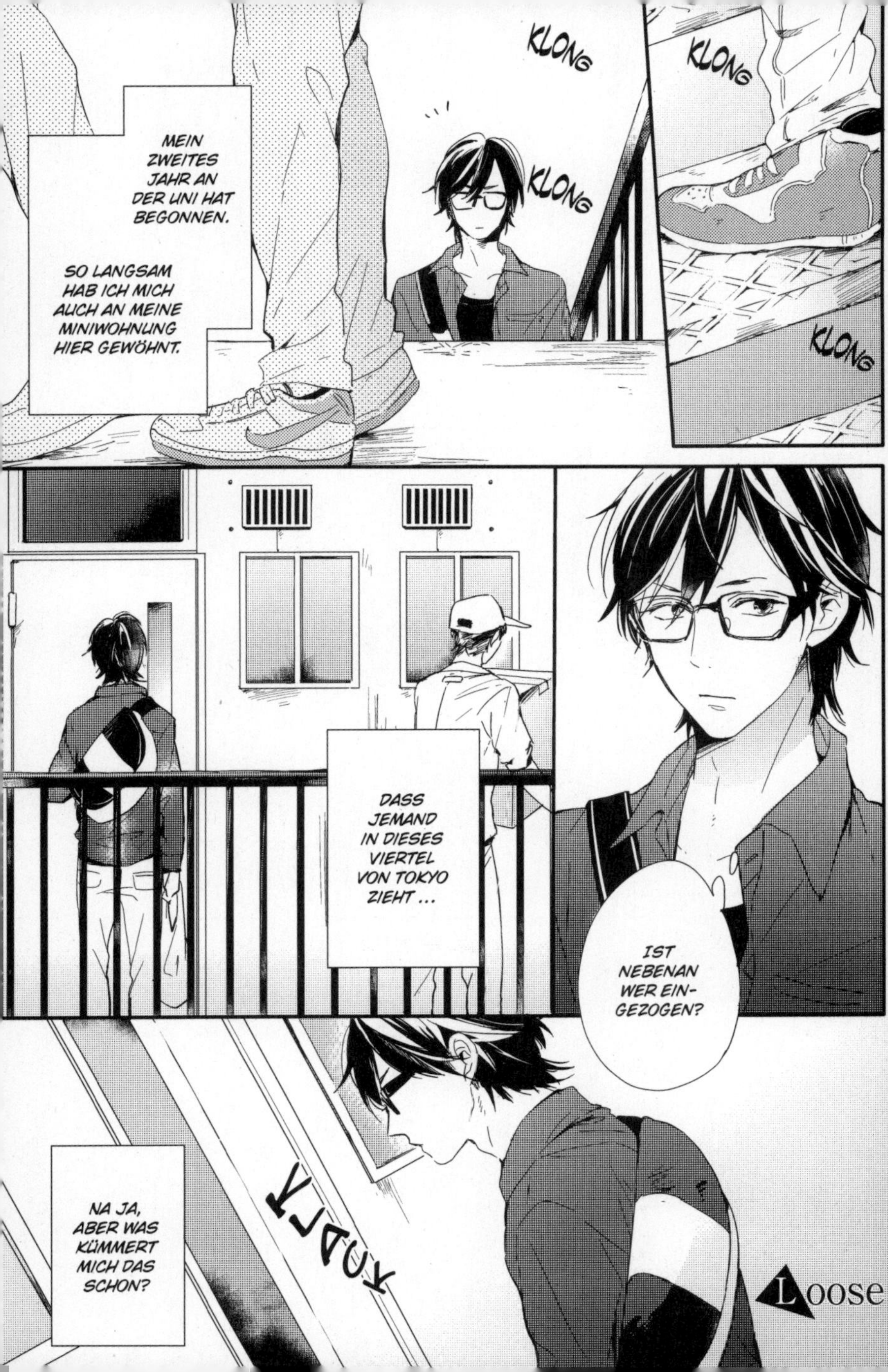
KLONG
KLONG
KLONG
KLONG
MEIN ZWEITES JAHR AN DER UNI HAT BEGONNEN.
SO LANGSAM HAB ICH MICH AUCH AN MEINE MINIWOHNUNG HIER GEWÖHNT.
IST NEBENAN WER EIN-GEZOGEN?
DASS JEMAND IN DIESES VIERTEL VON TOKYO ZIEHT …
NA JA, ABER WAS KÜMMERT MICH DAS SCHON?

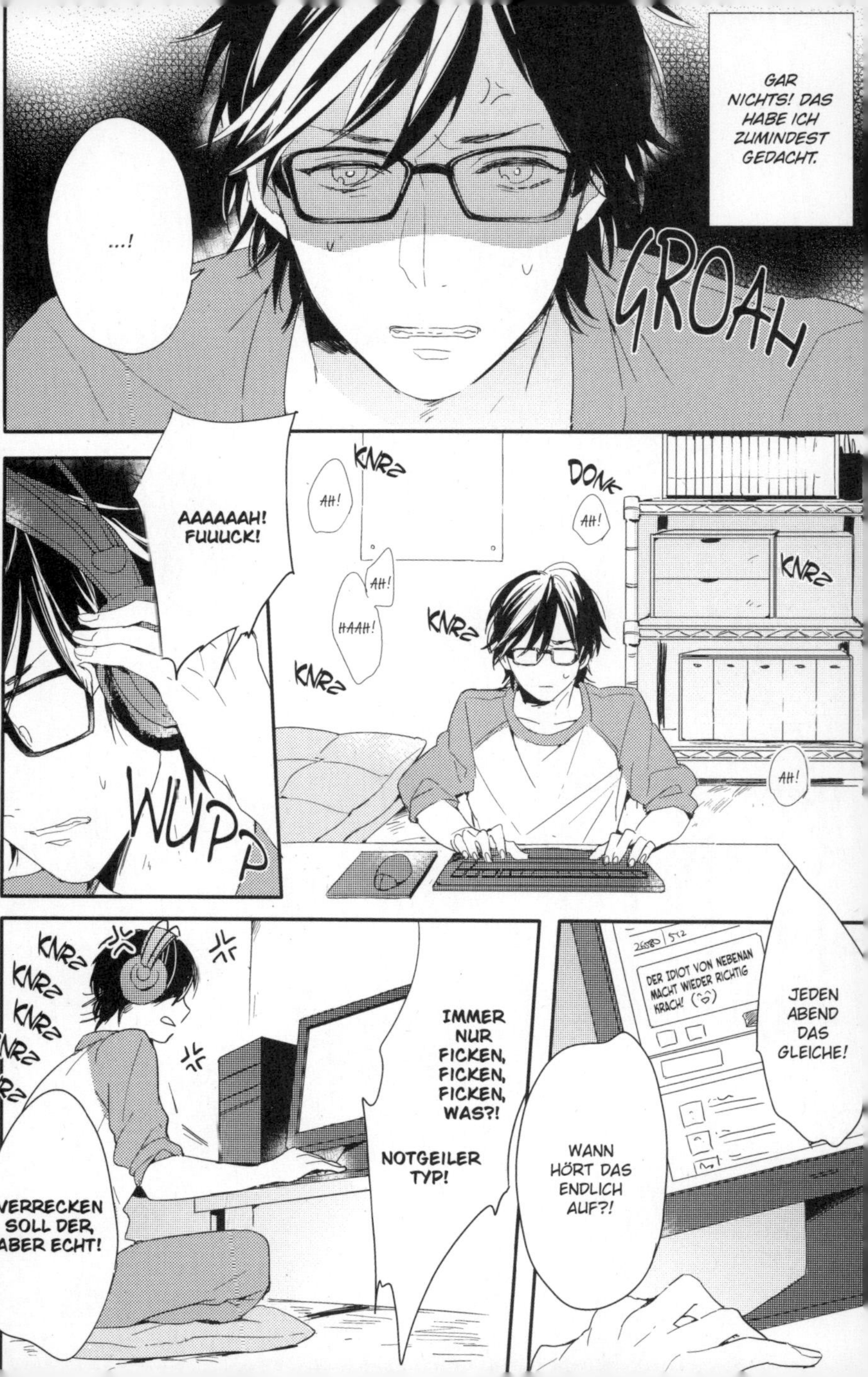
GAR NICHTS! DAS HABE ICH ZUMINDEST GEDACHT.
GROAH
...!
DONK
AH!
KNRZ
AH!
KNRZ
AH!
HAAH!
AH!
KNRZ
KNRZ
AAAAAAH! FUUUCK!
WUPP
JEDEN ABEND DAS GLEICHE!
DER IDIOT VON NEBENAN MACHT WIEDER RICHTIG KRACH!
WANN HÖRT DAS ENDLICH AUF?!
IMMER NUR FICKEN, FICKEN, FICKEN, WAS?!
NOTGEILER TYP!
KNRZ
KNRZ
KNRZ
KNRZ
KNRZ
VERRECKEN SOLL DER, ABER ECHT!

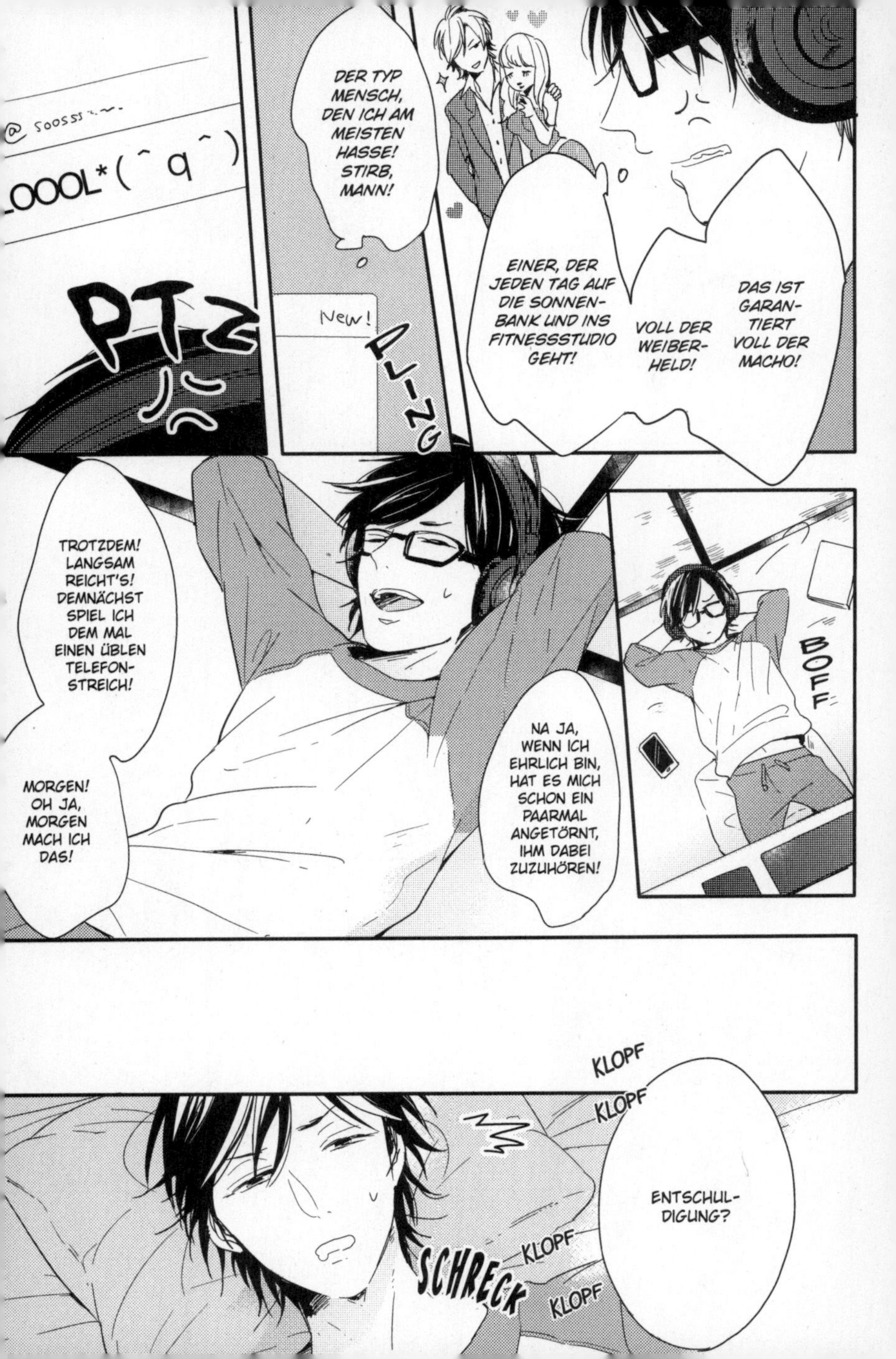

DAS IST GARANTIERT VOLL DER MACHO!
VOLL DER WEIBERHELD!
EINER, DER JEDEN TAG AUF DIE SONNENBANK UND INS FITNESSSTUDIO GEHT!
DER TYP MENSCH, DEN ICH AM MEISTEN HASSE! STIRB, MANN!
New!
PLING
LOOOL*( ^ q ^ )
PTZ
BOFF
NA JA, WENN ICH EHRLICH BIN, HAT ES MICH SCHON EIN PAARMAL ANGETÖRNT, IHM DABEI ZUZUHÖREN!
TROTZDEM! LANGSAM REICHT'S! DEMNÄCHST SPIEL ICH DEM MAL EINEN ÜBLEN TELEFONSTREICH!
MORGEN! OH JA, MORGEN MACH ICH DAS!
KLOPF
KLOPF
ENTSCHULDIGUNG?
KLOPF
KLOPF
SCHRECK

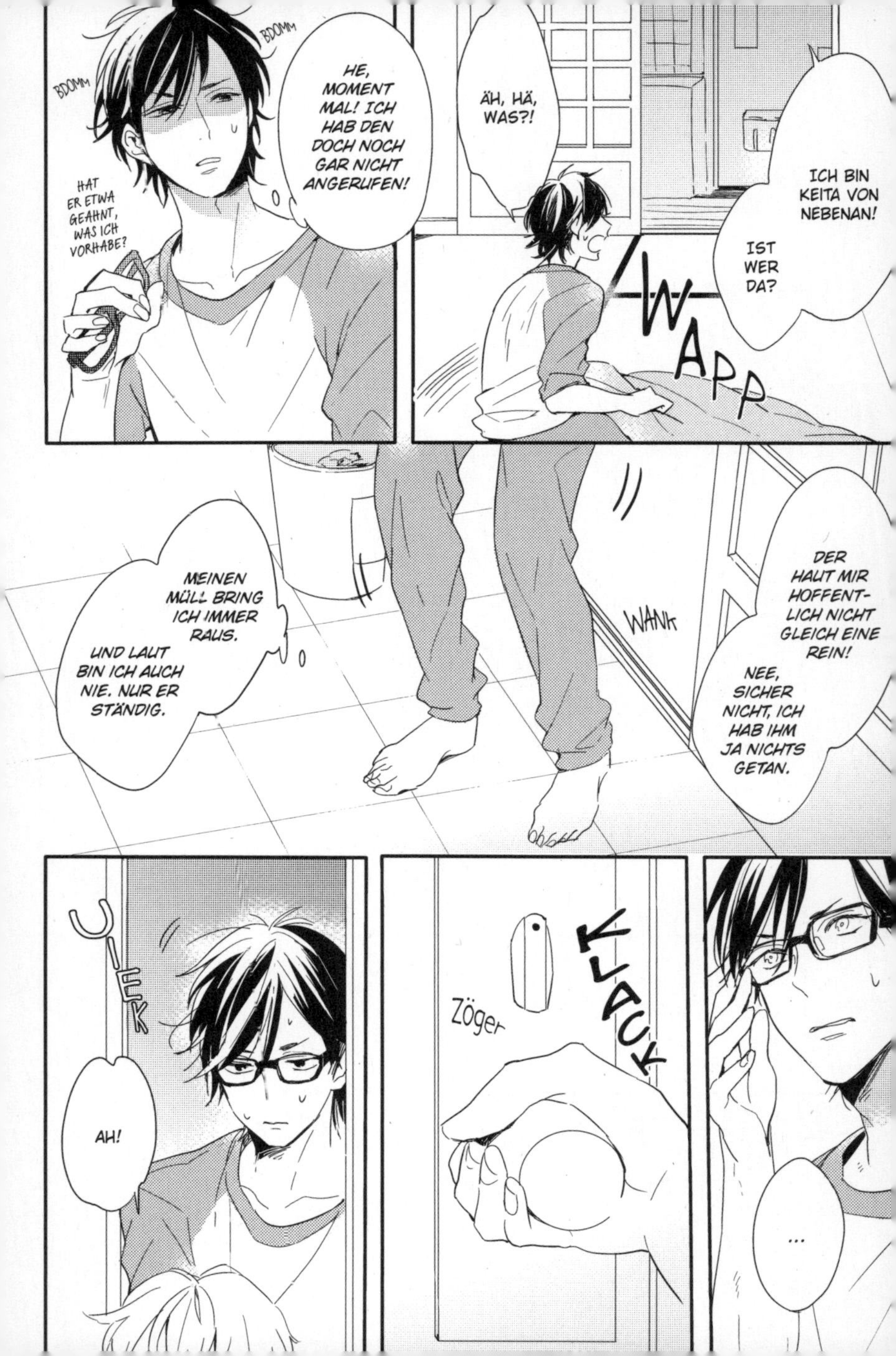
ICH BIN KEITA VON NEBENAN!
IST WER DA?
WAPP
ÄH, HÄ, WAS?!
BDOMM
BDOMM
HE, MOMENT MAL! ICH HAB DEN DOCH NOCH GAR NICHT ANGERUFEN!
HAT ER ETWA GEAHNT, WAS ICH VORHABE?
DER HAUT MIR HOFFENTLICH NICHT GLEICH EINE REIN!
NEE, SICHER NICHT, ICH HAB IHM JA NICHTS GETAN.
WANK
MEINEN MÜLL BRING ICH IMMER RAUS.
UND LAUT BIN ICH AUCH NIE. NUR ER STÄNDIG.
...
KLACK
Zöger
UIEK
AH!

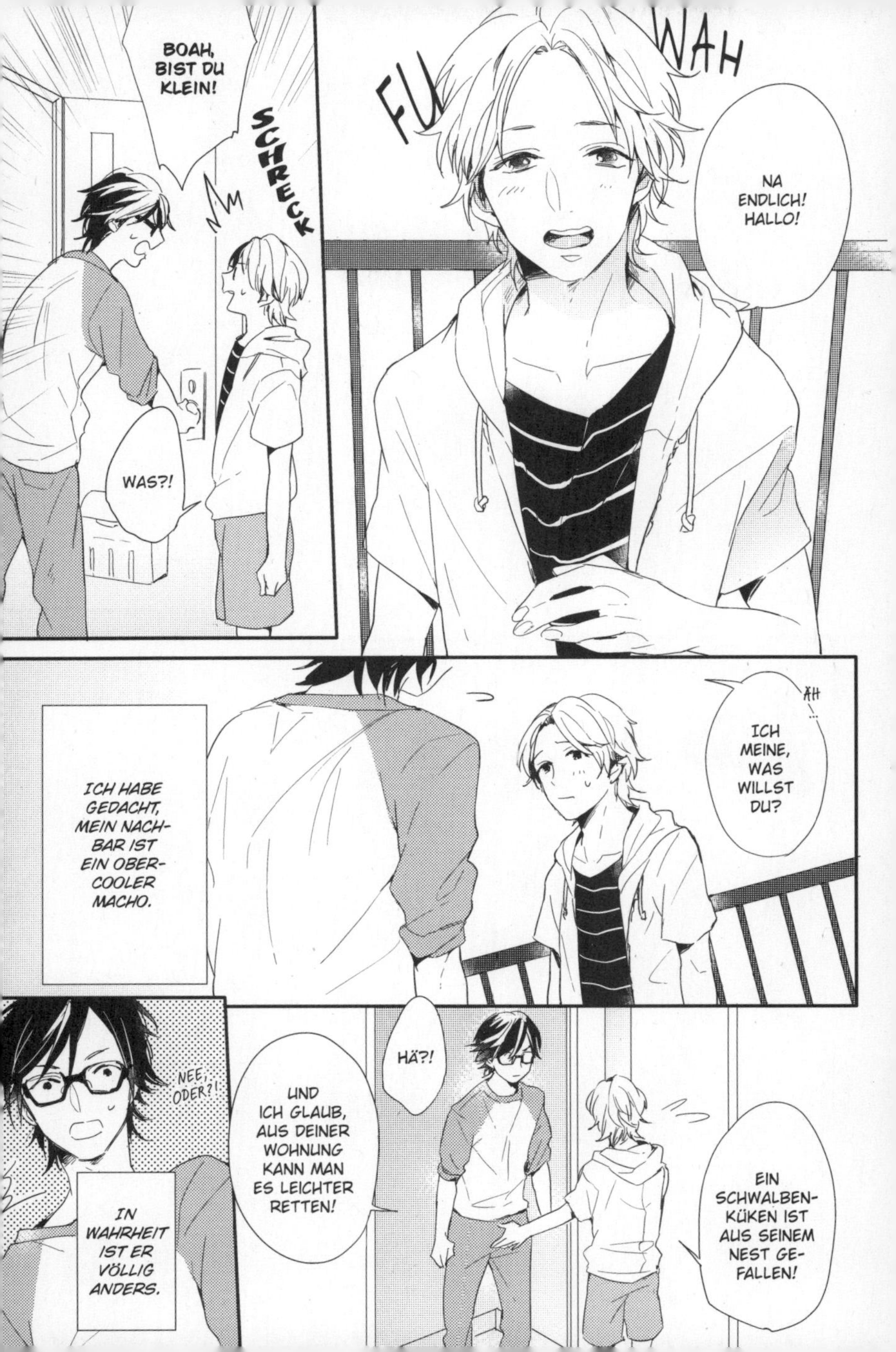
FU
WAH
NA ENDLICH! HALLO!
BOAH, BIST DU KLEIN!
SCHRECK
WAS?!
ÄH...
ICH MEINE, WAS WILLST DU?
ICH HABE GEDACHT, MEIN NACH-BAR IST EIN OBER-COOLER MACHO.
EIN SCHWALBEN-KÜKEN IST AUS SEINEM NEST GE-FALLEN!
HÄ?!
UND ICH GLAUB, AUS DEINER WOHNUNG KANN MAN ES LEICHTER RETTEN!
NEE, ODER?!
IN WAHRHEIT IST ER VÖLLIG ANDERS.

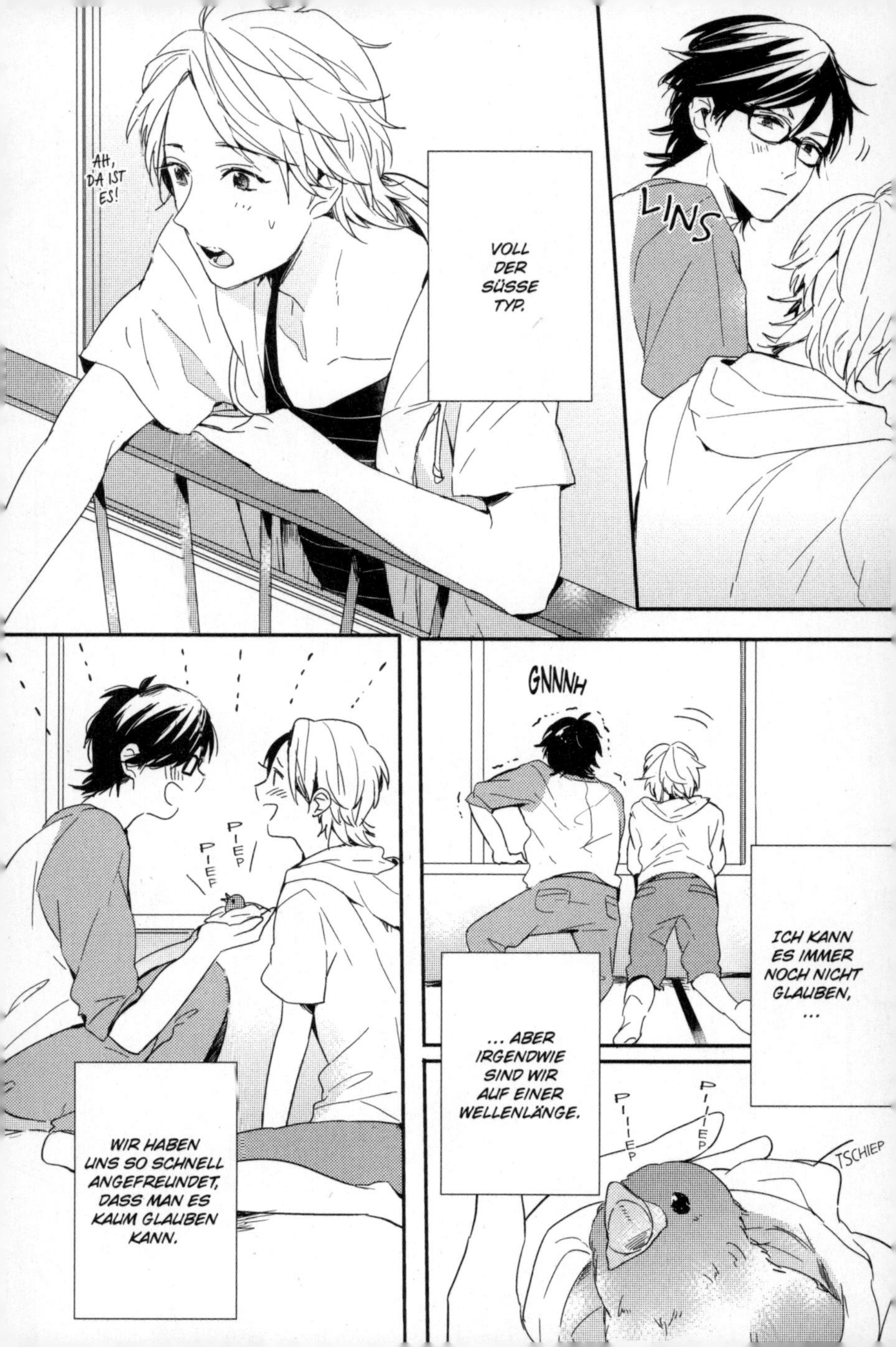
LINS
VOLL DER SÜSSE TYP.
AH, DA IST ES!
ICH KANN ES IMMER NOCH NICHT GLAUBEN, ...
GNNNH
... ABER IRGENDWIE SIND WIR AUF EINER WELLENLÄNGE.
PIEP
PIEP
WIR HABEN UNS SO SCHNELL ANGEFREUNDET, DASS MAN ES KAUM GLAUBEN KANN.
PIIEP
PIIIEP
TSCHIEP

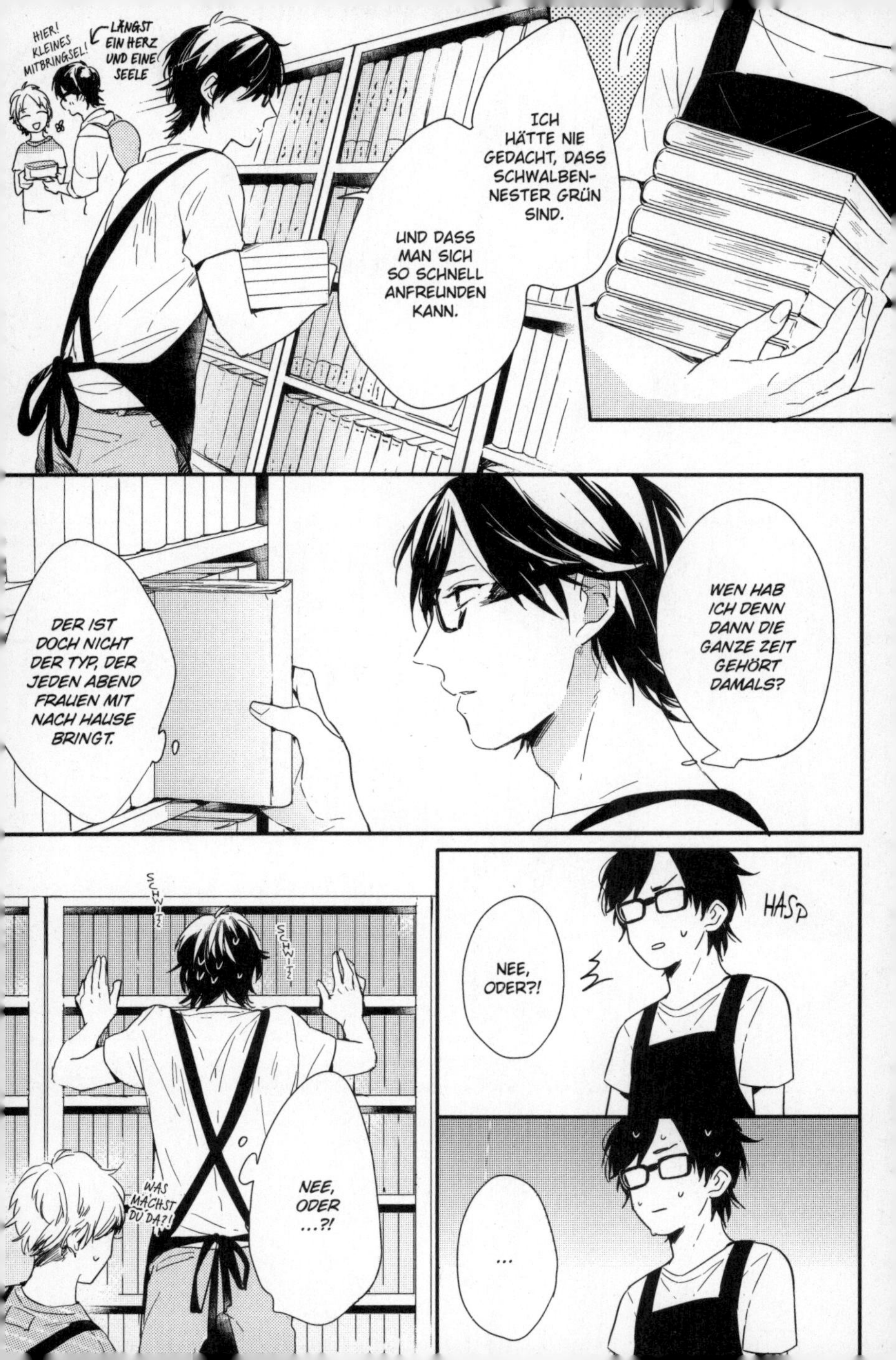
ICH HÄTTE NIE GEDACHT, DASS SCHWALBENNESTER GRÜN SIND.
UND DASS MAN SICH SO SCHNELL ANFREUNDEN KANN.
HIER! KLEINES MITBRINGSEL!
LÄNGST EIN HERZ UND EINE SEELE
WEN HAB ICH DENN DANN DIE GANZE ZEIT GEHÖRT DAMALS?
DER IST DOCH NICHT DER TYP, DER JEDEN ABEND FRAUEN MIT NACH HAUSE BRINGT.
HASP
NEE, ODER?!
SCHWITZ
SCHWITZ
NEE, ODER ...?!
WAS MACHST DU DA?!
...

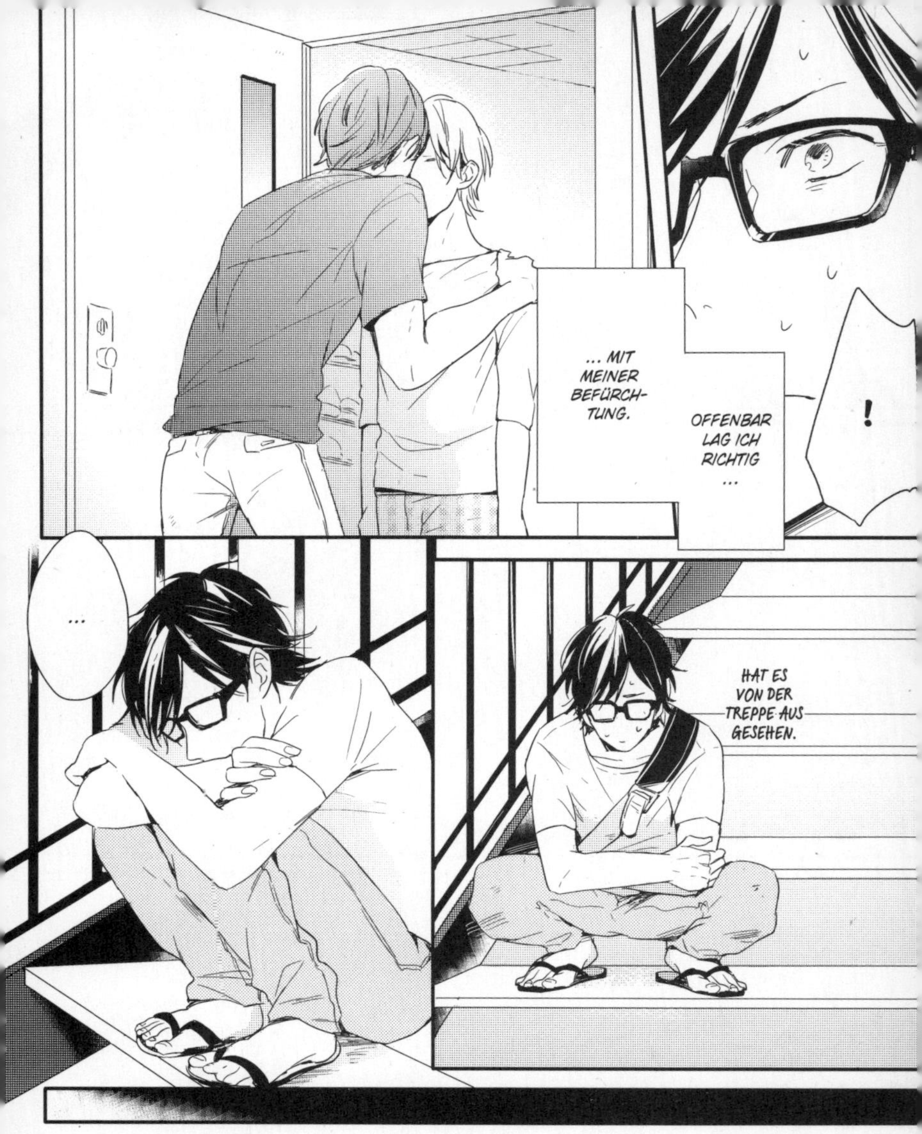
!
OFFENBAR LAG ICH RICHTIG ...
... MIT MEINER BEFÜRCH-TUNG.
HAT ES VON DER TREPPE AUS GESEHEN.
...

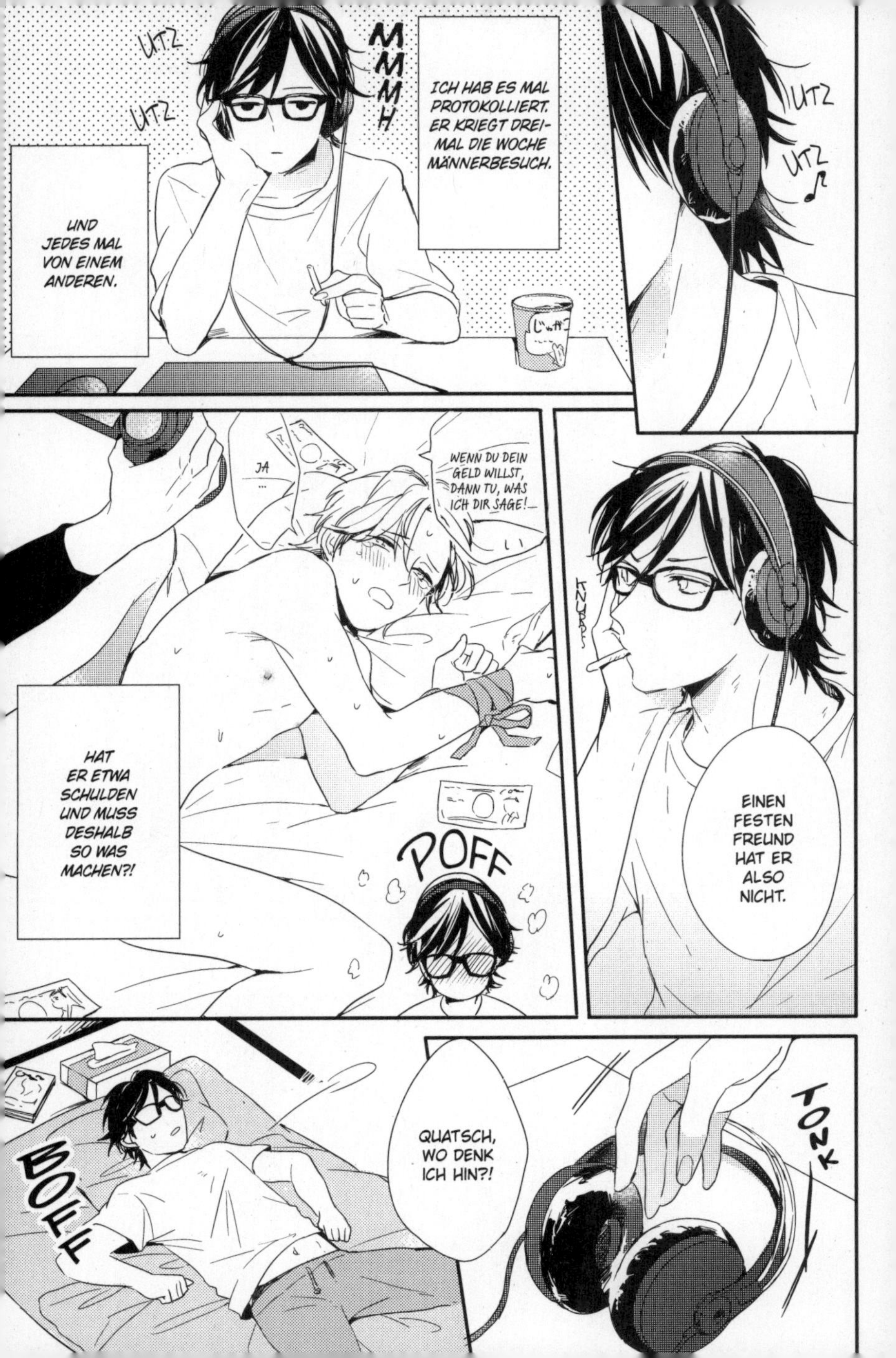
UTZ
UTZ
ICH HAB ES MAL PROTOKOLLIERT. ER KRIEGT DREIMAL DIE WOCHE MÄNNERBESUCH.
MMMMH
UTZ
UTZ
UND JEDES MAL VON EINEM ANDEREN.
EINEN FESTEN FREUND HAT ER ALSO NICHT.
KNURPS
WENN DU DEIN GELD WILLST, DANN TU, WAS ICH DIR SAGE!
JA ...
HAT ER ETWA SCHULDEN UND MUSS DESHALB SO WAS MACHEN?!
POFF
TONK
QUATSCH, WO DENK ICH HIN?!
BOFF

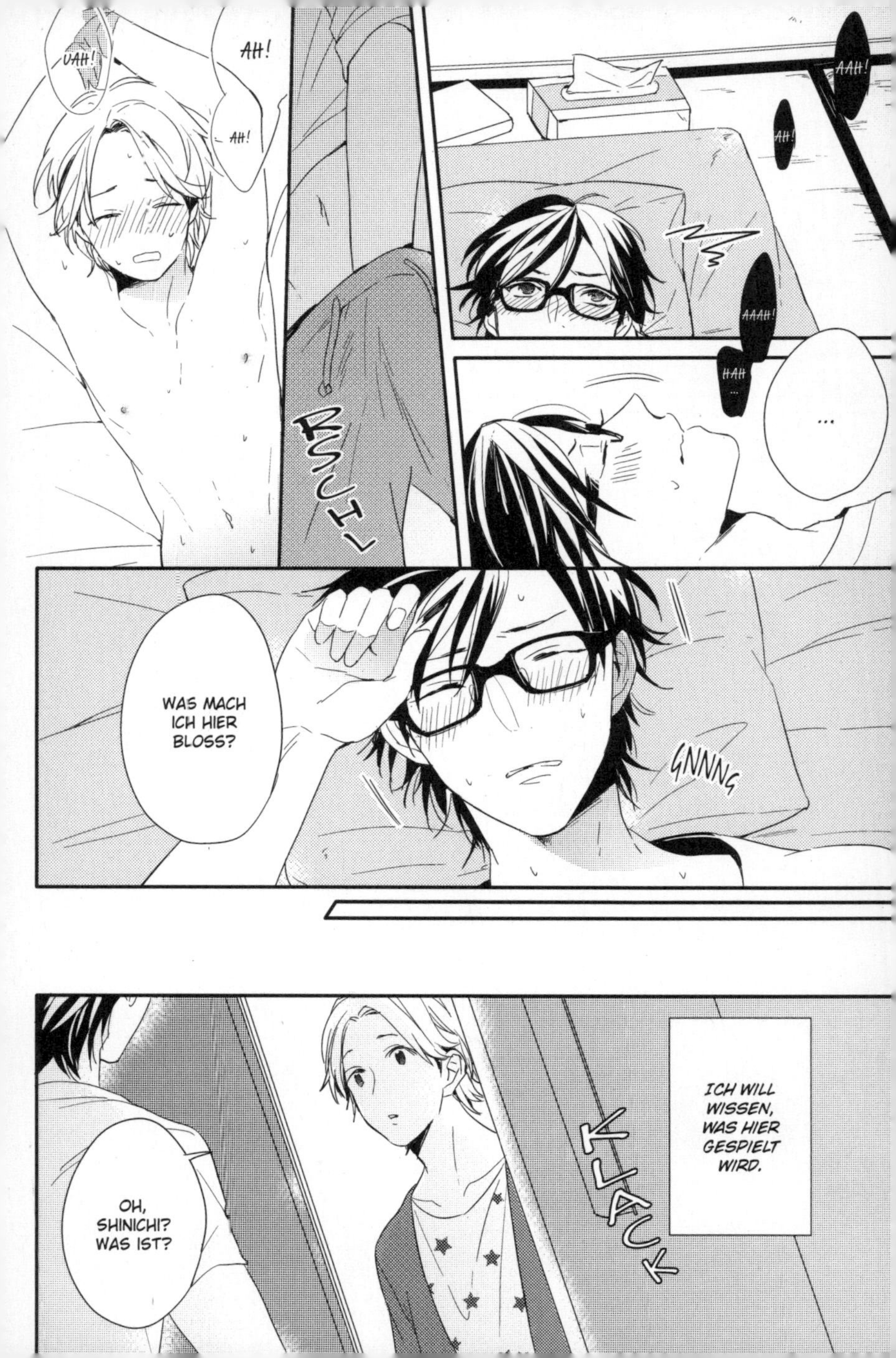

AAH!
AH!
AAAH!
HAH...
...
UAH!
AH!
AH!
RSCHL
GNNNG
WAS MACH ICH HIER BLOSS?
ICH WILL WISSEN, WAS HIER GESPIELT WIRD.
KLACK
OH, SHINICHI? WAS IST?

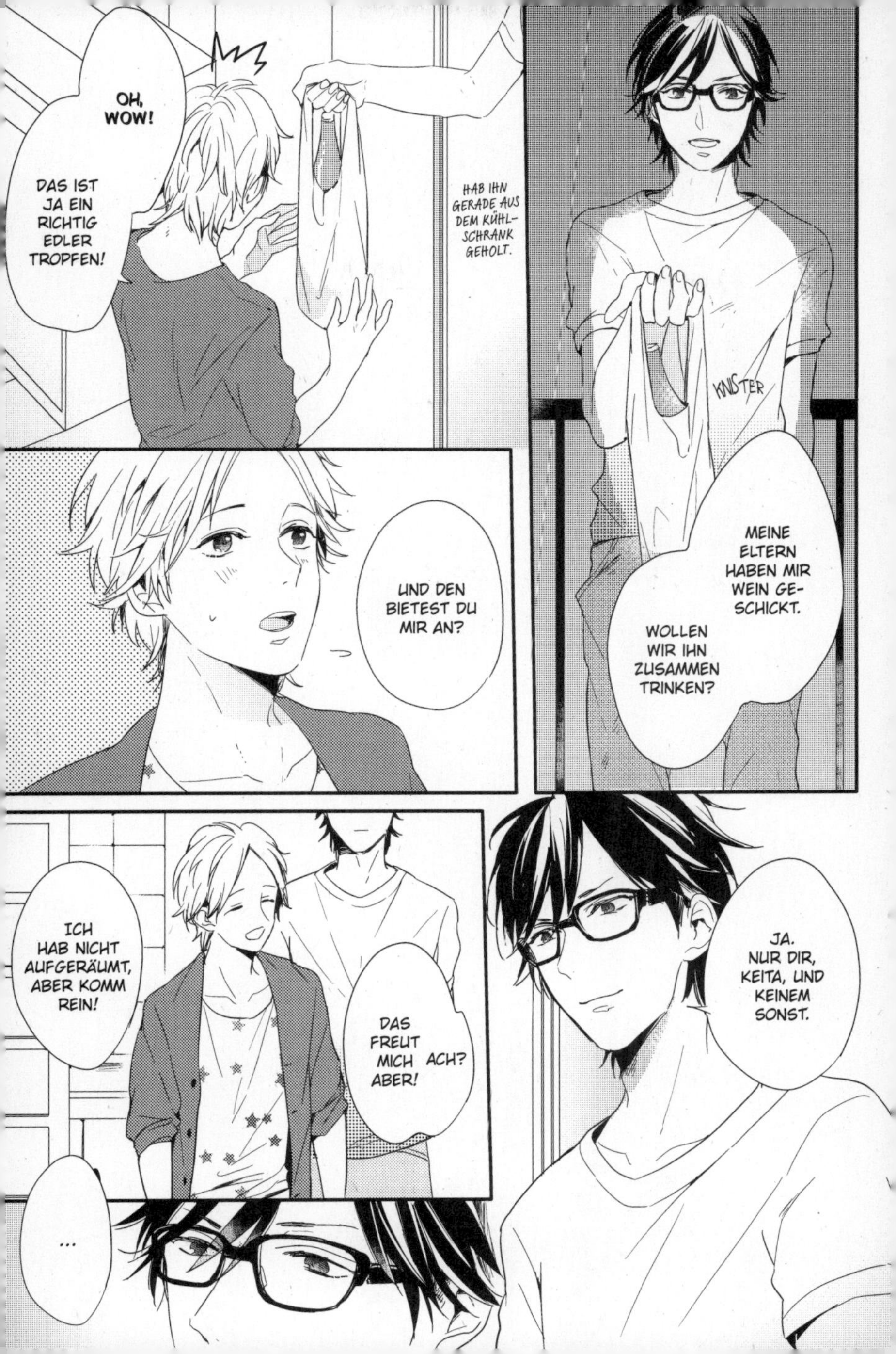
KNISTER
MEINE ELTERN HABEN MIR WEIN GESCHICKT.
WOLLEN WIR IHN ZUSAMMEN TRINKEN?
OH, WOW!
DAS IST JA EIN RICHTIG EDLER TROPFEN!
HAB IHN GERADE AUS DEM KÜHLSCHRANK GEHOLT.
UND DEN BIETEST DU MIR AN?
JA. NUR DIR, KEITA, UND KEINEM SONST.
ACH?
DAS FREUT MICH ABER!
ICH HAB NICHT AUFGERÄUMT, ABER KOMM REIN!
...

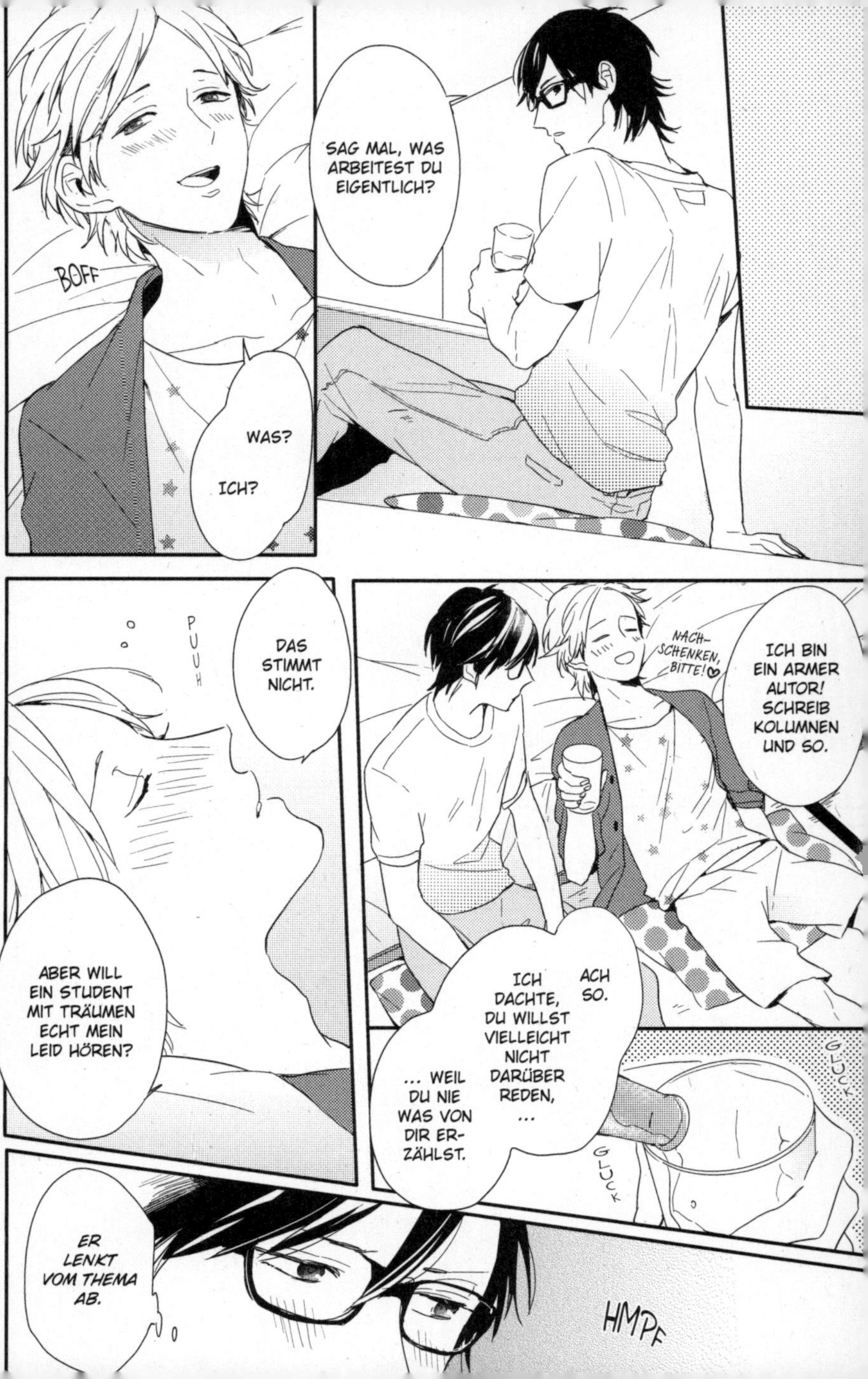
SAG MAL, WAS ARBEITEST DU EIGENTLICH?
BOFF
WAS?
ICH?
NACH-SCHENKEN, BITTE!♡
ICH BIN EIN ARMER AUTOR! SCHREIB KOLUMNEN UND SO.
PUUH
DAS STIMMT NICHT.
ABER WILL EIN STUDENT MIT TRÄUMEN ECHT MEIN LEID HÖREN?
GLUCK
ACH SO.
ICH DACHTE, DU WILLST VIELLEICHT NICHT DARÜBER REDEN, …
… WEIL DU NIE WAS VON DIR ER-ZÄHLST.
GLUCK
ER LENKT VOM THEMA AB.
HMPF

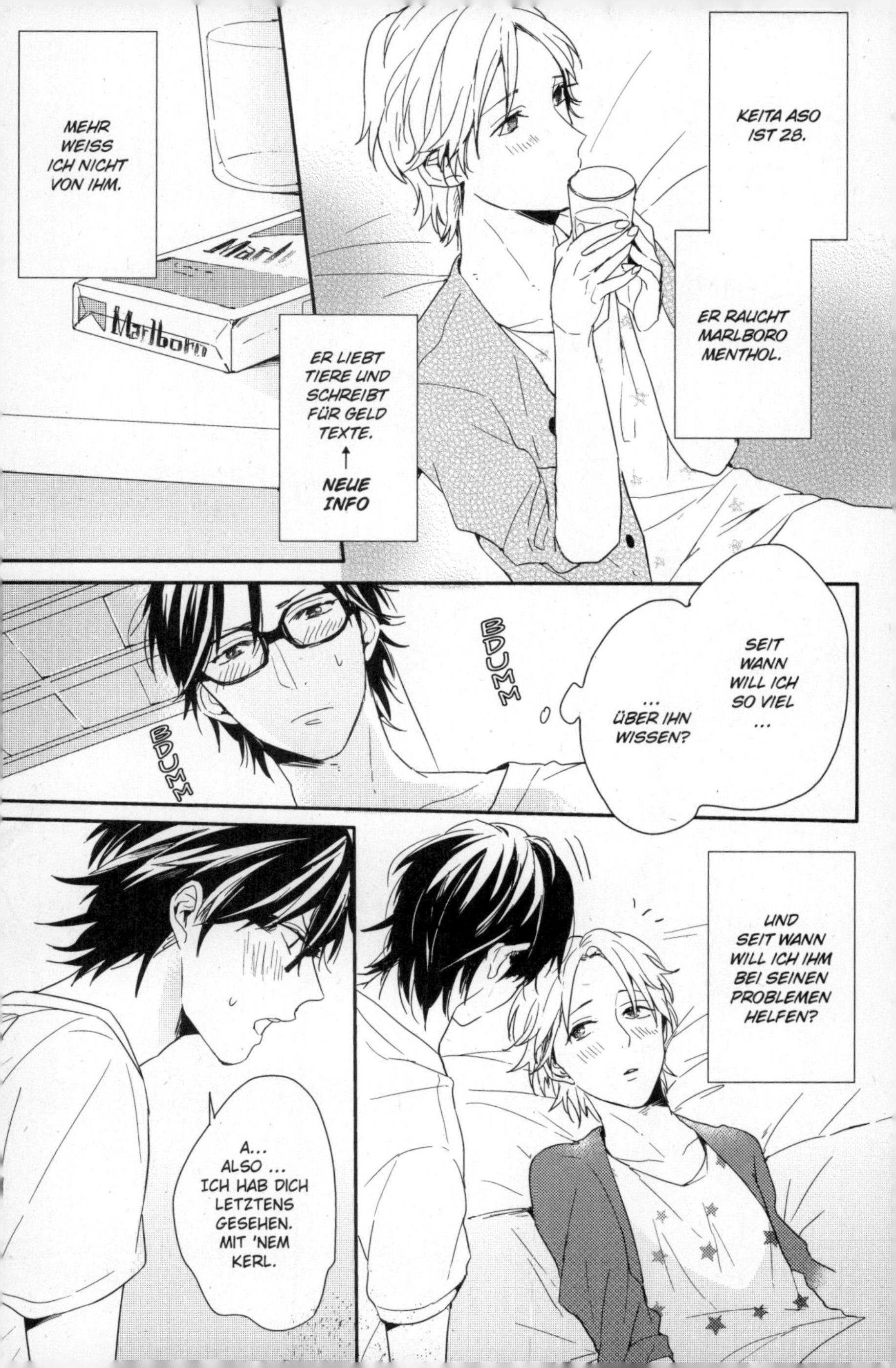
KEITA ASO IST 28.
ER RAUCHT MARLBORO MENTHOL.
ER LIEBT TIERE UND SCHREIBT FÜR GELD TEXTE. ↑ NEUE INFO
Marlboro
MEHR WEISS ICH NICHT VON IHM.
SEIT WANN WILL ICH SO VIEL …
… ÜBER IHN WISSEN?
BDUMM
BDUMM
UND SEIT WANN WILL ICH IHM BEI SEINEN PROBLEMEN HELFEN?
A… ALSO … ICH HAB DICH LETZTENS GESEHEN. MIT 'NEM KERL.

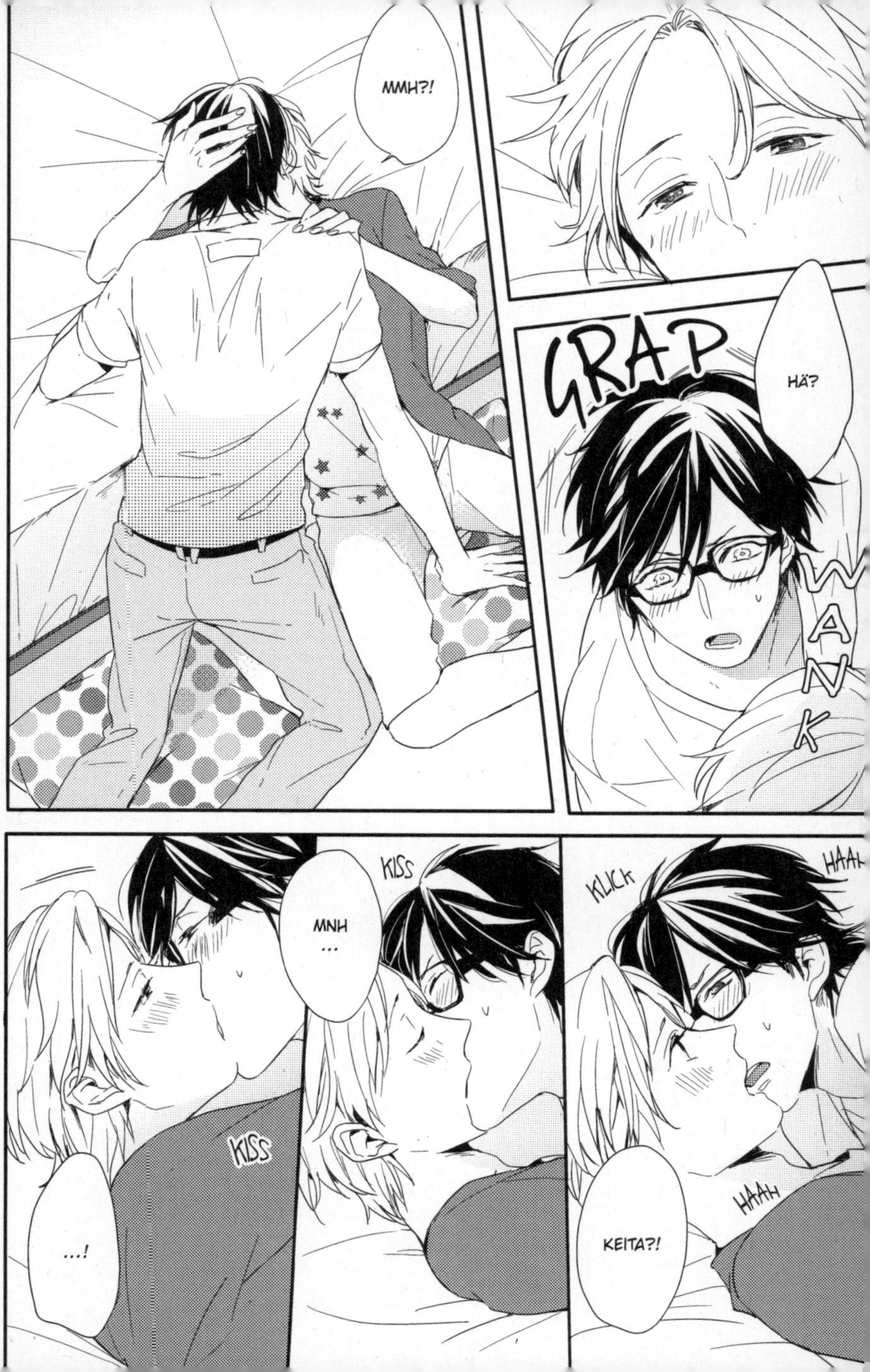
GRAP
HÄ?
WANK
MMH?!
HAAH
KLICK
KEITA?!
HAAH
KISS
MNH
...
KISS
...!

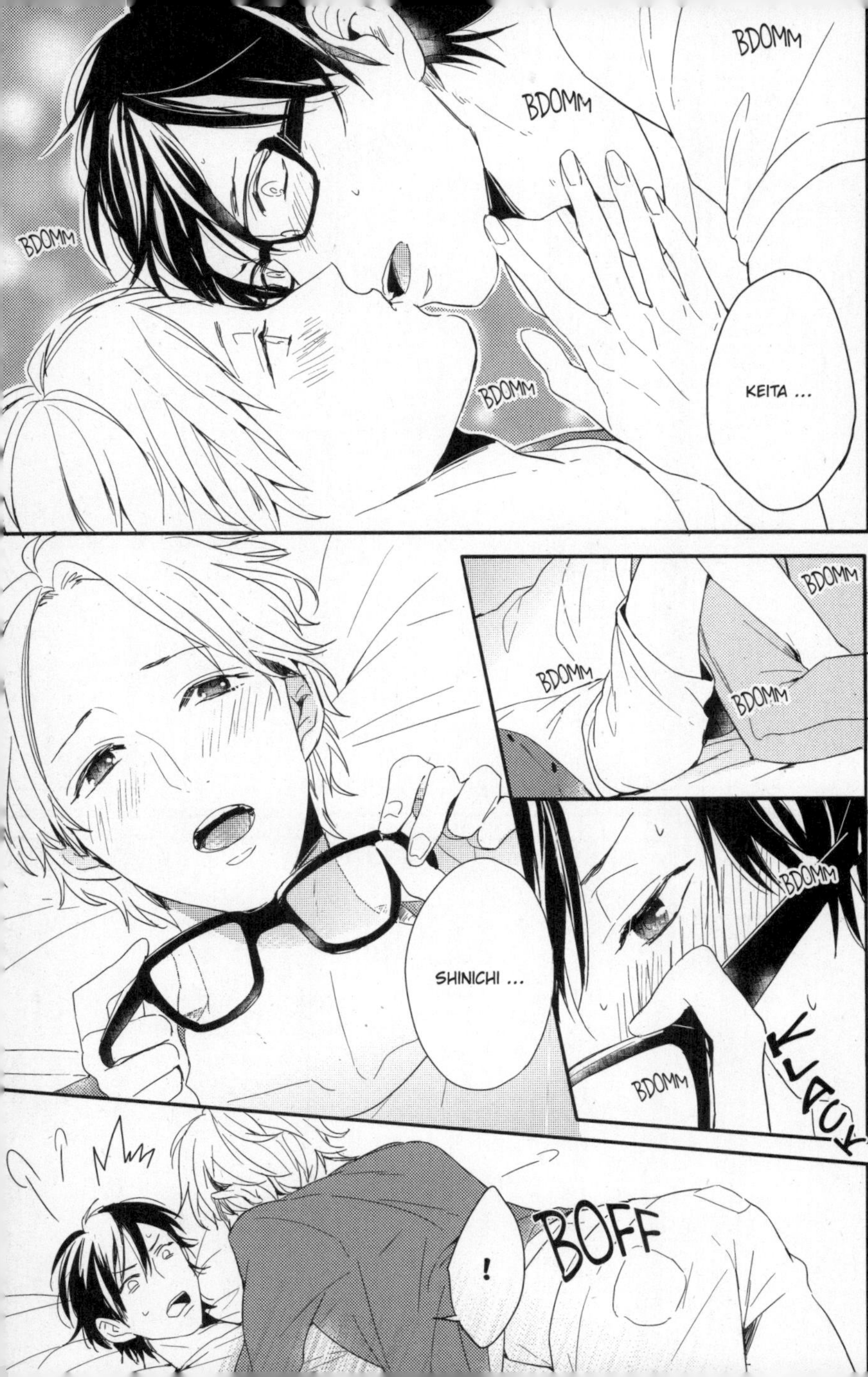
BDOMM
BDOMM
BDOMM
BDOMM
KEITA ...
BDOMM
BDOMM
BDOMM
BDOMM
BDOMM
KLACK
SHINICHI ...
BOFF
!

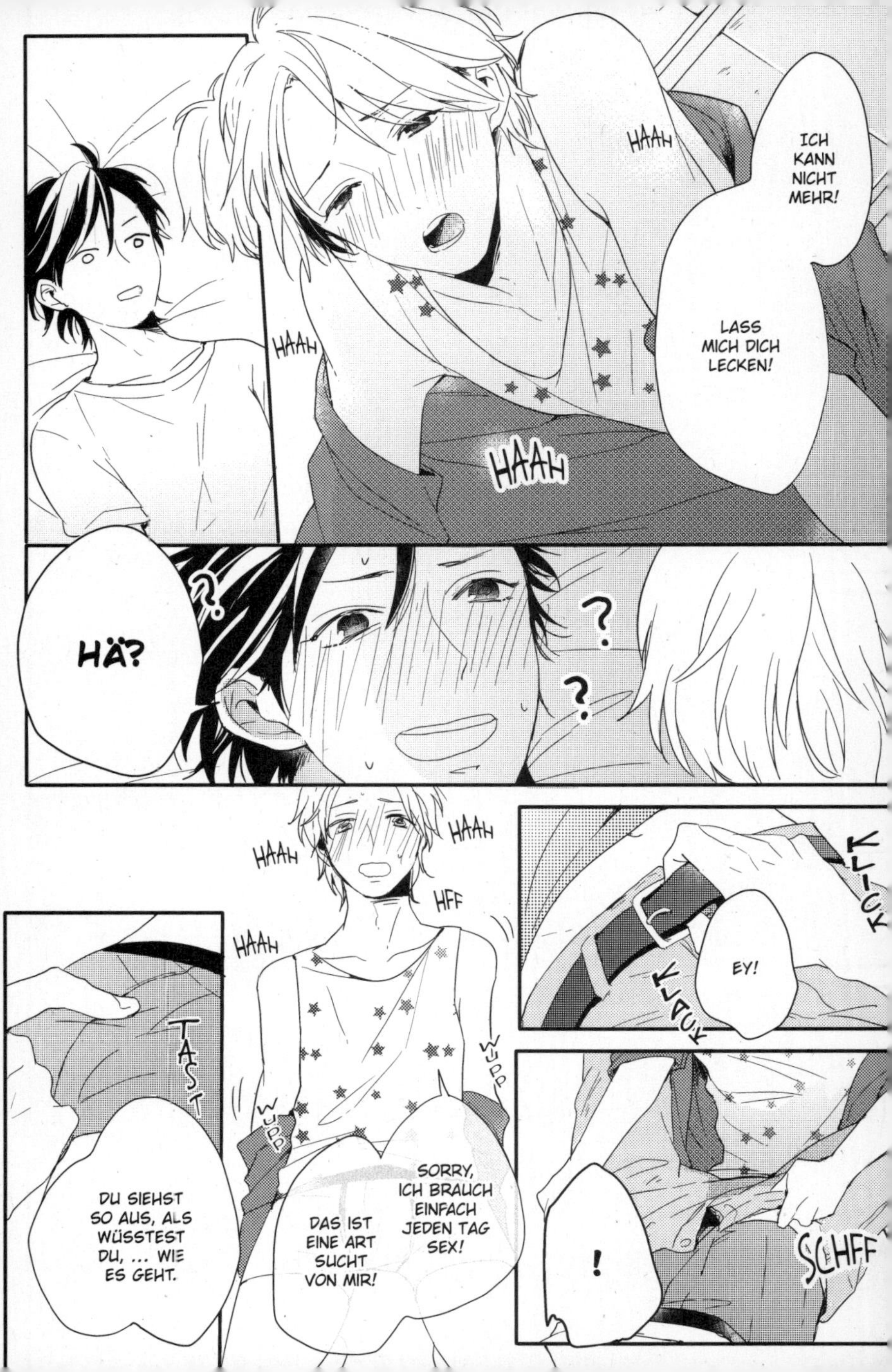
HAAH
ICH KANN NICHT MEHR!
LASS MICH DICH LECKEN!
HAAH
HAAH
?
?
?
HÄ?
KLICK
EY!
KLACK
HAAH
HAAH
HFF
HAAH
WUPP
WUPP
TAST
SORRY, ICH BRAUCH EINFACH JEDEN TAG SEX!
DAS IST EINE ART SUCHT VON MIR!
DU SIEHST SO AUS, ALS WÜSSTEST DU, ... WIE ES GEHT.
SCHFF
!

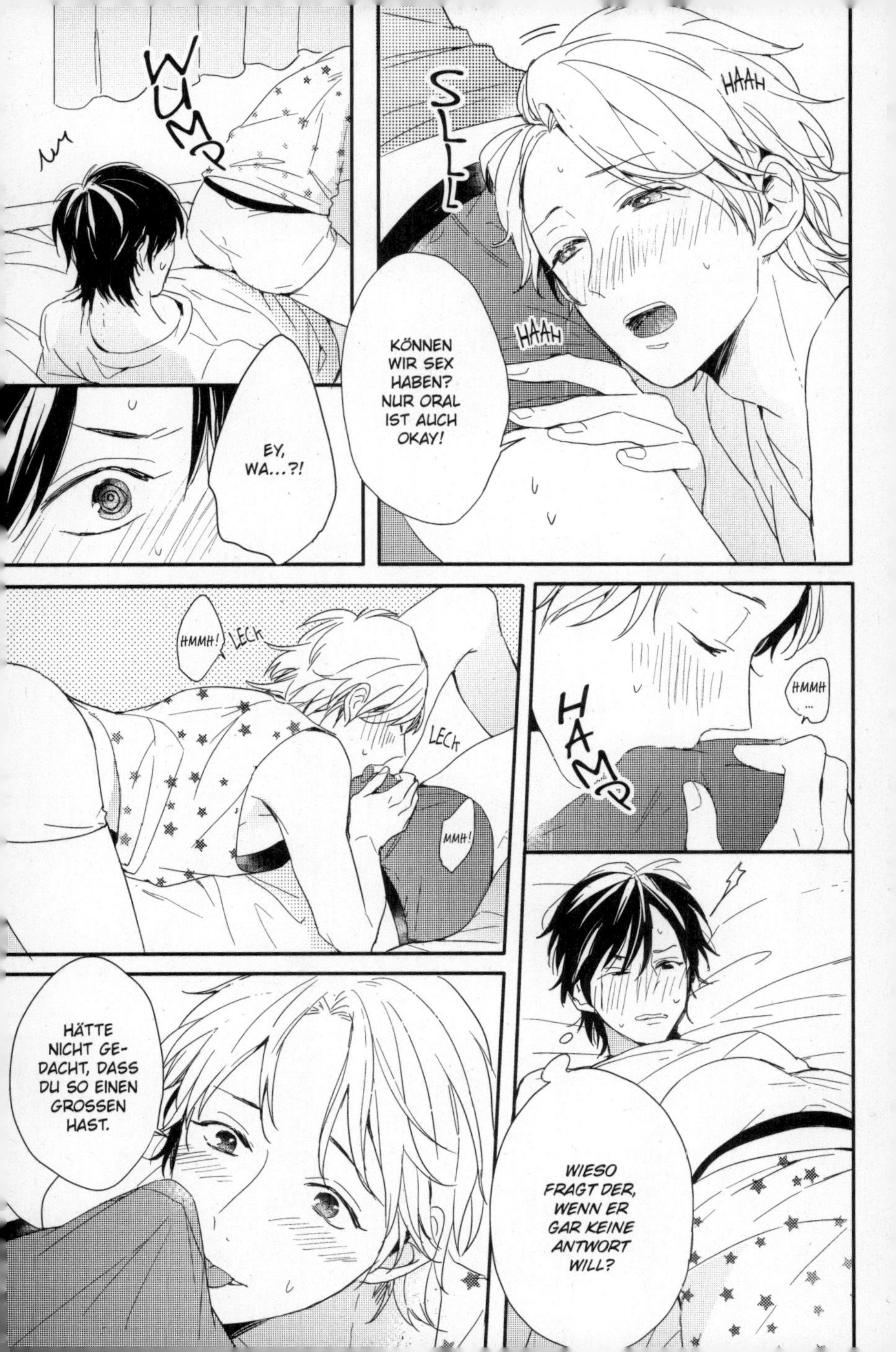
SLLL
HAAH
HAAH
KÖNNEN WIR SEX HABEN? NUR ORAL IST AUCH OKAY!
WUMP
NM
EY, WA...?!
HAMP
HMMH ...
HMMH!
LECK
LECK
MMH!
WIESO FRAGT DER, WENN ER GAR KEINE ANTWORT WILL?
HÄTTE NICHT GE-DACHT, DASS DU SO EINEN GROSSEN HAST.

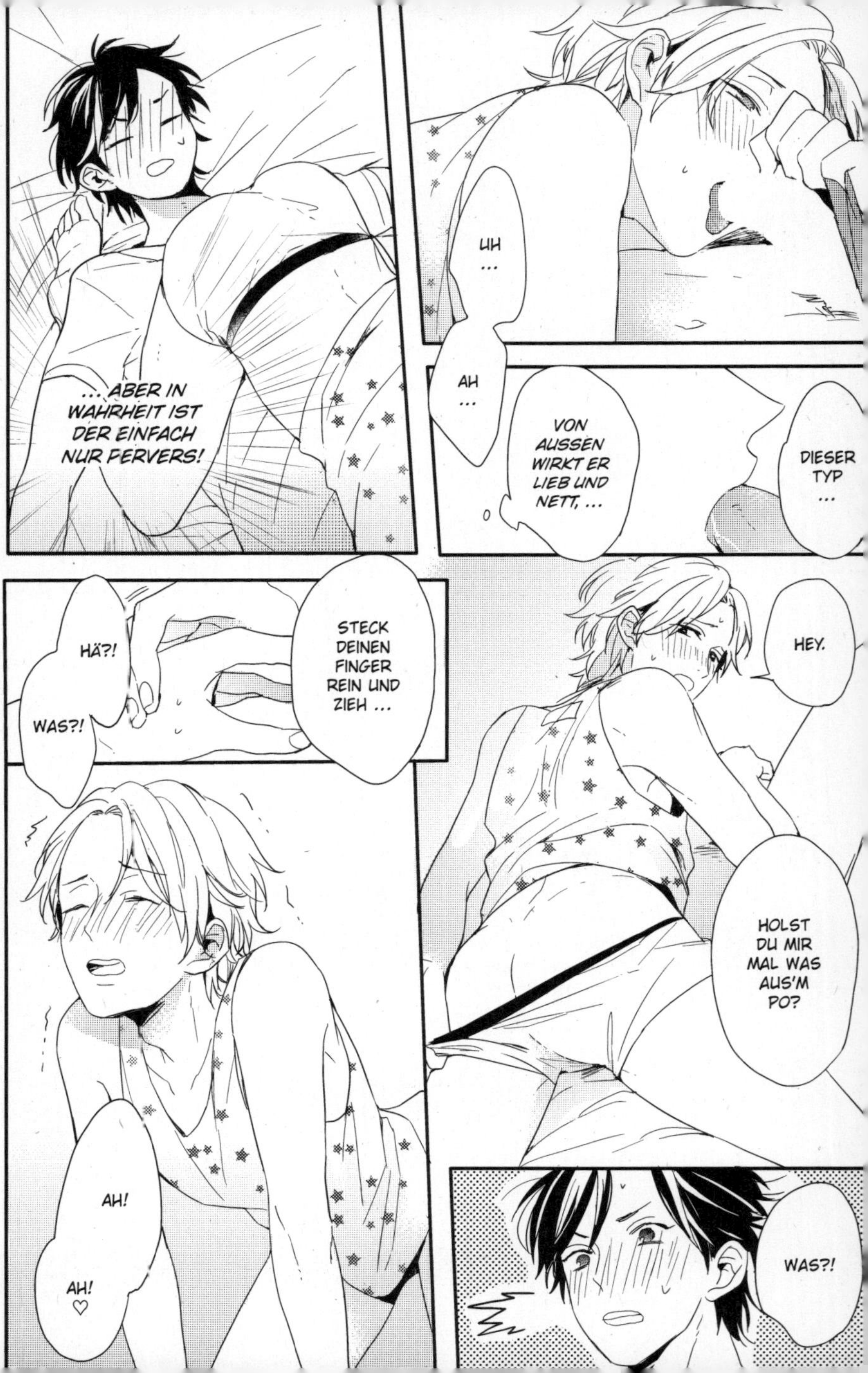
UH …
AH …
DIESER TYP …
VON AUSSEN WIRKT ER LIEB UND NETT, …
… ABER IN WAHRHEIT IST DER EINFACH NUR PERVERS!
HEY.
HOLST DU MIR MAL WAS AUS'M PO?
WAS?!
STECK DEINEN FINGER REIN UND ZIEH …
HÄ?!
WAS?!
AH!
AH! ♡

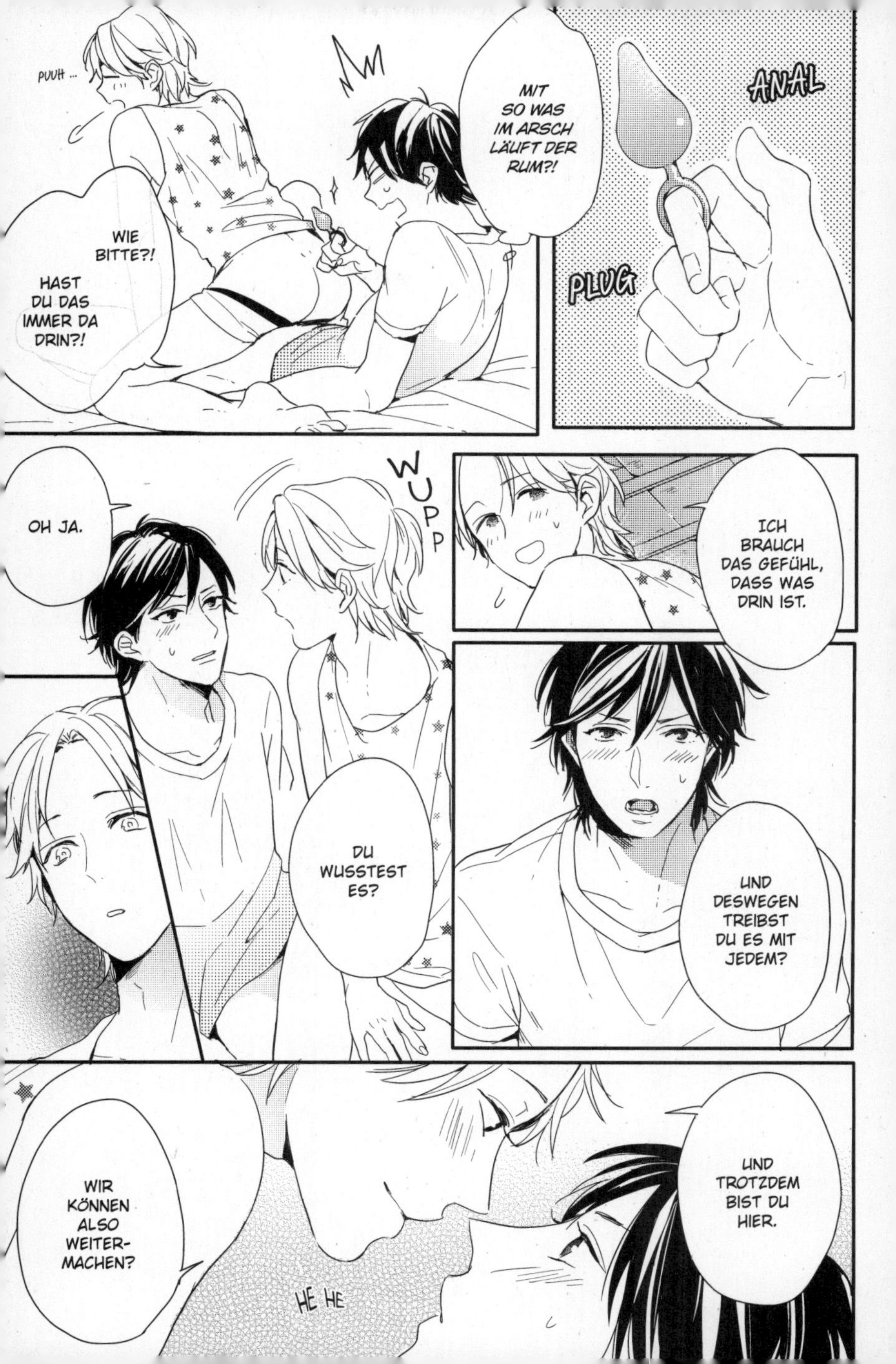
ANAL
PLUG
MIT SO WAS IM ARSCH LÄUFT DER RUM?!
PUUH ...
WIE BITTE?!
HAST DU DAS IMMER DA DRIN?!
ICH BRAUCH DAS GEFÜHL, DASS WAS DRIN IST.
UND DESWEGEN TREIBST DU ES MIT JEDEM?
OH JA.
WUPP
DU WUSSTEST ES?
UND TROTZDEM BIST DU HIER.
WIR KÖNNEN ALSO WEITER-MACHEN?
HE HE

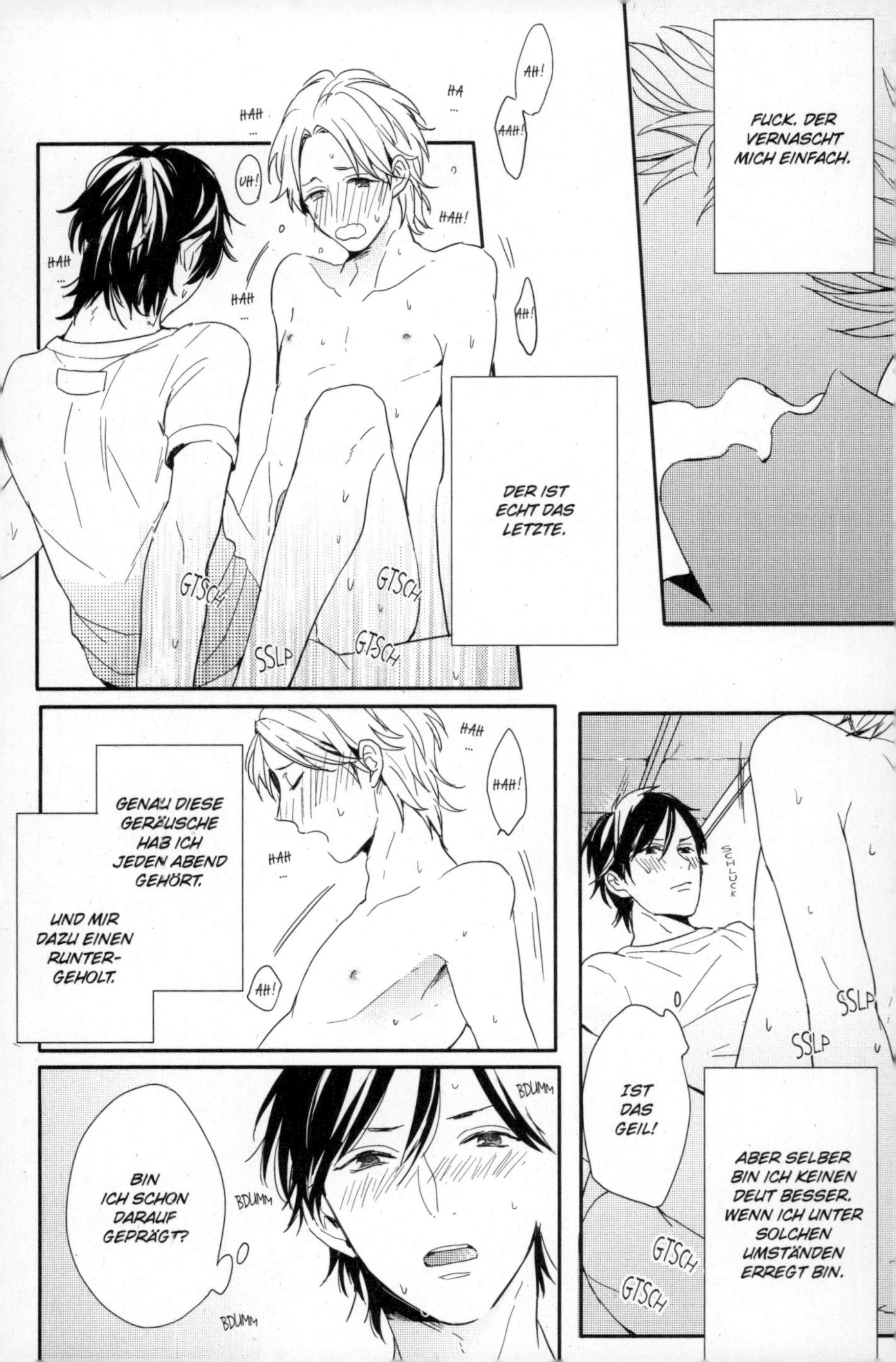
FUCK. DER VERNASCHT MICH EINFACH.
AH!
HA ...
AAH!
HAH ...
UH!
HAH!
HAH ...
HAH ...
AH!
DER IST ECHT DAS LETZTE.
GTSCH
GTSCH
GTSCH
SSLP
SCHLUCK
SSLP
SSLP
IST DAS GEIL!
ABER SELBER BIN ICH KEINEN DEUT BESSER. WENN ICH UNTER SOLCHEN UMSTÄNDEN ERREGT BIN.
GTSCH
GTSCH
HAH ...
HAH!
GENAU DIESE GERÄUSCHE HAB ICH JEDEN ABEND GEHÖRT.
UND MIR DAZU EINEN RUNTER-GEHOLT.
HAH ...
AH!
BDUMM
BIN ICH SCHON DARAUF GEPRÄGT?
BDUMM
BDUMM

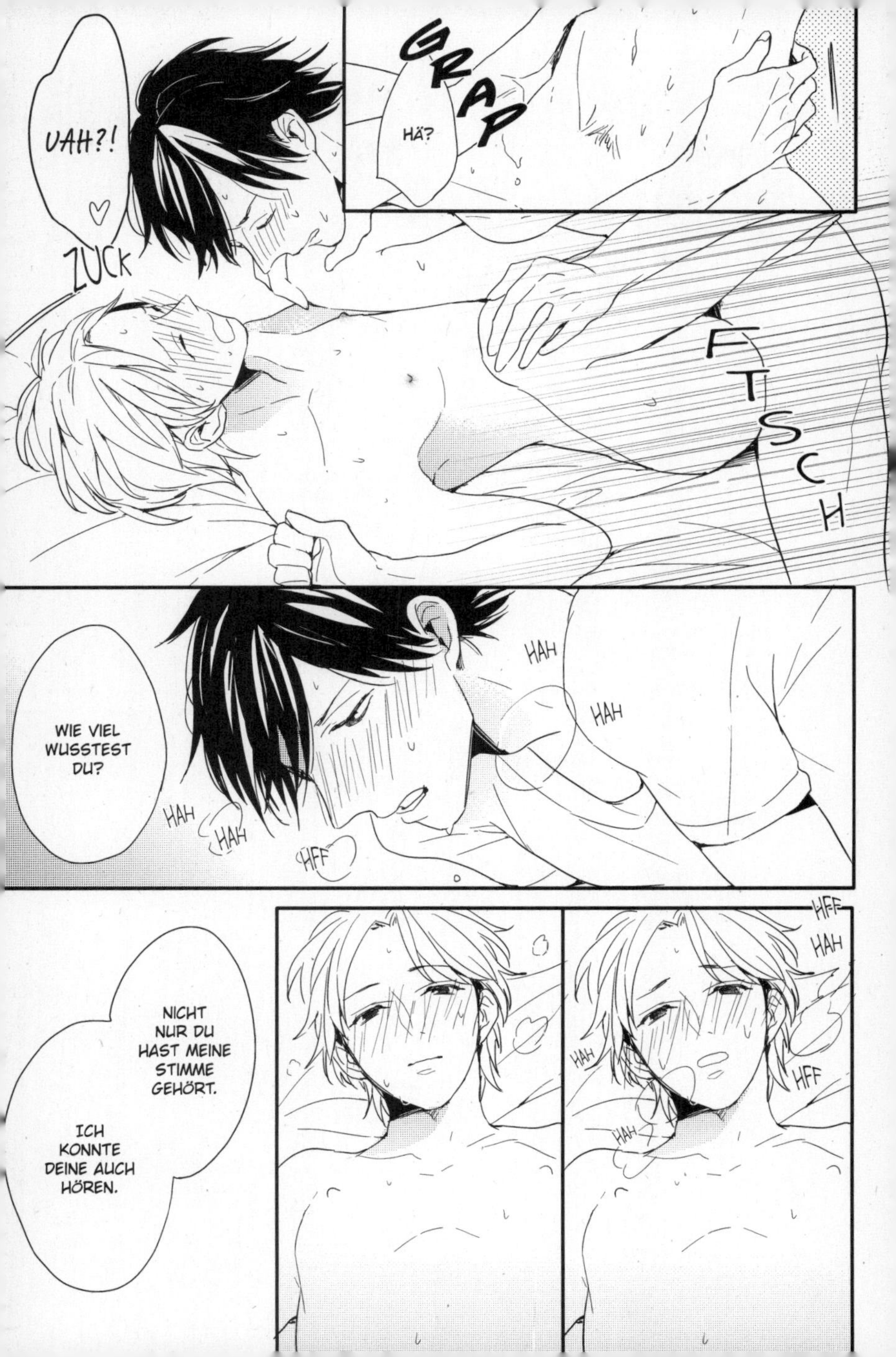
GRAP
HÄ?
UAH?! ♡
ZUCK
FTSCH
HAH
HAH
WIE VIEL WUSSTEST DU?
HAH
HAH
HFF
HFF
HAH
HFF
HAH
HAH
NICHT NUR DU HAST MEINE STIMME GEHÖRT.
ICH KONNTE DEINE AUCH HÖREN.

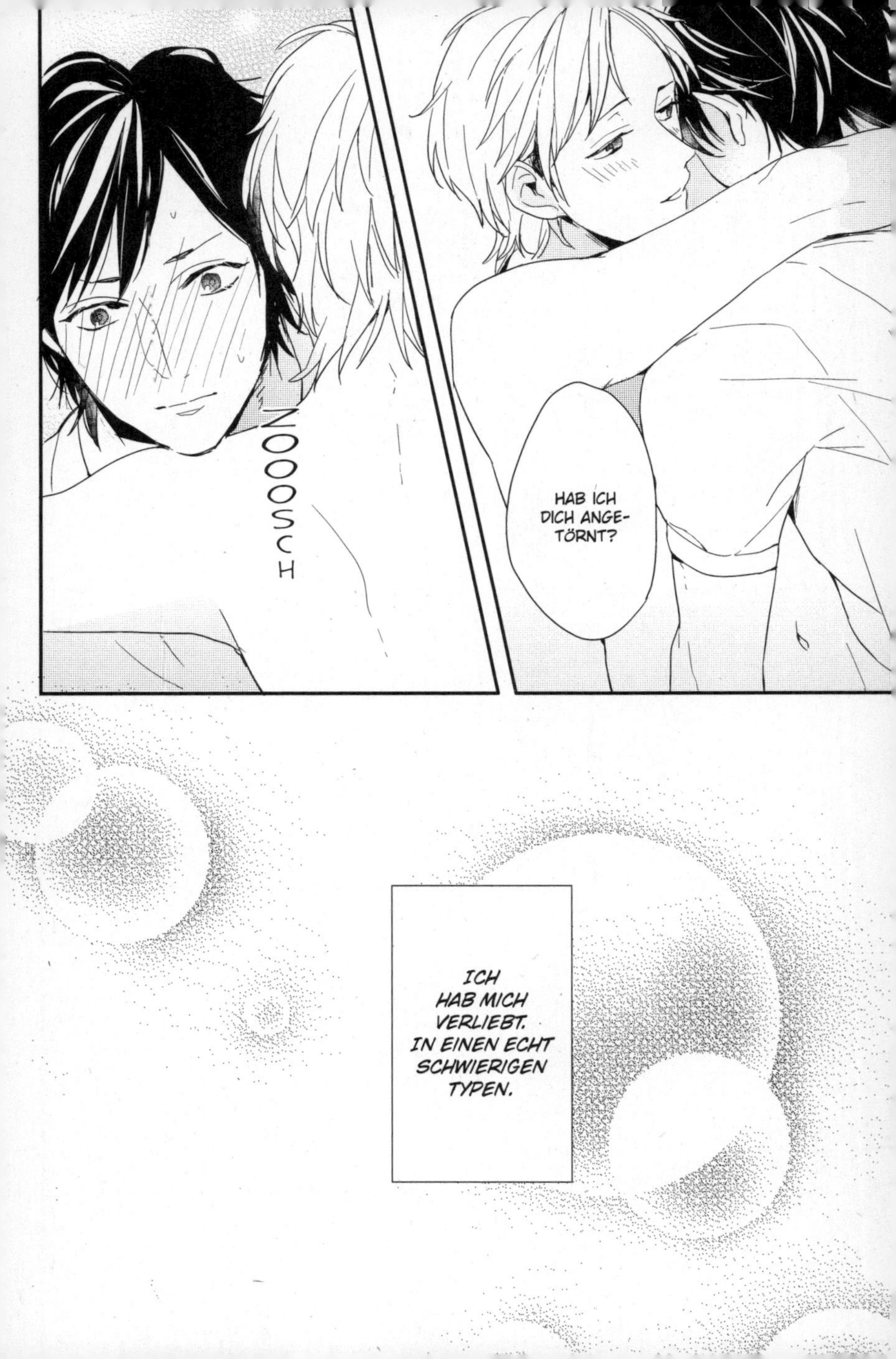
HAB ICH DICH ANGE-TÖRNT?
ZOOOSCH
ICH HAB MICH VERLIEBT. IN EINEN ECHT SCHWIERIGEN TYPEN.

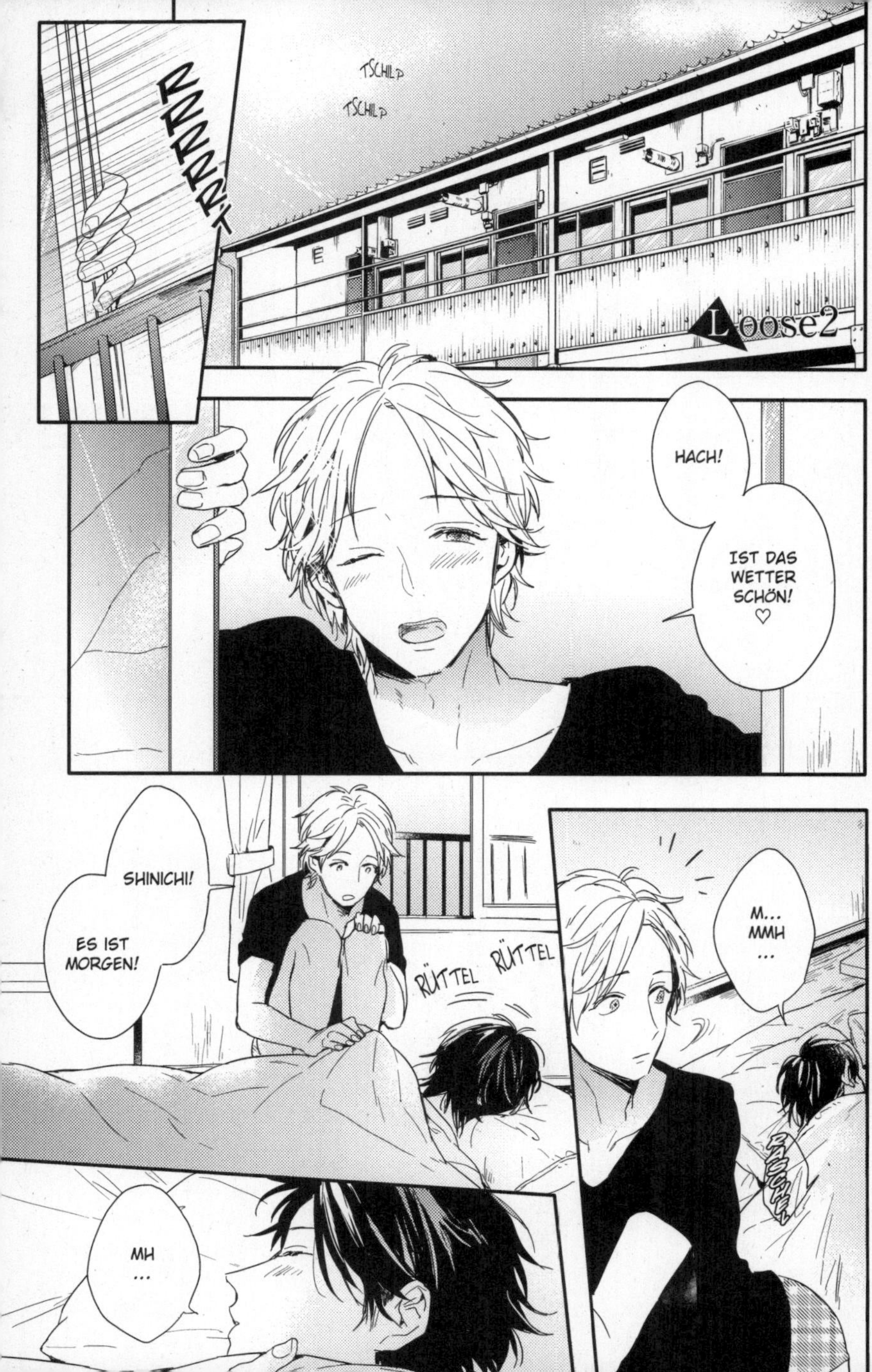
Loose2
TSCHILP
TSCHILP
RRRRR'T
HACH!
IST DAS WETTER SCHÖN! ♡
M... MMH ...
SHINICHI!
ES IST MORGEN!
RÜTTEL RÜTTEL
MH ...

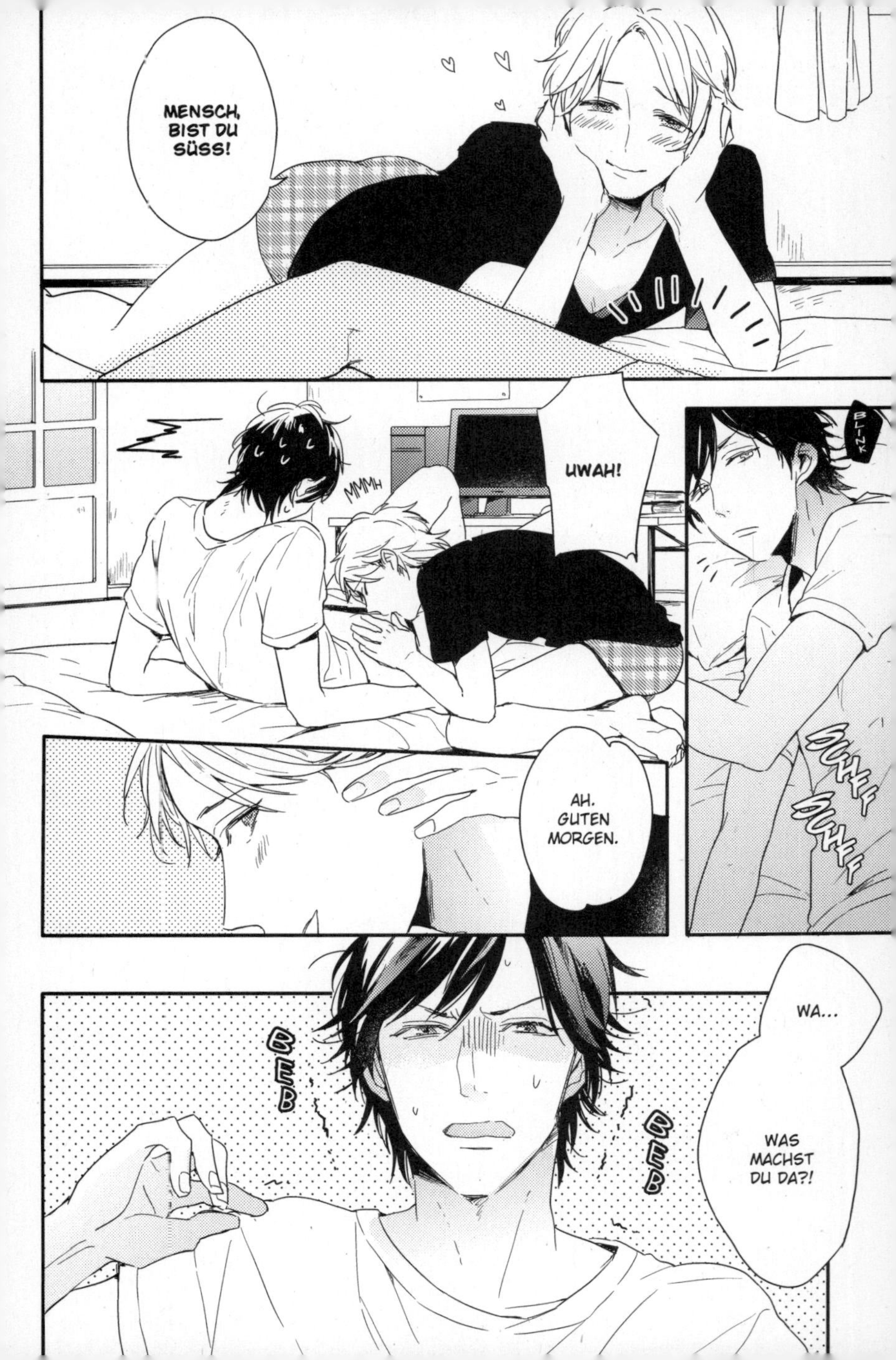
MENSCH, BIST DU SÜSS!
BLINK
SCHNIFF
SCHNIFF
MMMH
UWAH!
AH. GUTEN MORGEN.
BEB
BEB
WA...
WAS MACHST DU DA?!

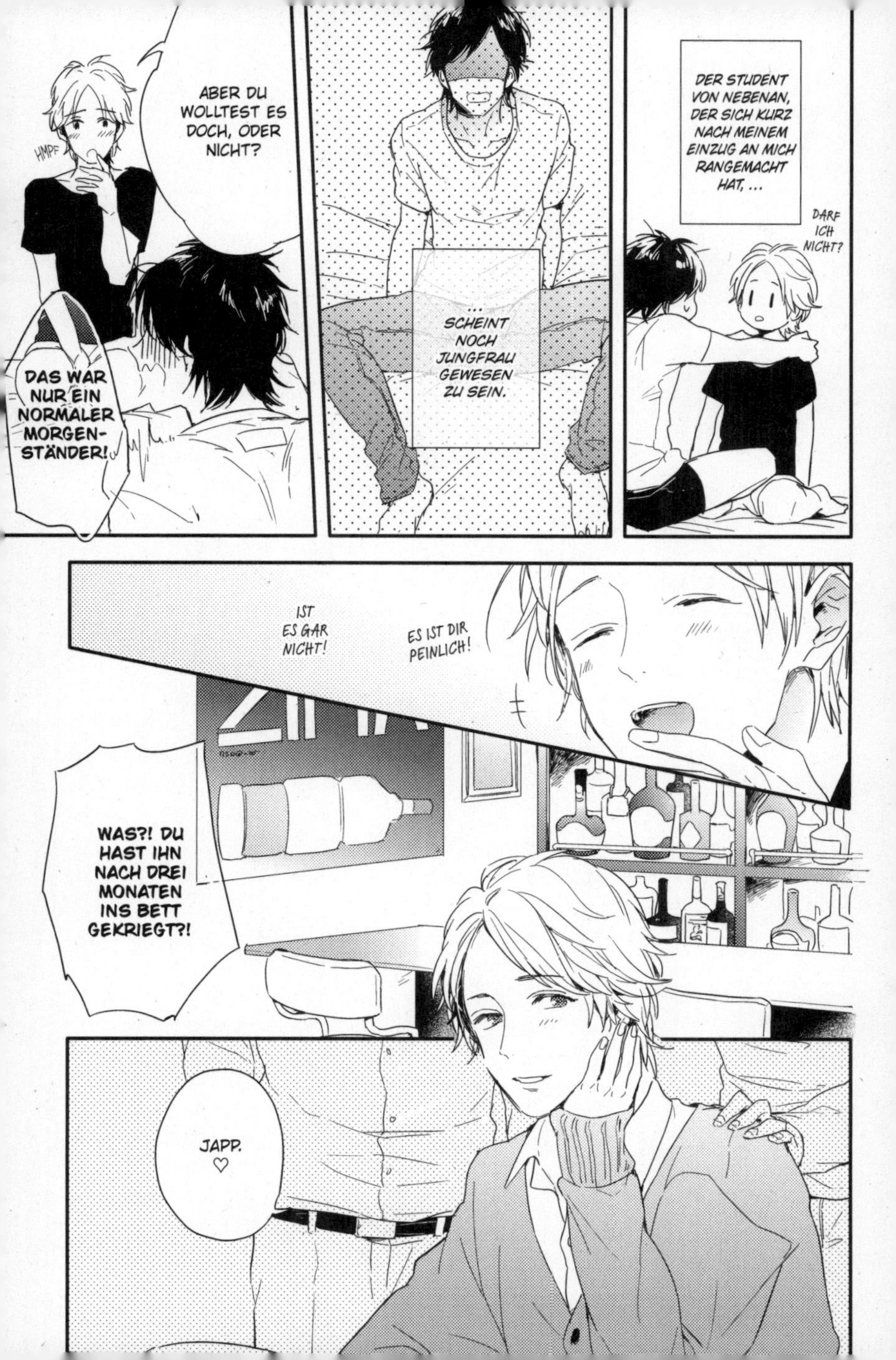
DER STUDENT VON NEBENAN, DER SICH KURZ NACH MEINEM EINZUG AN MICH RANGEMACHT HAT, ...
DARF ICH NICHT?
... SCHEINT NOCH JUNGFRAU GEWESEN ZU SEIN.
ABER DU WOLLTEST ES DOCH, ODER NICHT?
HMPF
DAS WAR NUR EIN NORMALER MORGEN-STÄNDER!
ES IST DIR PEINLICH!
IST ES GAR NICHT!
WAS?! DU HAST IHN NACH DREI MONATEN INS BETT GEKRIEGT?!
JAPP. ♡

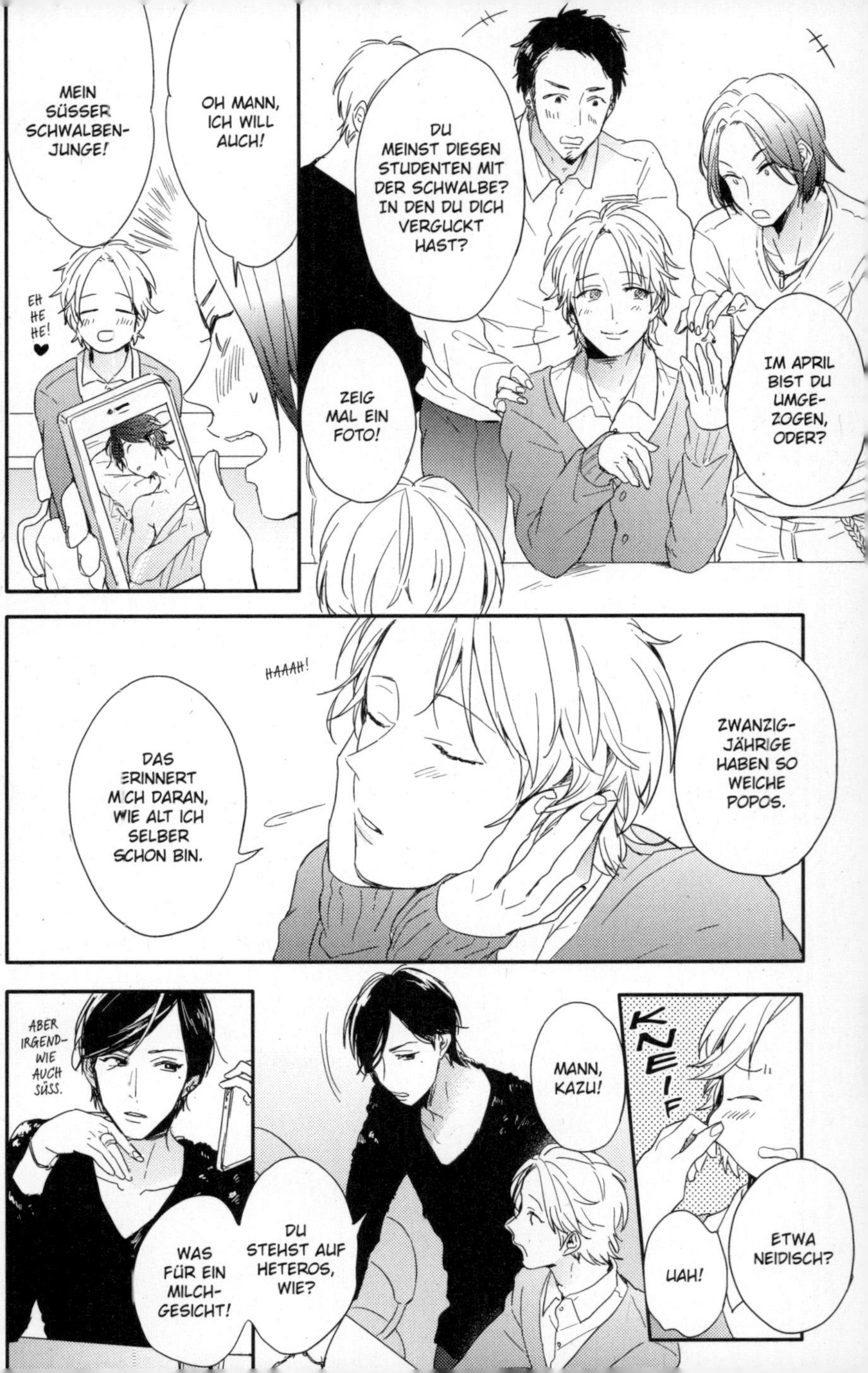
DU MEINST DIESEN STUDENTEN MIT DER SCHWALBE? IN DEN DU DICH VERGUCKT HAST?
IM APRIL BIST DU UMGEZOGEN, ODER?
ZEIG MAL EIN FOTO!
OH MANN, ICH WILL AUCH!
MEIN SÜSSER SCHWALBENJUNGE!
EH HE HE!
ZWANZIGJÄHRIGE HABEN SO WEICHE POPOS.
HAAAH!
DAS ERINNERT MICH DARAN, WIE ALT ICH SELBER SCHON BIN.
KNEIF
MANN, KAZU!
ETWA NEIDISCH?
UAH!
DU STEHST AUF HETEROS, WIE?
WAS FÜR EIN MILCHGESICHT!
ABER IRGENDWIE AUCH SÜSS.

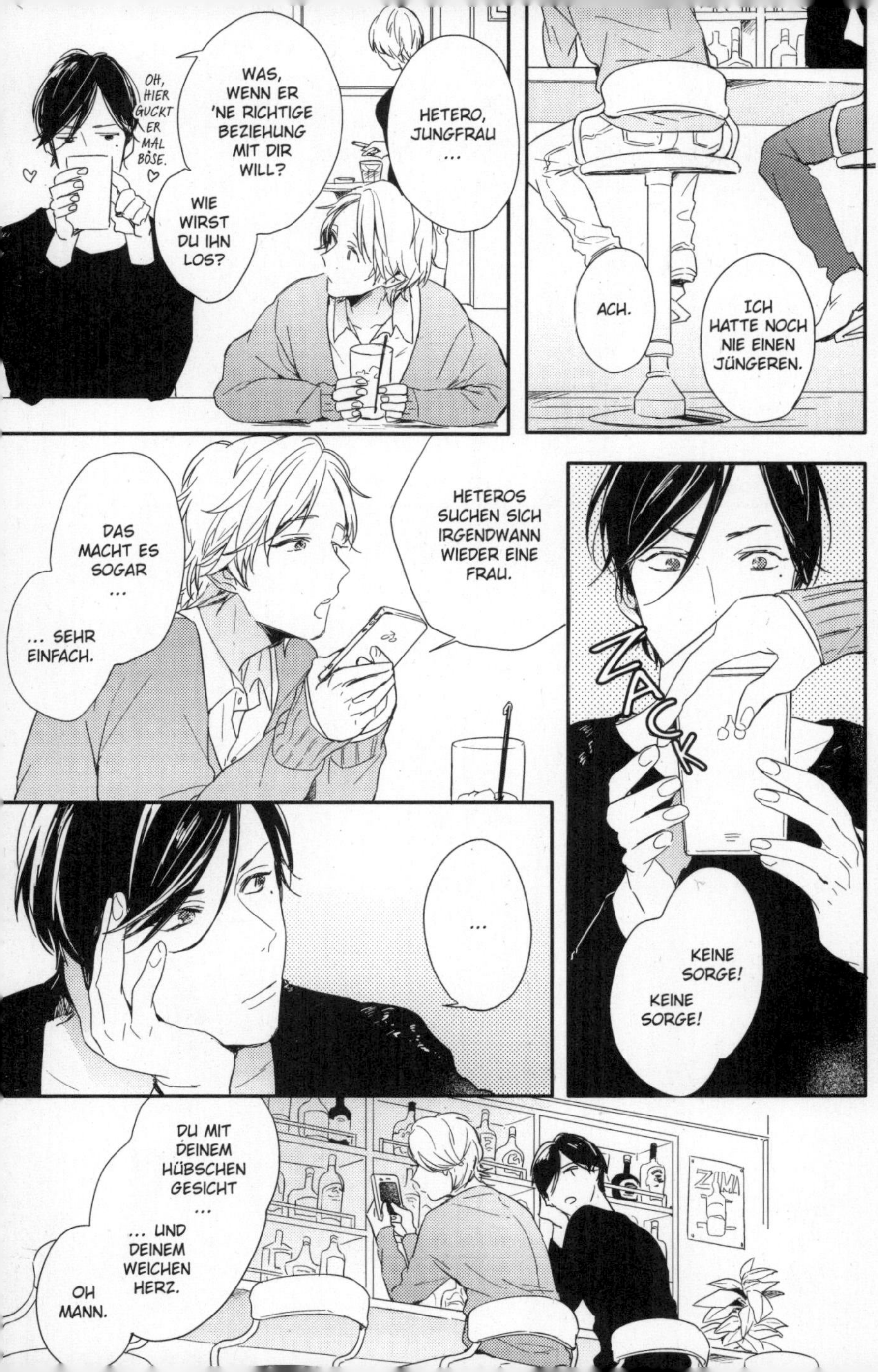

ICH HATTE NOCH NIE EINEN JÜNGEREN.
ACH.
HETERO, JUNGFRAU ...
WAS, WENN ER 'NE RICHTIGE BEZIEHUNG MIT DIR WILL?
WIE WIRST DU IHN LOS?
OH, HIER GUCKT ER MAL BÖSE.
HETEROS SUCHEN SICH IRGENDWANN WIEDER EINE FRAU.
DAS MACHT ES SOGAR ...
... SEHR EINFACH.
ZACK
KEINE SORGE!
KEINE SORGE!
...
DU MIT DEINEM HÜBSCHEN GESICHT ...
... UND DEINEM WEICHEN HERZ.
OH MANN.
ZIMA

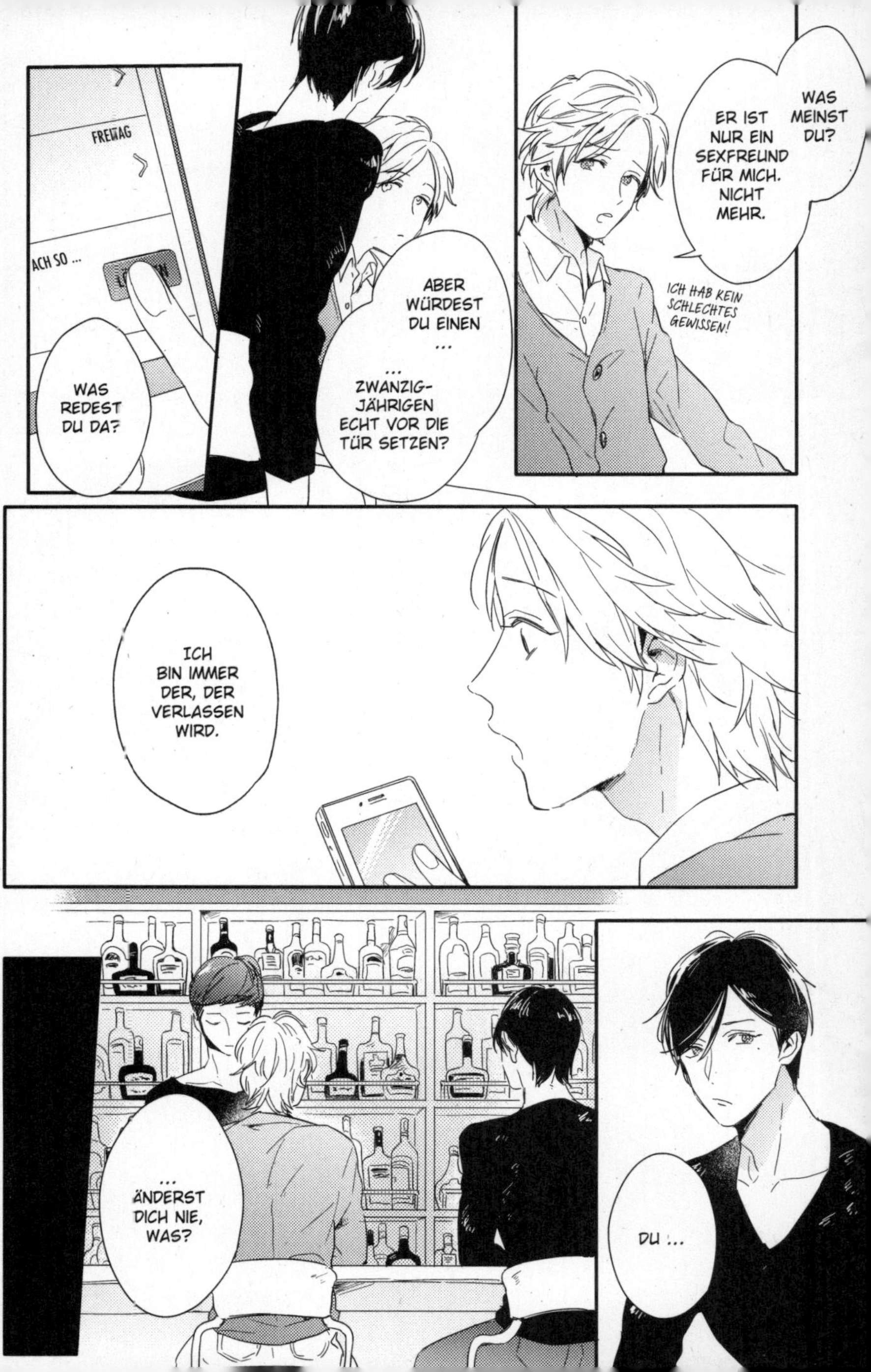
WAS MEINST DU?
ER IST NUR EIN SEXFREUND FÜR MICH. NICHT MEHR.
ICH HAB KEIN SCHLECHTES GEWISSEN!
ABER WÜRDEST DU EINEN …
… ZWANZIGJÄHRIGEN ECHT VOR DIE TÜR SETZEN?
FREITAG
ACH SO …
WAS REDEST DU DA?
ICH BIN IMMER DER, DER VERLASSEN WIRD.
DU …
… ÄNDERST DICH NIE, WAS?

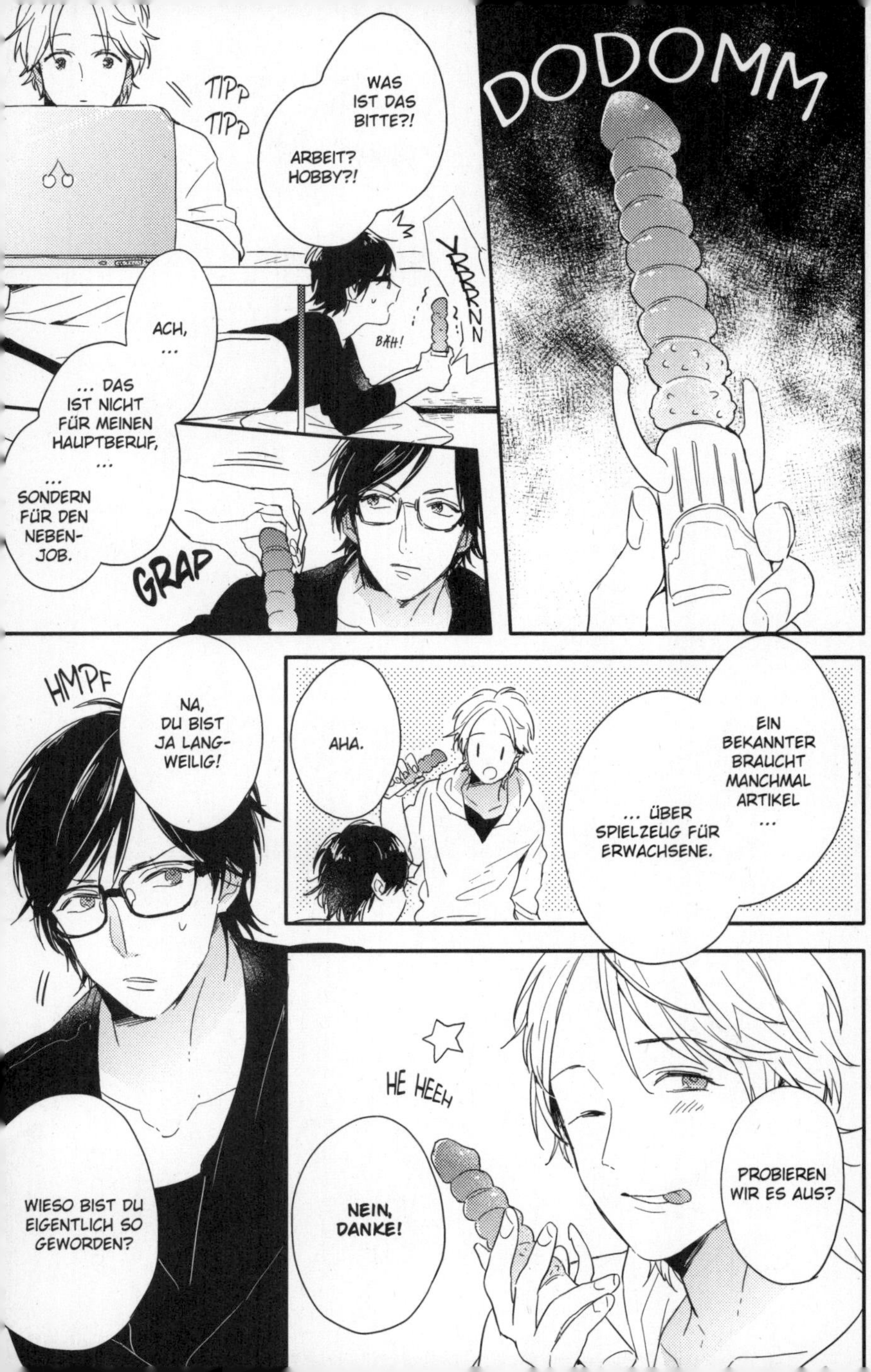
TIPP TIPP
WAS IST DAS BITTE?!
ARBEIT? HOBBY?!
YRRRRNN
BÄH!
ACH, ...
... DAS IST NICHT FÜR MEINEN HAUPTBERUF, ...
... SONDERN FÜR DEN NEBEN-JOB.
GRAP
DODOMM
EIN BEKANNTER BRAUCHT MANCHMAL ARTIKEL ...
... ÜBER SPIELZEUG FÜR ERWACHSENE.
AHA.
HE HEEH
PROBIEREN WIR ES AUS?
NEIN, DANKE!
HMPF
NA, DU BIST JA LANG-WEILIG!
WIESO BIST DU EIGENTLICH SO GEWORDEN?

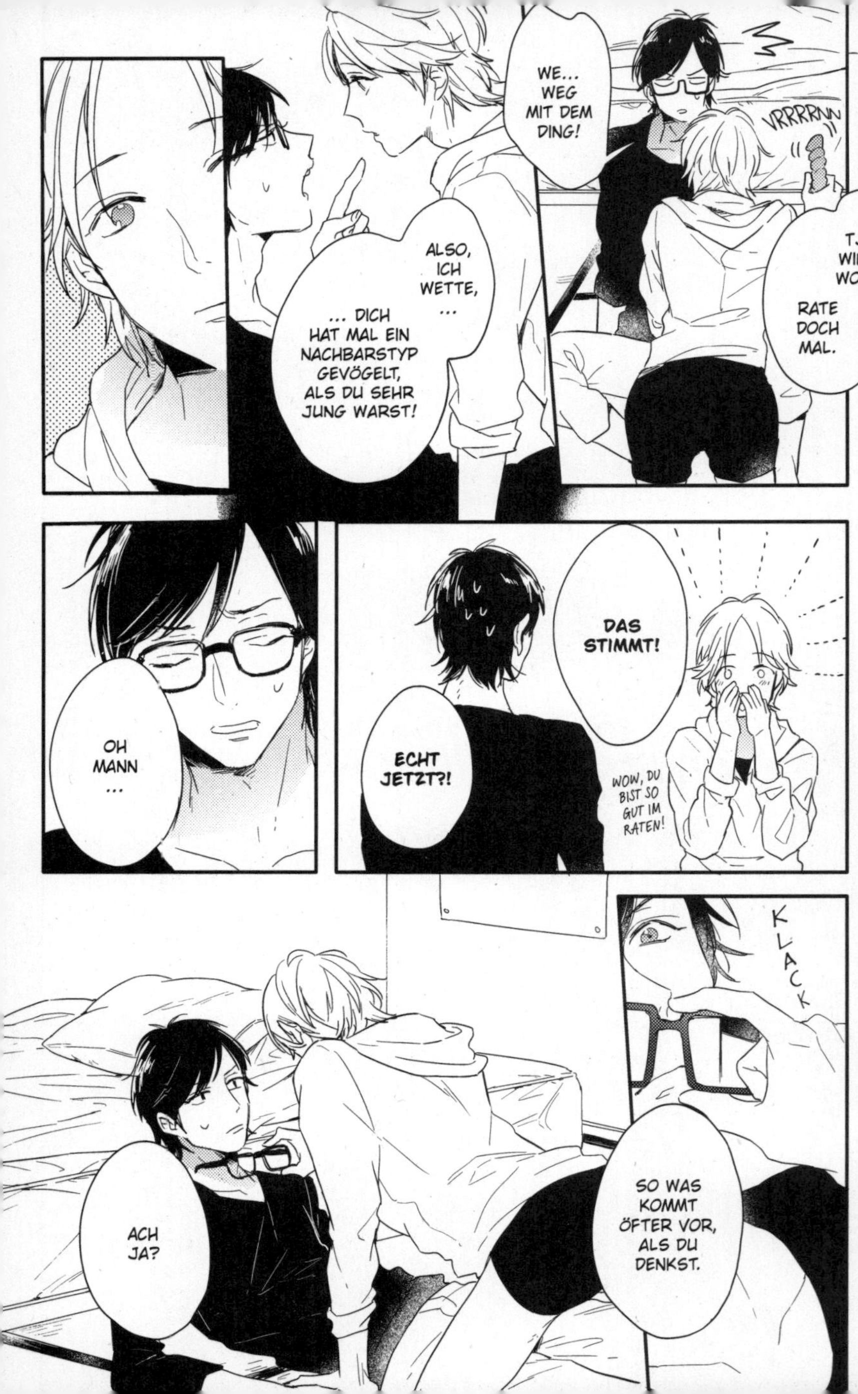

WE... WEG MIT DEM DING!
VRRRRNN
TJA, WIESO WOHL?
RATE DOCH MAL.
ALSO, ICH WETTE, ...
... DICH HAT MAL EIN NACHBARSTYP GEVÖGELT, ALS DU SEHR JUNG WARST!
DAS STIMMT!
WOW, DU BIST SO GUT IM RATEN!
ECHT JETZT?!
OH MANN ...
KLACK
SO WAS KOMMT ÖFTER VOR, ALS DU DENKST.
ACH JA?

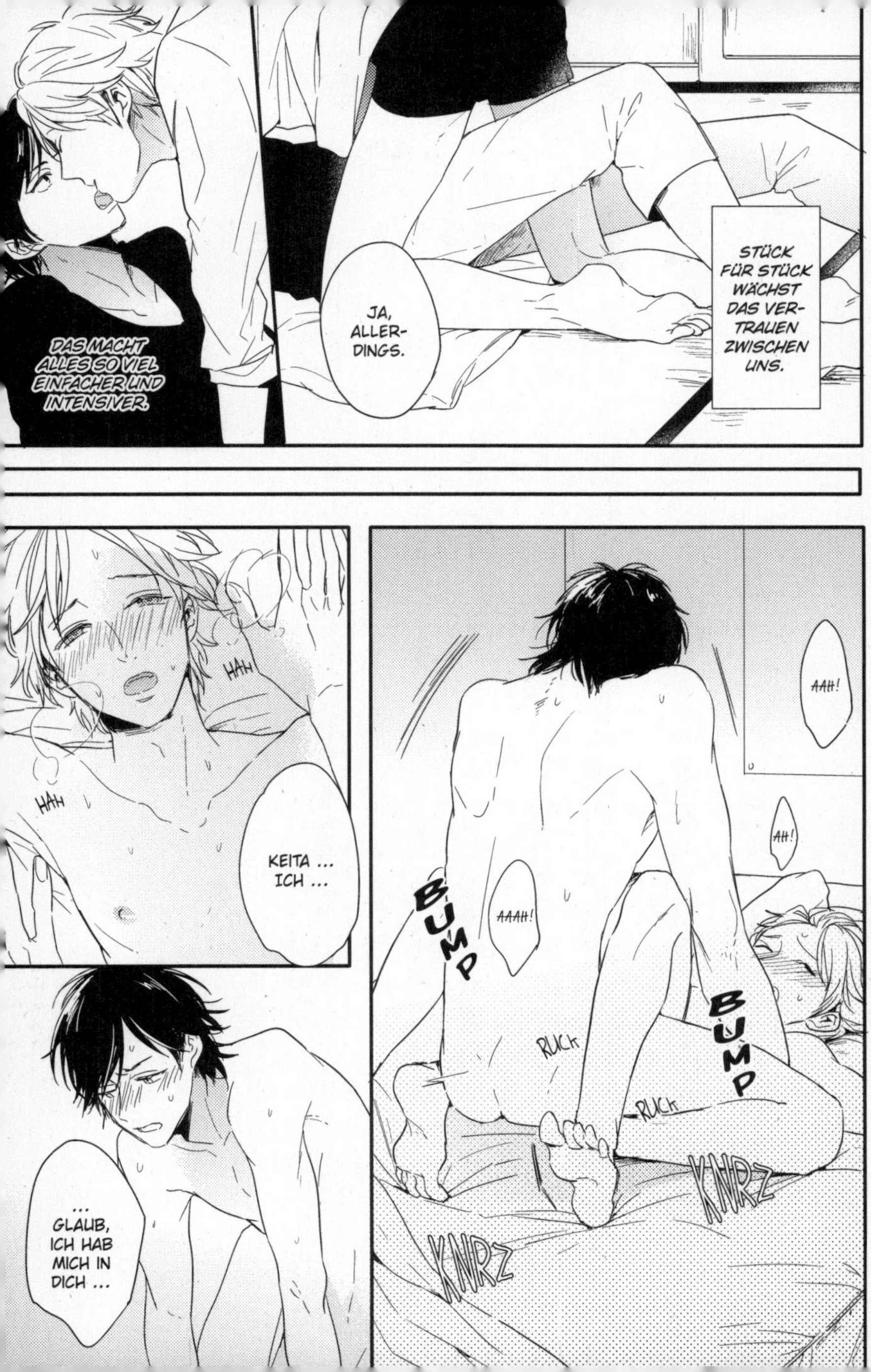
STÜCK FÜR STÜCK WÄCHST DAS VERTRAUEN ZWISCHEN UNS.
JA, ALLERDINGS.
DAS MACHT ALLES SO VIEL EINFACHER UND INTENSIVER.
AAH!
AH!
AAAH!
BUMP
BUMP
RUCK
RUCK
KNRZ
KNRZ
HAH
HAH
KEITA … ICH …
… GLAUB, ICH HAB MICH IN DICH …

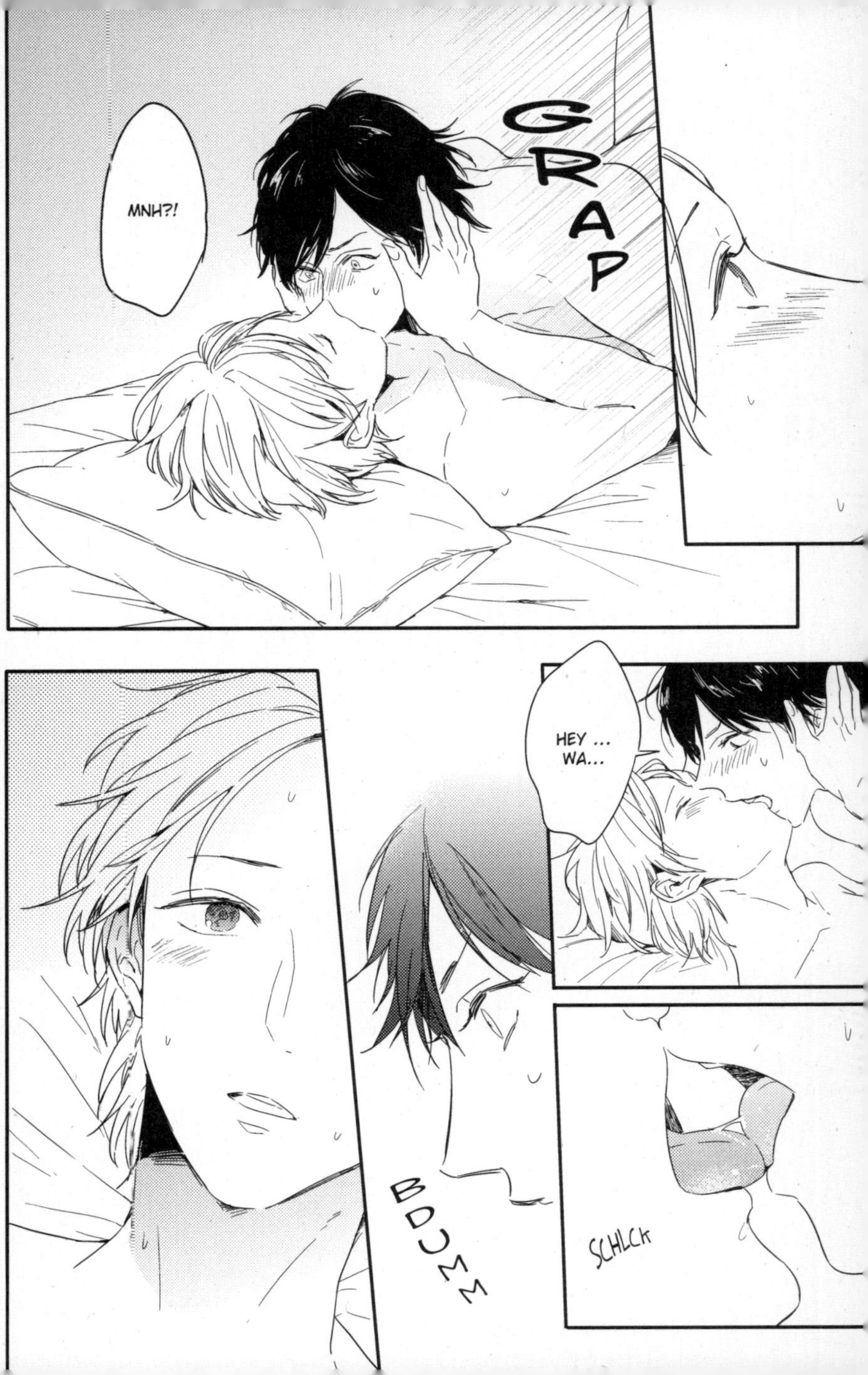
GRAP
MNH?!
HEY ... WA...
SCHLCK
BDUMM

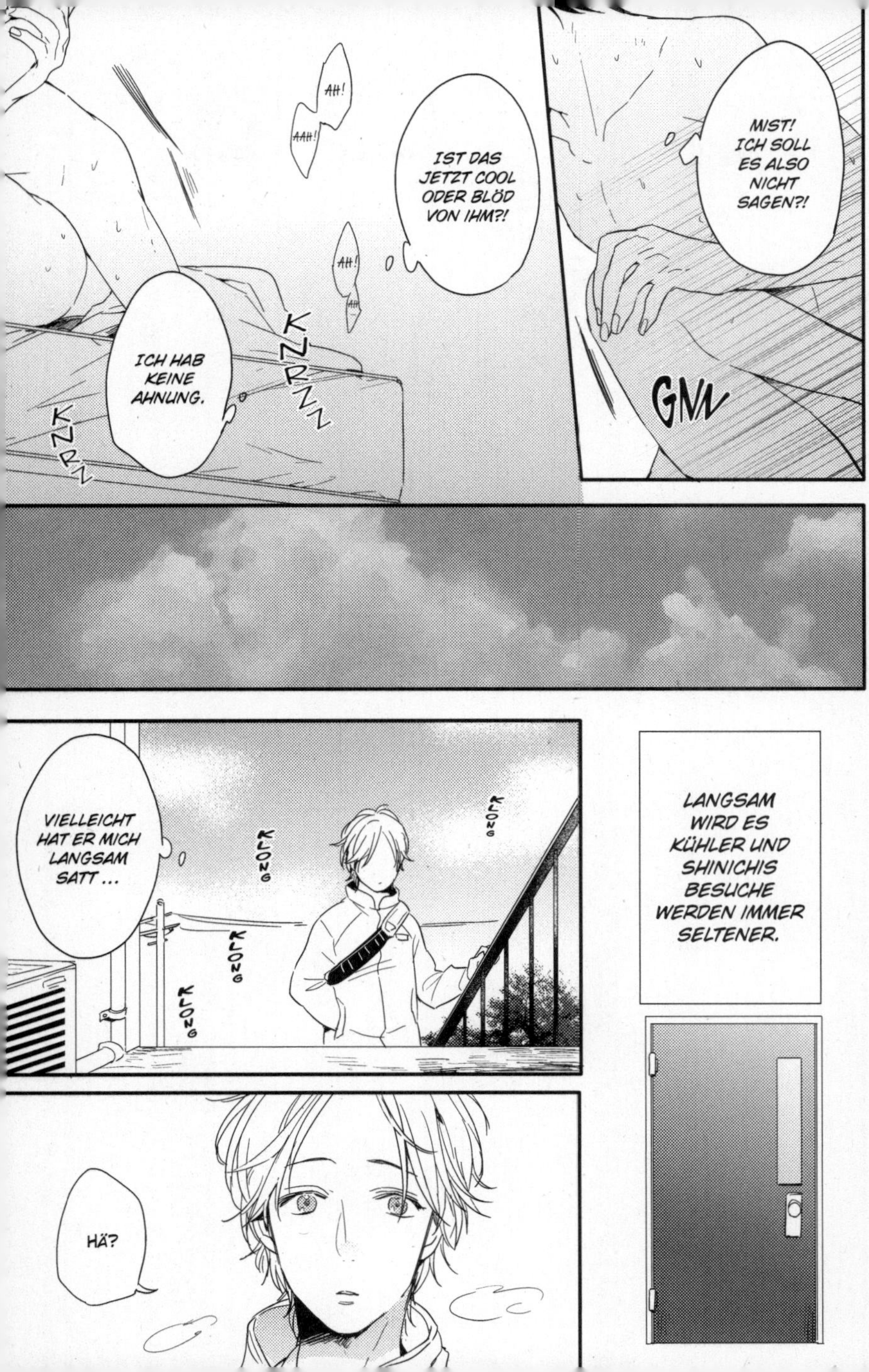
MIST! ICH SOLL ES ALSO NICHT SAGEN?!
GNN
IST DAS JETZT COOL ODER BLÖD VON IHM?!
AH!
AAH!
AH!
KNRZN
ICH HAB KEINE AHNUNG.
KNRZN
LANGSAM WIRD ES KÜHLER UND SHINICHIS BESUCHE WERDEN IMMER SELTENER.
KLONG
KLONG
KLONG
KLONG
VIELLEICHT HAT ER MICH LANGSAM SATT ...
HÄ?

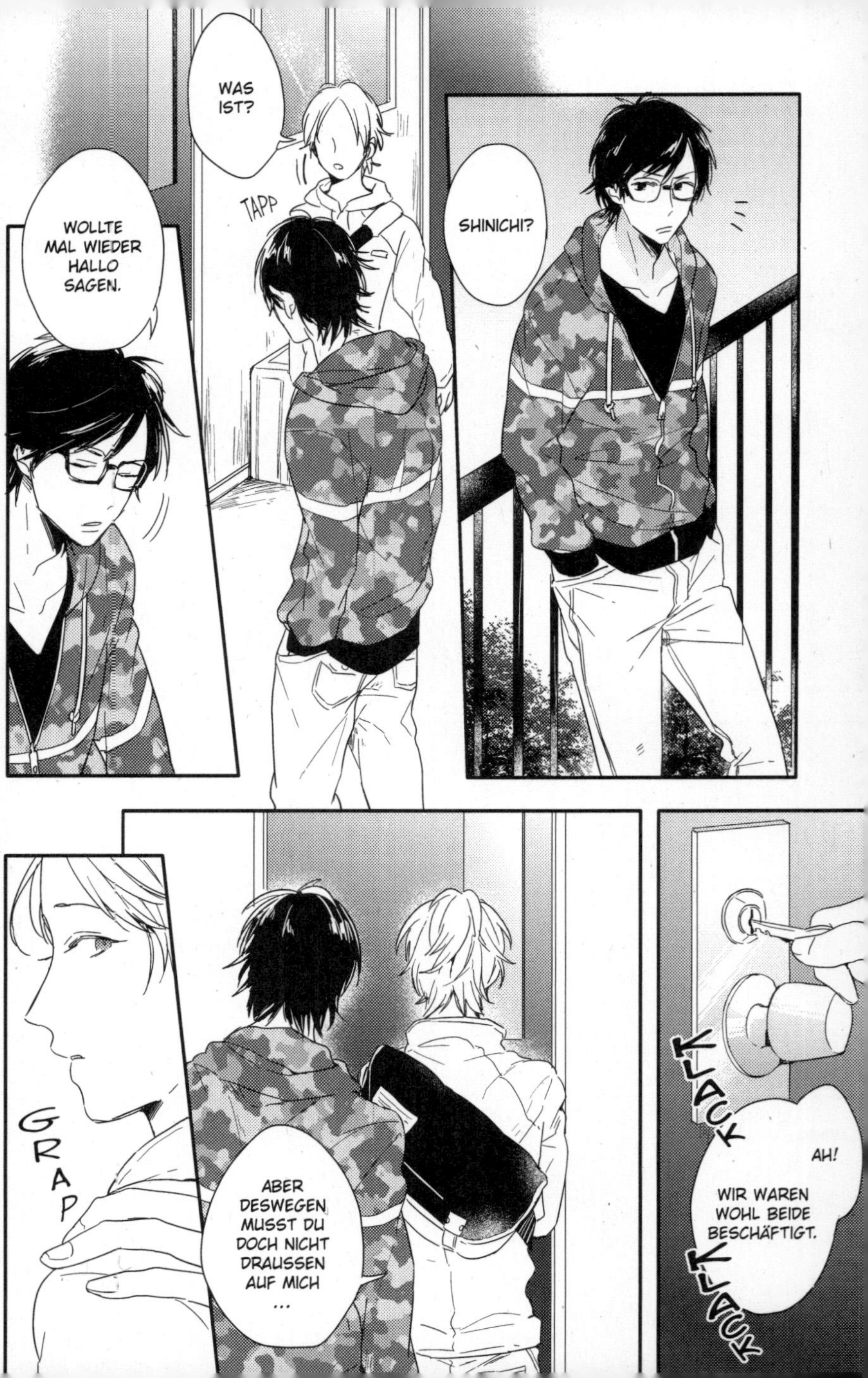
SHINICHI?
WAS IST?
TAPP
WOLLTE MAL WIEDER HALLO SAGEN.
KLACK
KLACK
AH!
WIR WAREN WOHL BEIDE BESCHÄFTIGT.
ABER DESWEGEN MUSST DU DOCH NICHT DRAUSSEN AUF MICH ...
GRAP

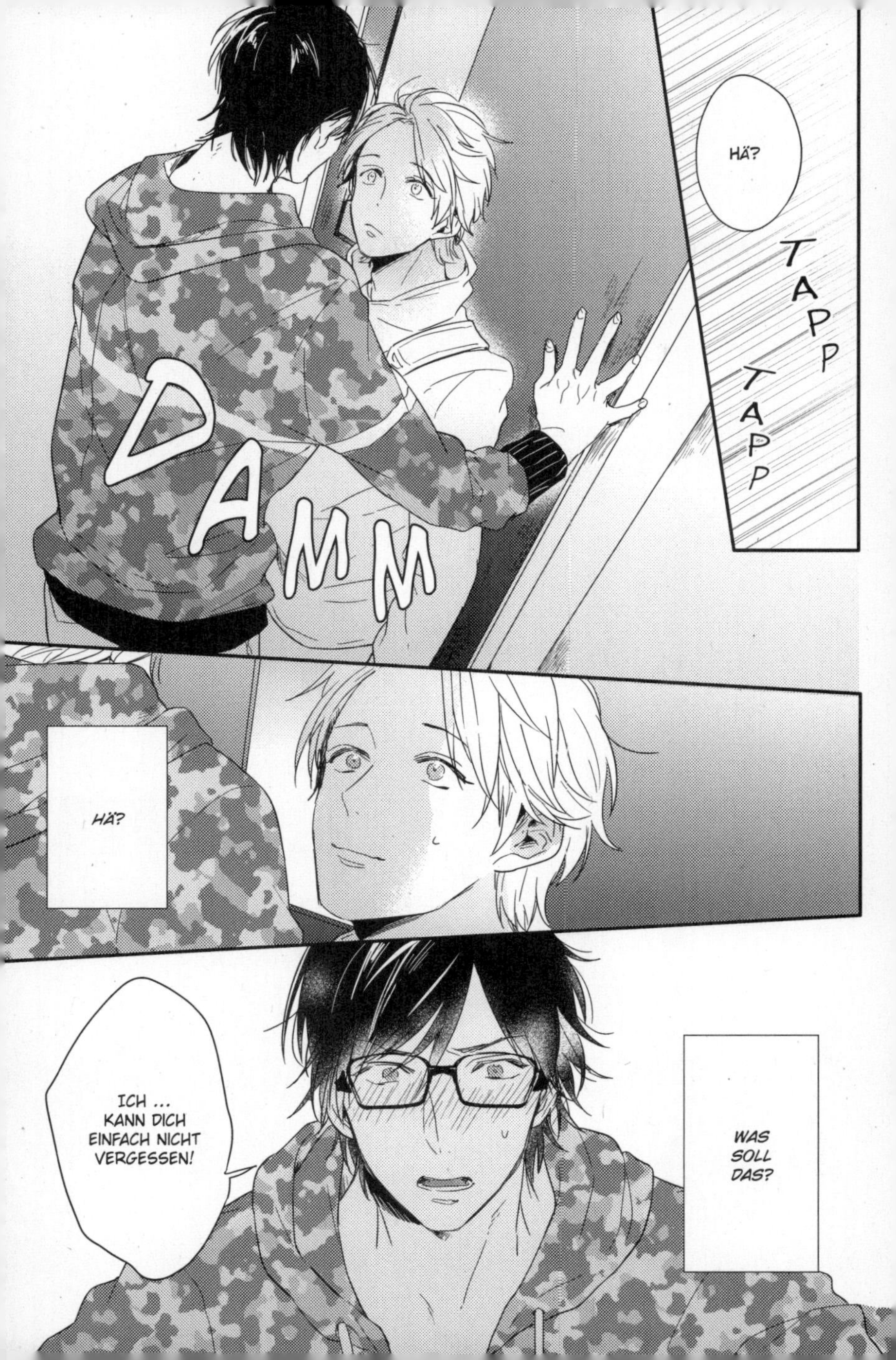
HÄ?
TAPP TAPP
DAMM
HÄ?
WAS SOLL DAS?
ICH … KANN DICH EINFACH NICHT VERGESSEN!

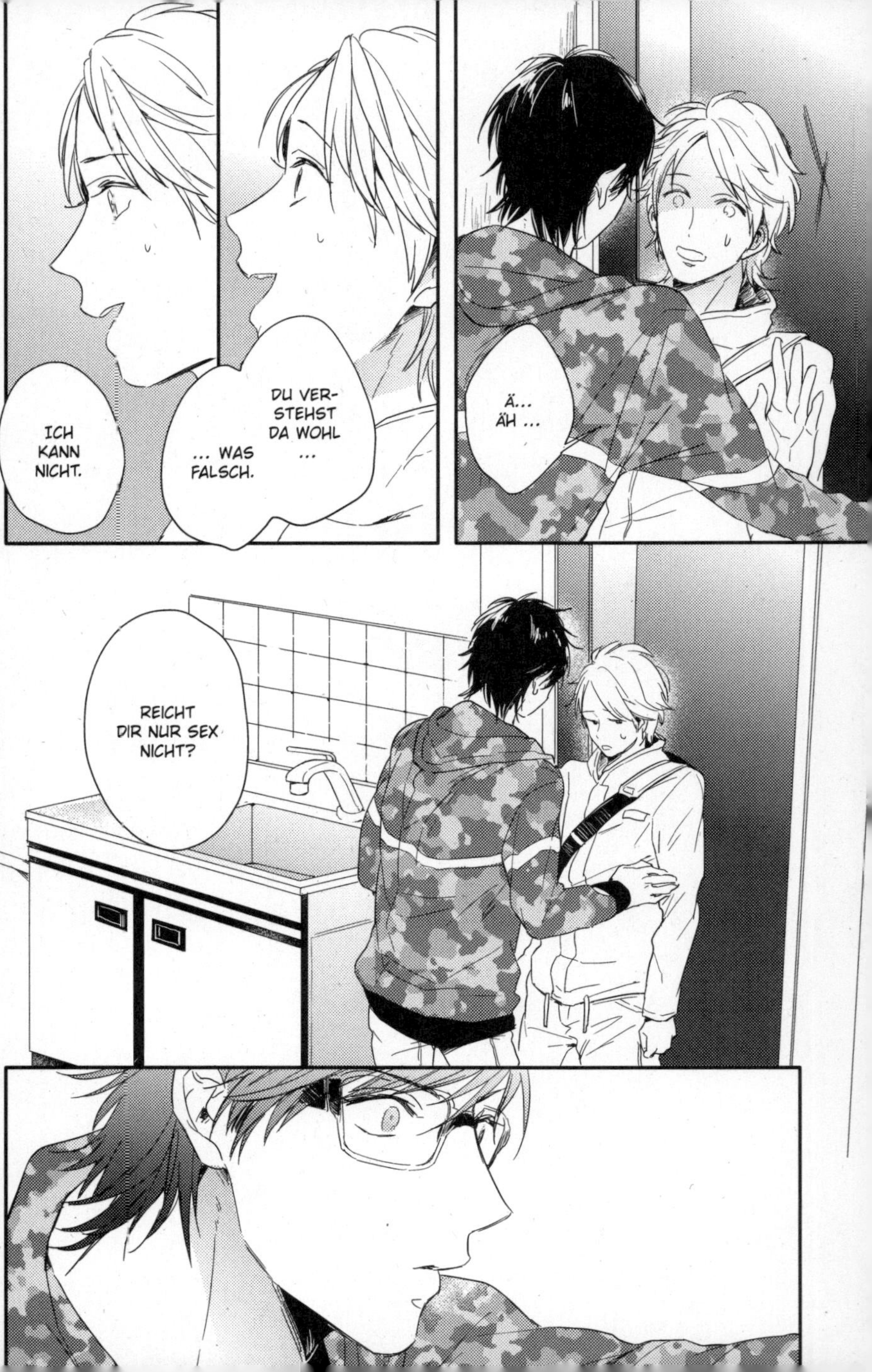
Ä... ÄH ...
DU VER-STEHST DA WOHL ...
... WAS FALSCH.
ICH KANN NICHT.
REICHT DIR NUR SEX NICHT?

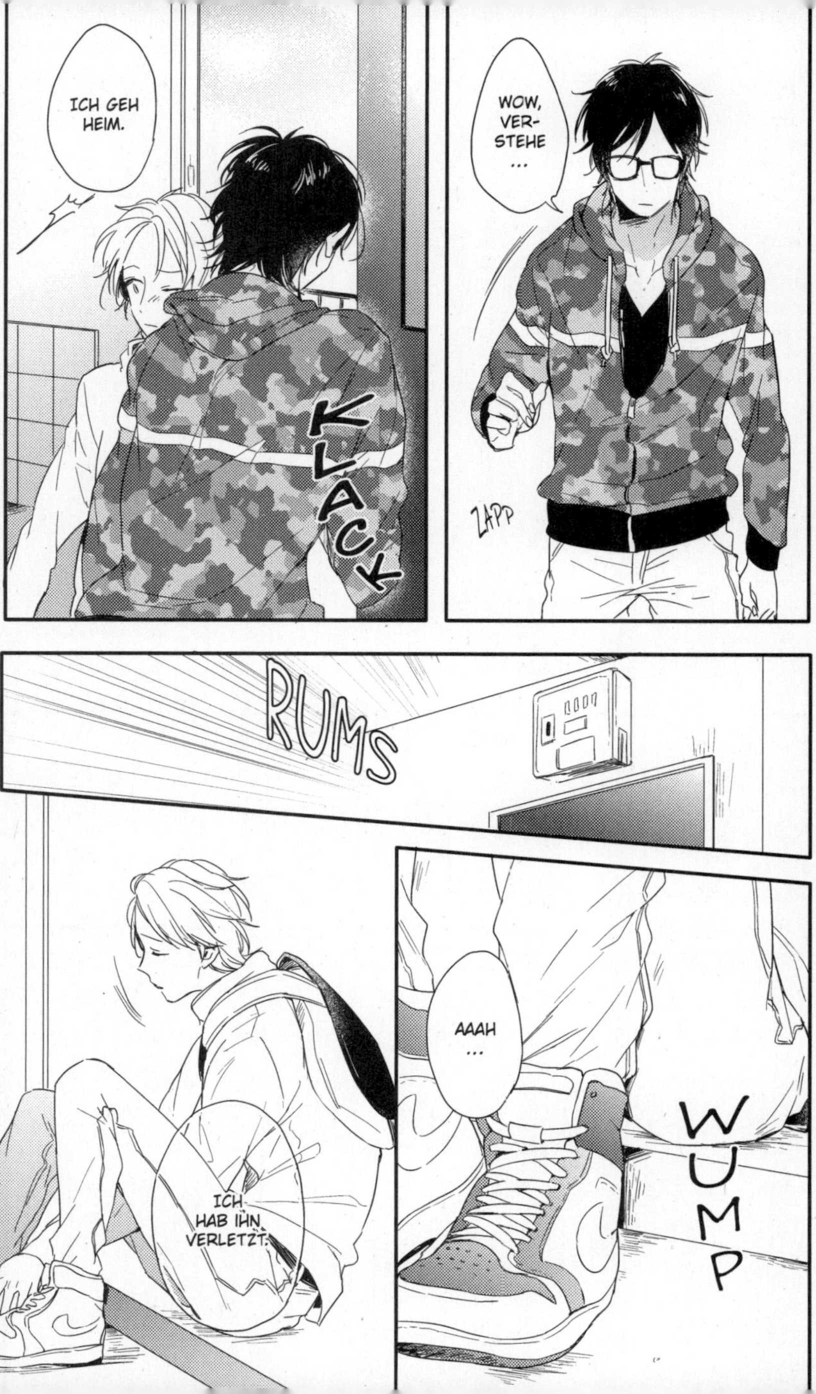
WOW, VER-STEHE …
ZAPP
ICH GEH HEIM.
KLACK
RUMS
AAAH …
WUMP
ICH HAB IHN VERLETZT.

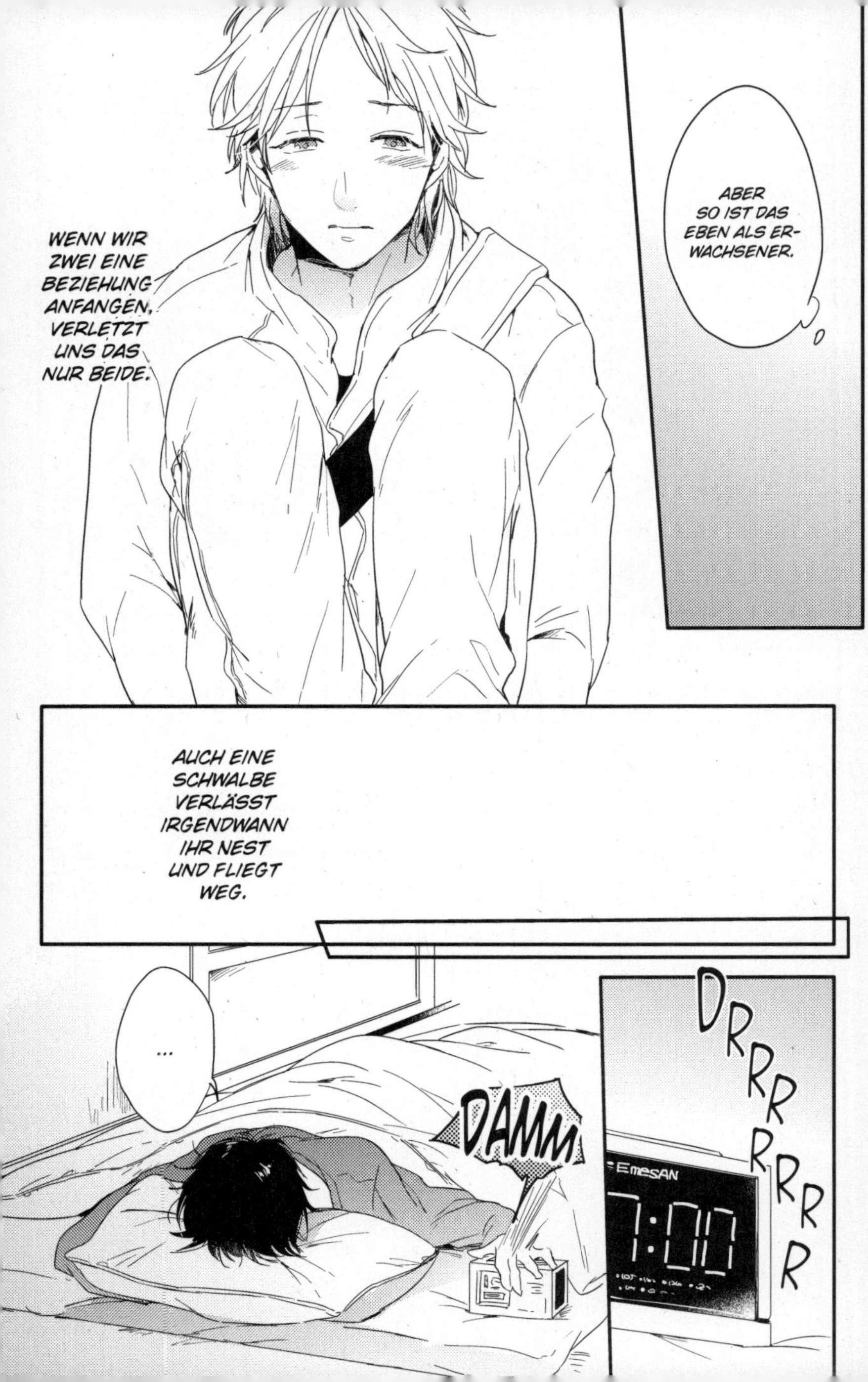
ABER SO IST DAS EBEN ALS ER-WACHSENER.
WENN WIR ZWEI EINE BEZIEHUNG ANFANGEN, VERLETZT UNS DAS NUR BEIDE.
AUCH EINE SCHWALBE VERLÄSST IRGENDWANN IHR NEST UND FLIEGT WEG.
DRRRRRRRR
DAMM
...

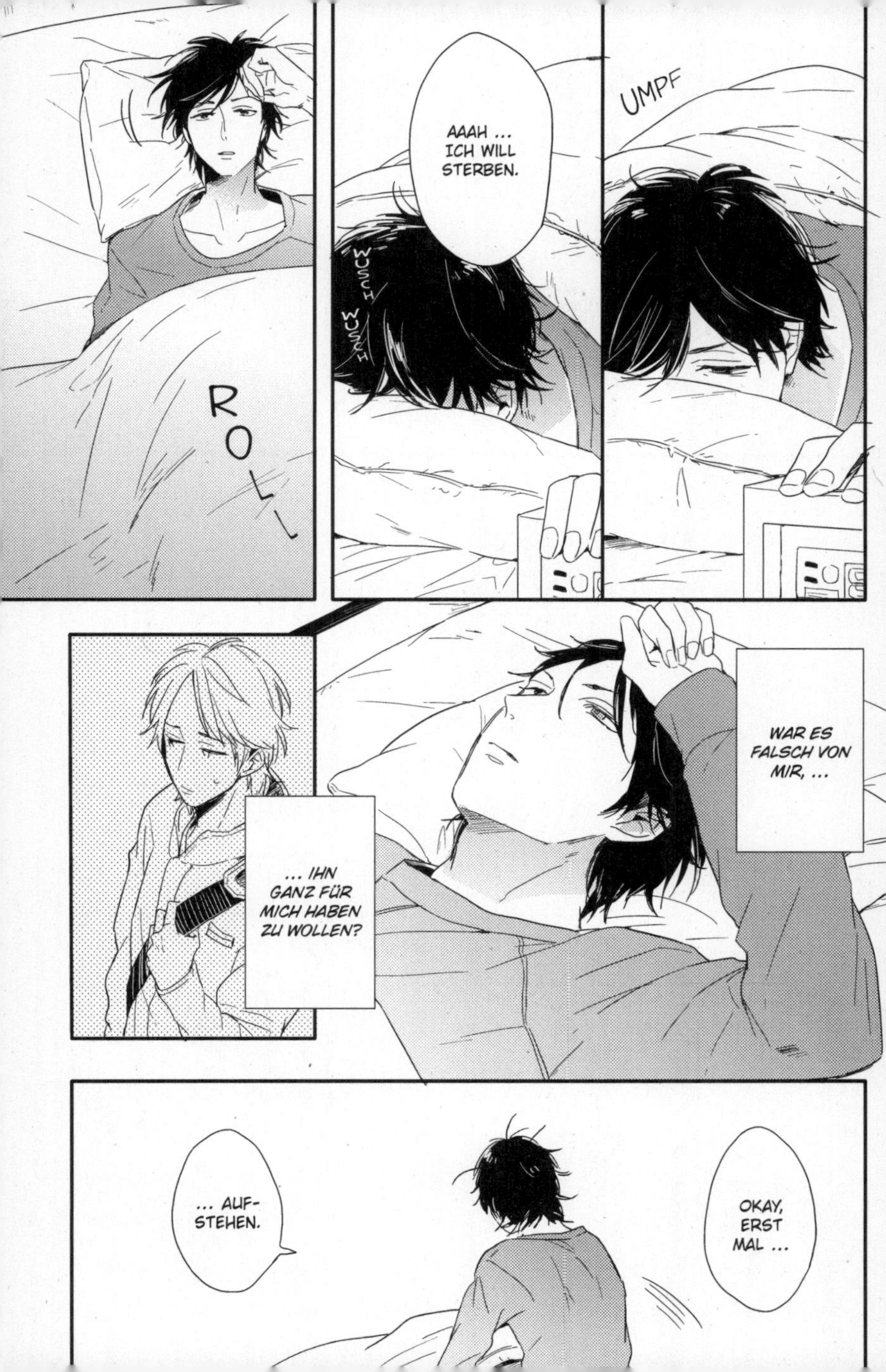
UMPF
AAAH … ICH WILL STERBEN.
WUSCH WUSCH
ROLL
WAR ES FALSCH VON MIR, …
… IHN GANZ FÜR MICH HABEN ZU WOLLEN?
OKAY, ERST MAL …
… AUF-STEHEN.

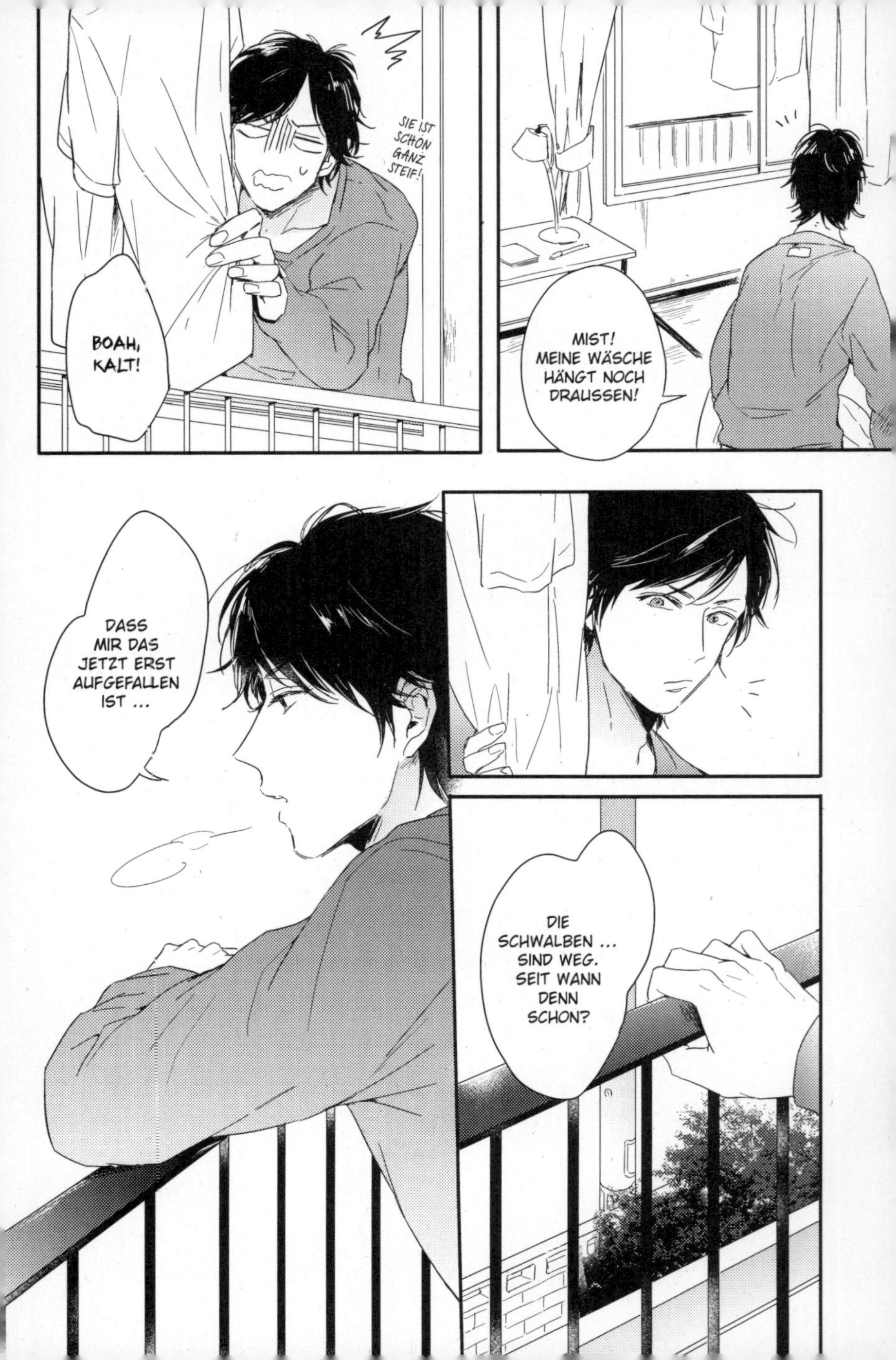
MIST! MEINE WÄSCHE HÄNGT NOCH DRAUSSEN!
BOAH, KALT!
SIE IST SCHON GANZ STEIF!
DIE SCHWALBEN … SIND WEG. SEIT WANN DENN SCHON?
DASS MIR DAS JETZT ERST AUFGEFALLEN IST …

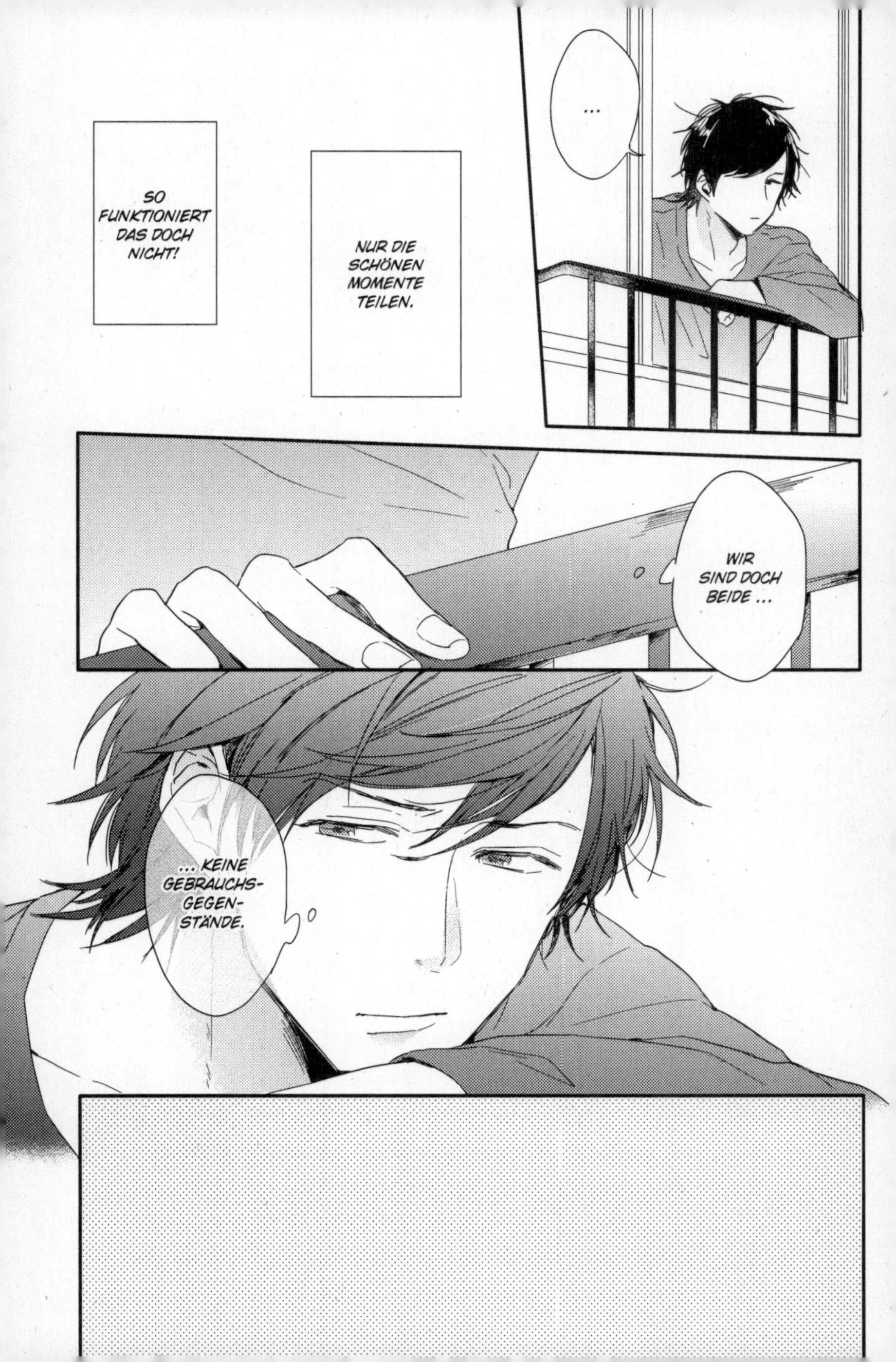
…
NUR DIE SCHÖNEN MOMENTE TEILEN.
SO FUNKTIONIERT DAS DOCH NICHT!
WIR SIND DOCH BEIDE …
… KEINE GEBRAUCHS-GEGEN-STÄNDE.

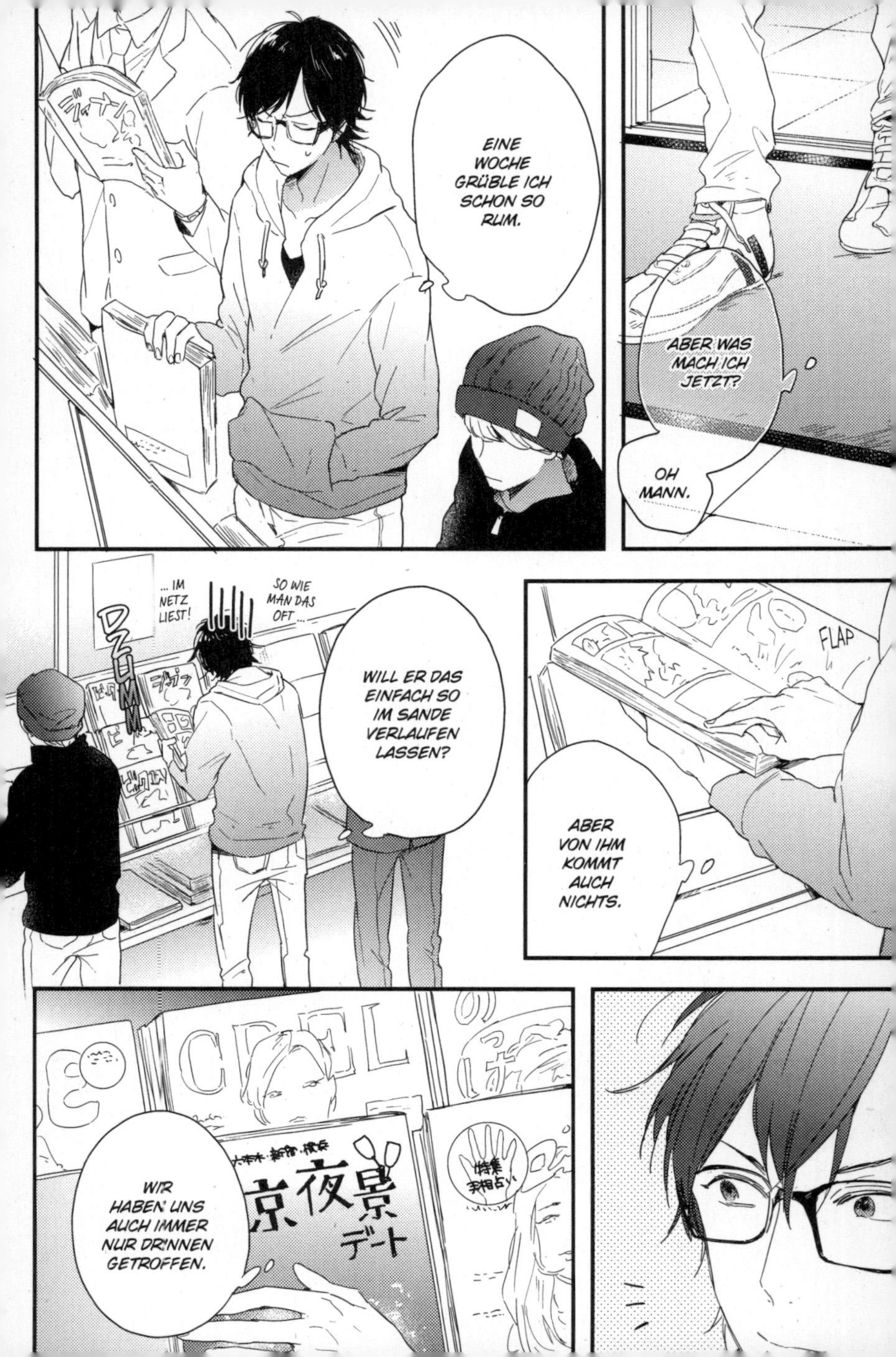

ABER WAS MACH ICH JETZT?
OH MANN.
EINE WOCHE GRÜBLE ICH SCHON SO RUM.
FLAP
ABER VON IHM KOMMT AUCH NICHTS.
WILL ER DAS EINFACH SO IM SANDE VERLAUFEN LASSEN?
SO WIE MAN DAS OFT ...
... IM NETZ LIEST!
DZUMM
WIR HABEN UNS AUCH IMMER NUR DRINNEN GETROFFEN.

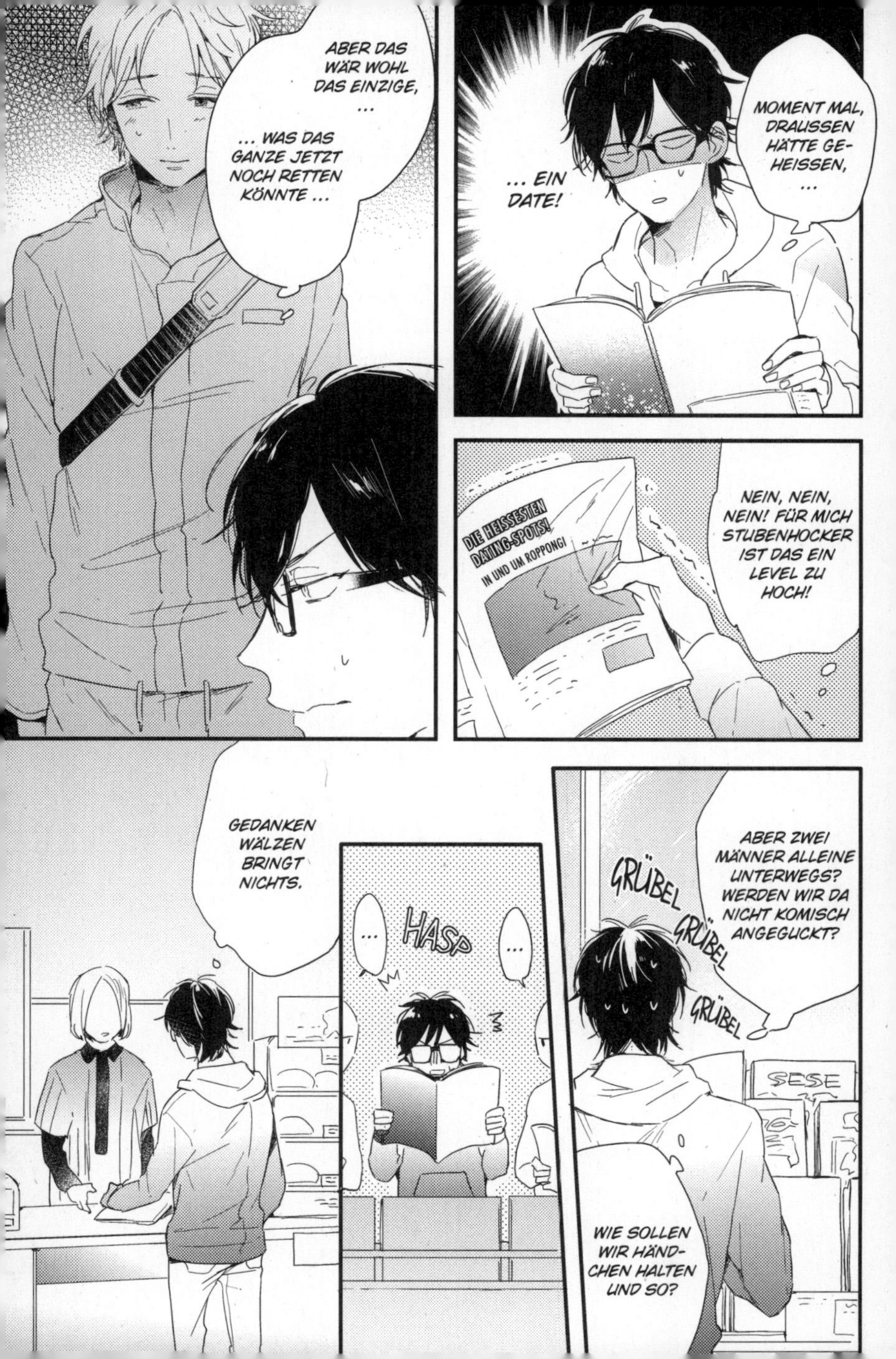
ABER DAS WÄR WOHL DAS EINZIGE, …
… WAS DAS GANZE JETZT NOCH RETTEN KÖNNTE …
MOMENT MAL, DRAUSSEN HÄTTE GE-HEISSEN, …
… EIN DATE!
DIE HEISSESTEN DATING-SPOTS! IN UND UM ROPPONGI
NEIN, NEIN, NEIN! FÜR MICH STUBENHOCKER IST DAS EIN LEVEL ZU HOCH!
ABER ZWEI MÄNNER ALLEINE UNTERWEGS? WERDEN WIR DA NICHT KOMISCH ANGEGUCKT?
GRÜBEL
GRÜBEL
GRÜBEL
WIE SOLLEN WIR HÄND-CHEN HALTEN UND SO?
…
HASP
…
GEDANKEN WÄLZEN BRINGT NICHTS.

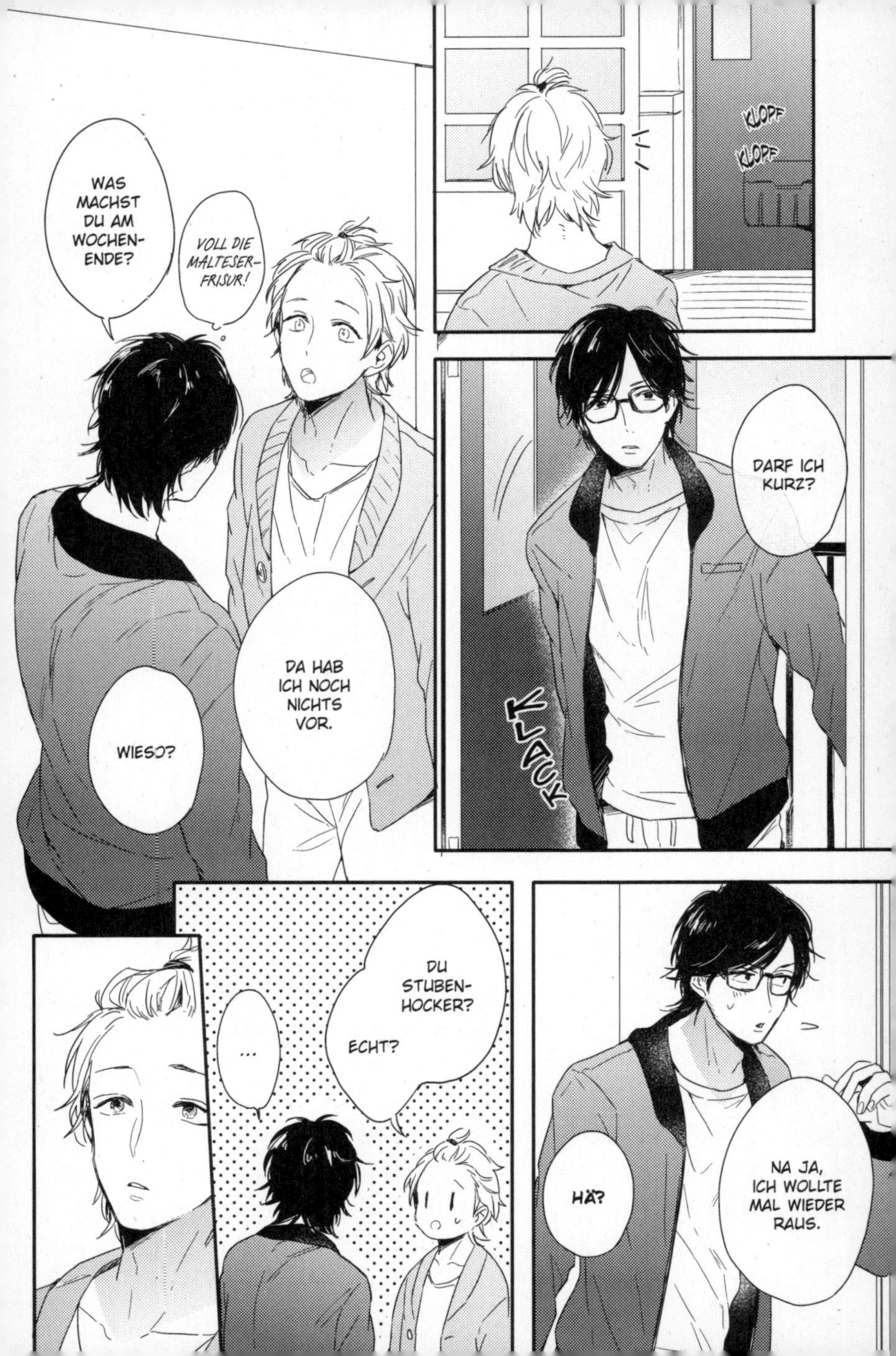
KLOPF
KLOPF
DARF ICH KURZ?
KLACK
WAS MACHST DU AM WOCHEN-ENDE?
VOLL DIE MALTESER-FRISUR!
DA HAB ICH NOCH NICHTS VOR.
WIESO?
NA JA, ICH WOLLTE MAL WIEDER RAUS.
HÄ?
DU STUBEN-HOCKER?
ECHT?
...

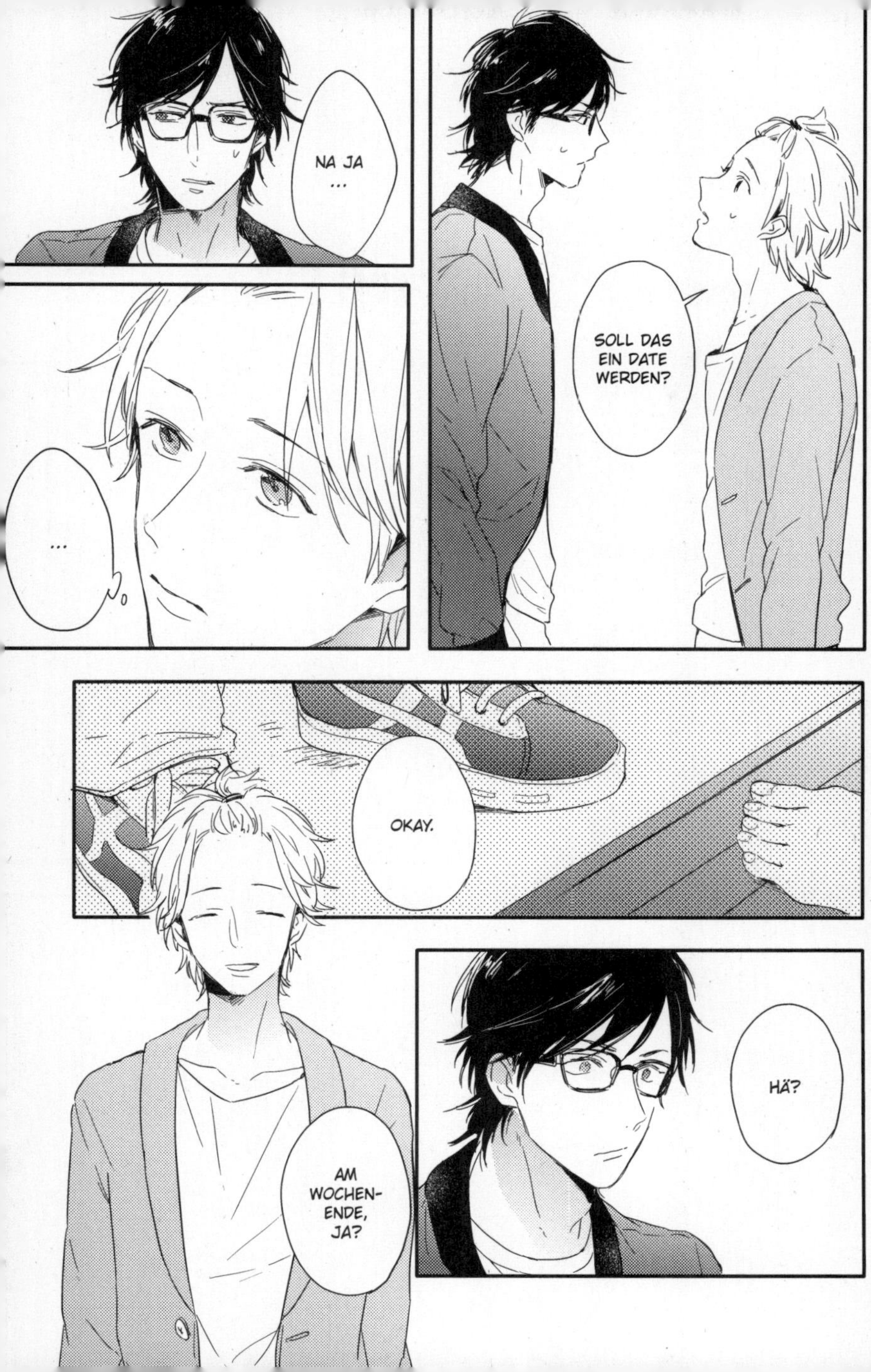
SOLL DAS EIN DATE WERDEN?
NA JA ...
...
OKAY.
AM WOCHEN-ENDE, JA?
HÄ?

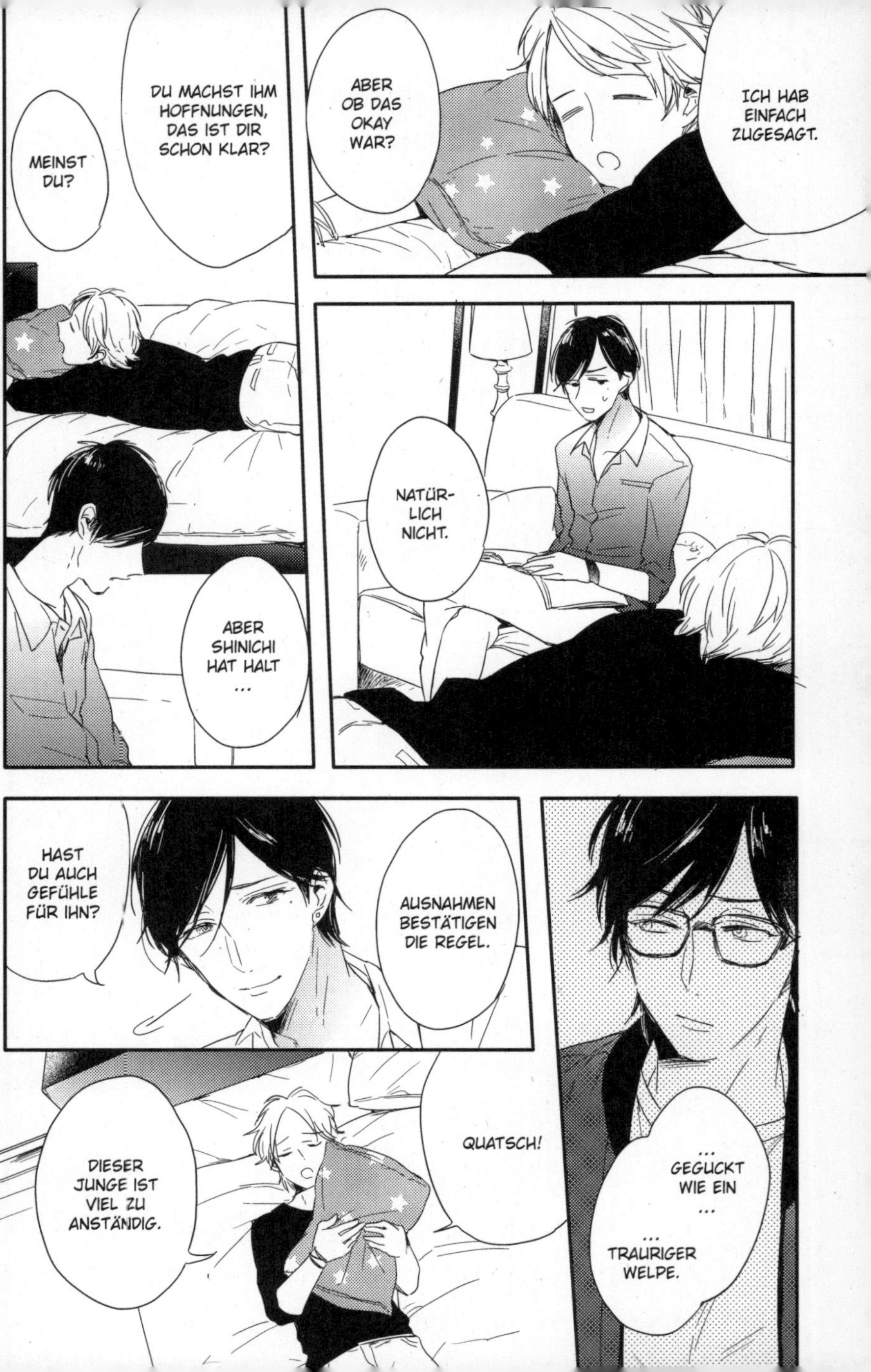
ICH HAB EINFACH ZUGESAGT.
ABER OB DAS OKAY WAR?
DU MACHST IHM HOFFNUNGEN, DAS IST DIR SCHON KLAR?
MEINST DU?
NATÜRLICH NICHT.
ABER SHINICHI HAT HALT ...
... GEGUCKT WIE EIN ...
... TRAURIGER WELPE.
AUSNAHMEN BESTÄTIGEN DIE REGEL.
HAST DU AUCH GEFÜHLE FÜR IHN?
QUATSCH!
DIESER JUNGE IST VIEL ZU ANSTÄNDIG.

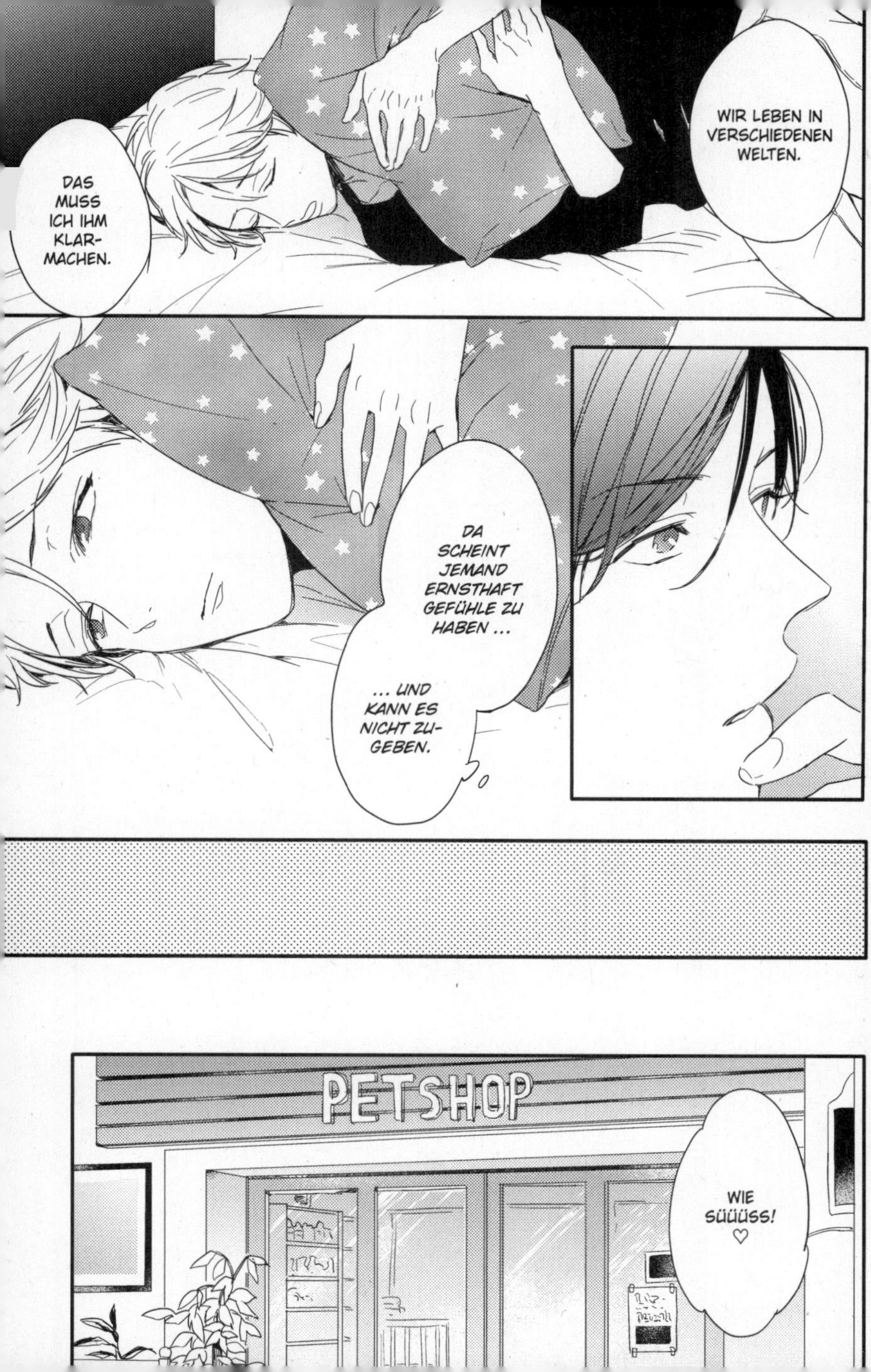
WIR LEBEN IN VERSCHIEDENEN WELTEN.
DAS MUSS ICH IHM KLAR-MACHEN.
DA SCHEINT JEMAND ERNSTHAFT GEFÜHLE ZU HABEN ...
... UND KANN ES NICHT ZU-GEBEN.
PETSHOP
WIE SÜÜÜSS! ♡

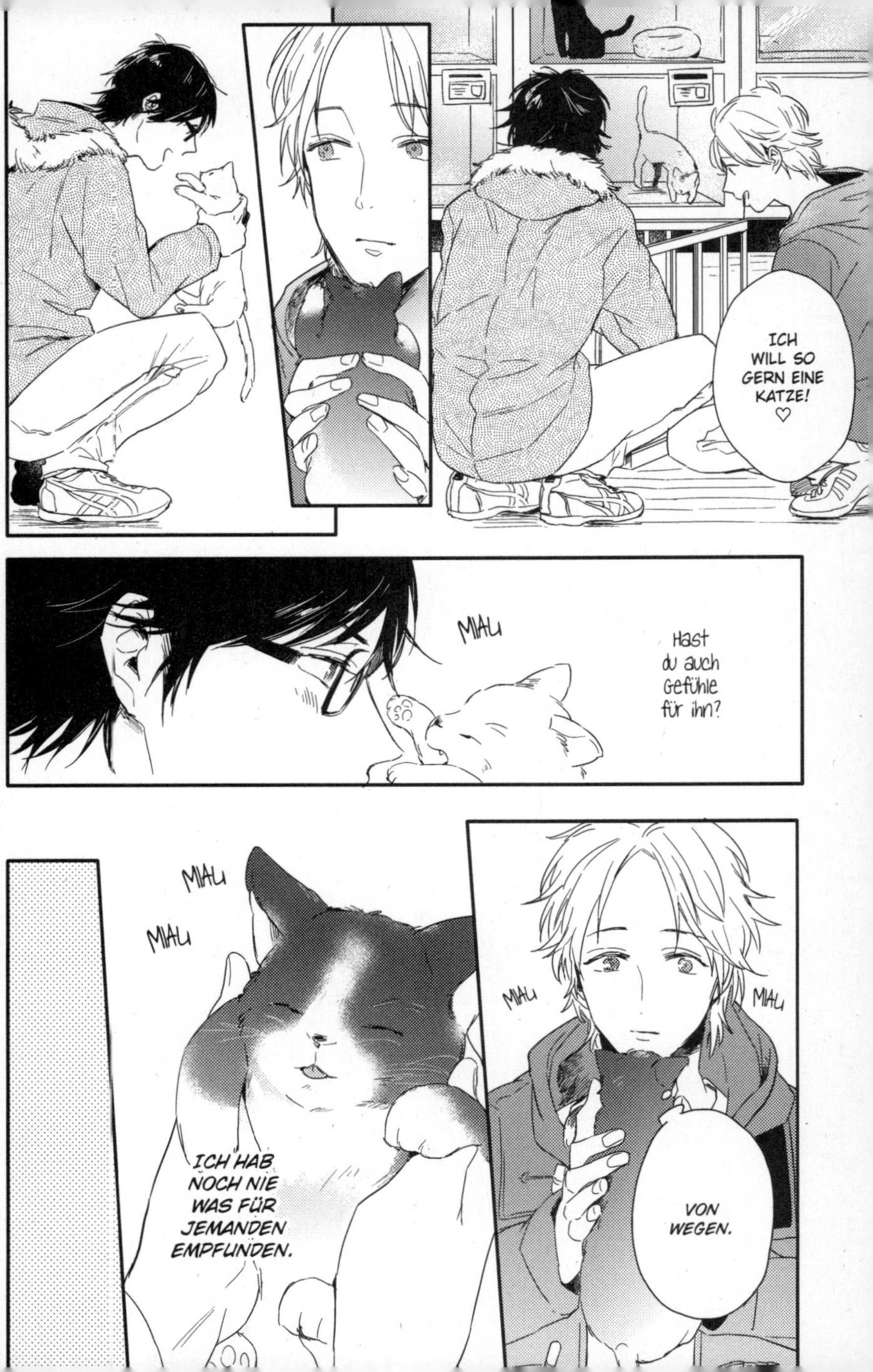
ICH WILL SO GERN EINE KATZE! ♡
Hast du auch Gefühle für ihn?
MIAU
MIAU
MIAU
VON WEGEN.
MIAU
MIAU
ICH HAB NOCH NIE WAS FÜR JEMANDEN EMPFUNDEN.

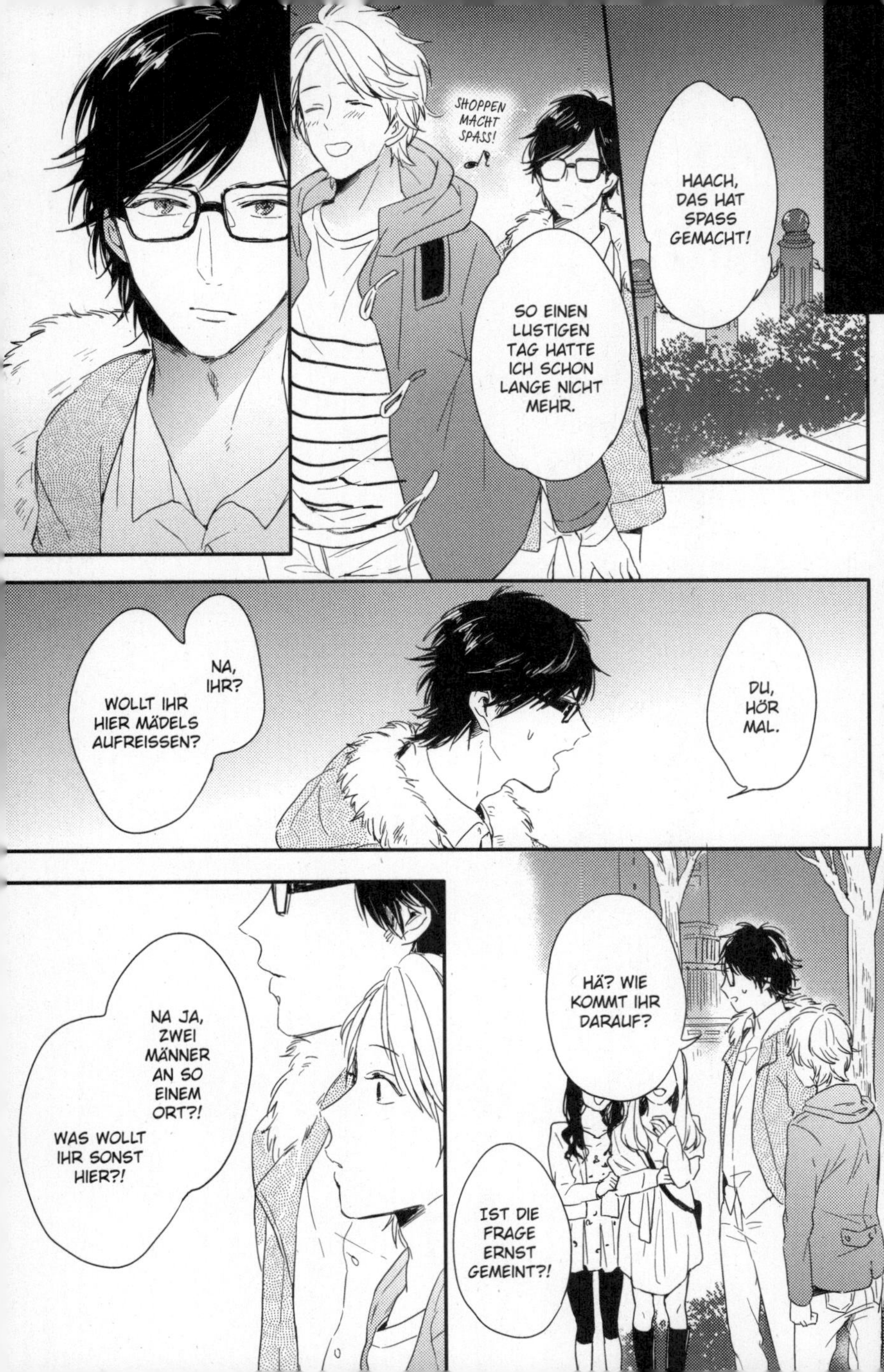
HAACH, DAS HAT SPASS GEMACHT!
SO EINEN LUSTIGEN TAG HATTE ICH SCHON LANGE NICHT MEHR.
SHOPPEN MACHT SPASS!
DU, HÖR MAL.
NA, IHR?
WOLLT IHR HIER MÄDELS AUFREISSEN?
HÄ? WIE KOMMT IHR DARAUF?
IST DIE FRAGE ERNST GEMEINT?!
NA JA, ZWEI MÄNNER AN SO EINEM ORT?!
WAS WOLLT IHR SONST HIER?!

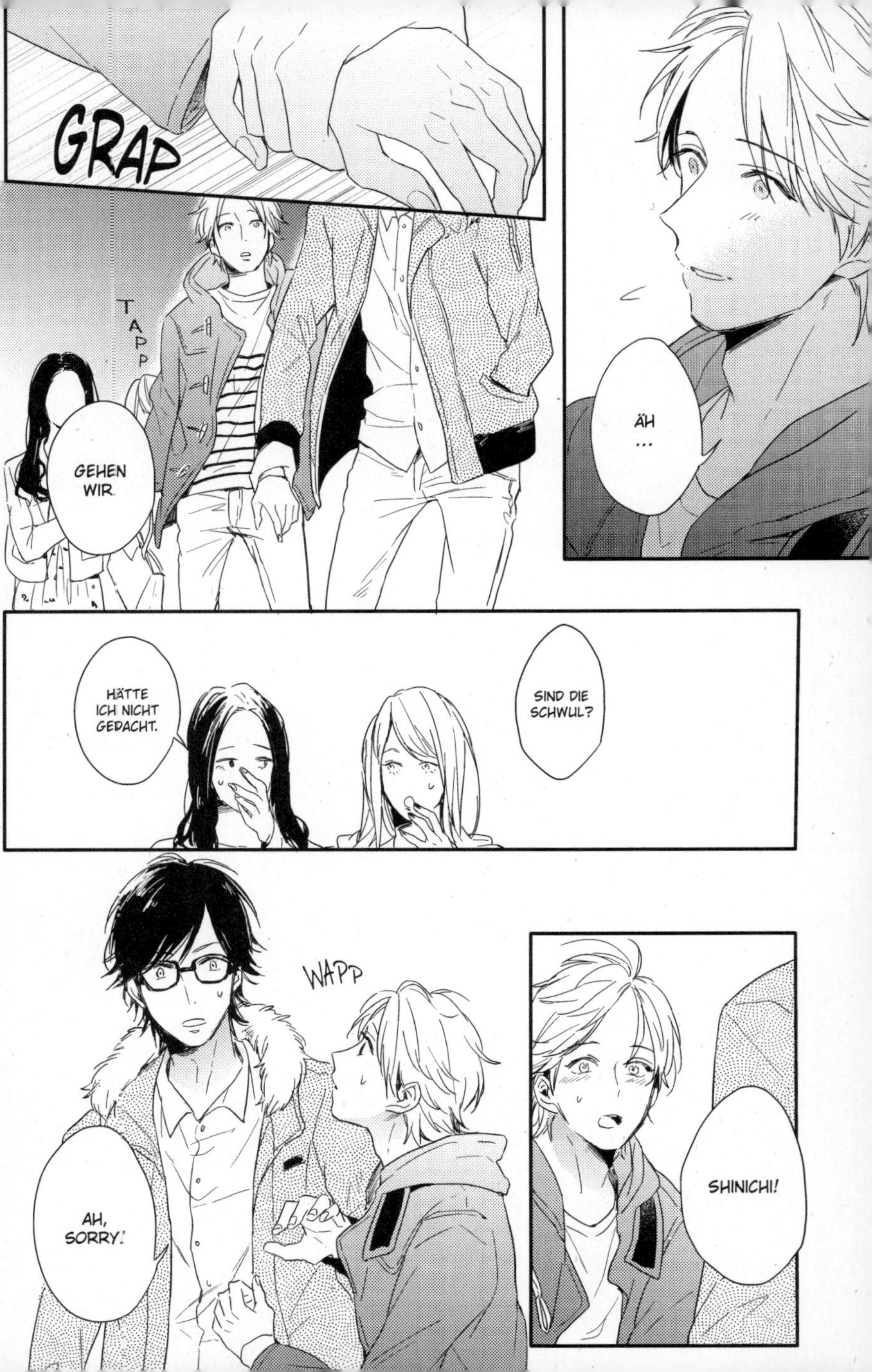
GRAP
ÄH …
TAPP
GEHEN WIR
SIND DIE SCHWUL?
HÄTTE ICH NICHT GEDACHT.
SHINICHI!
WAPP
AH, SORRY.

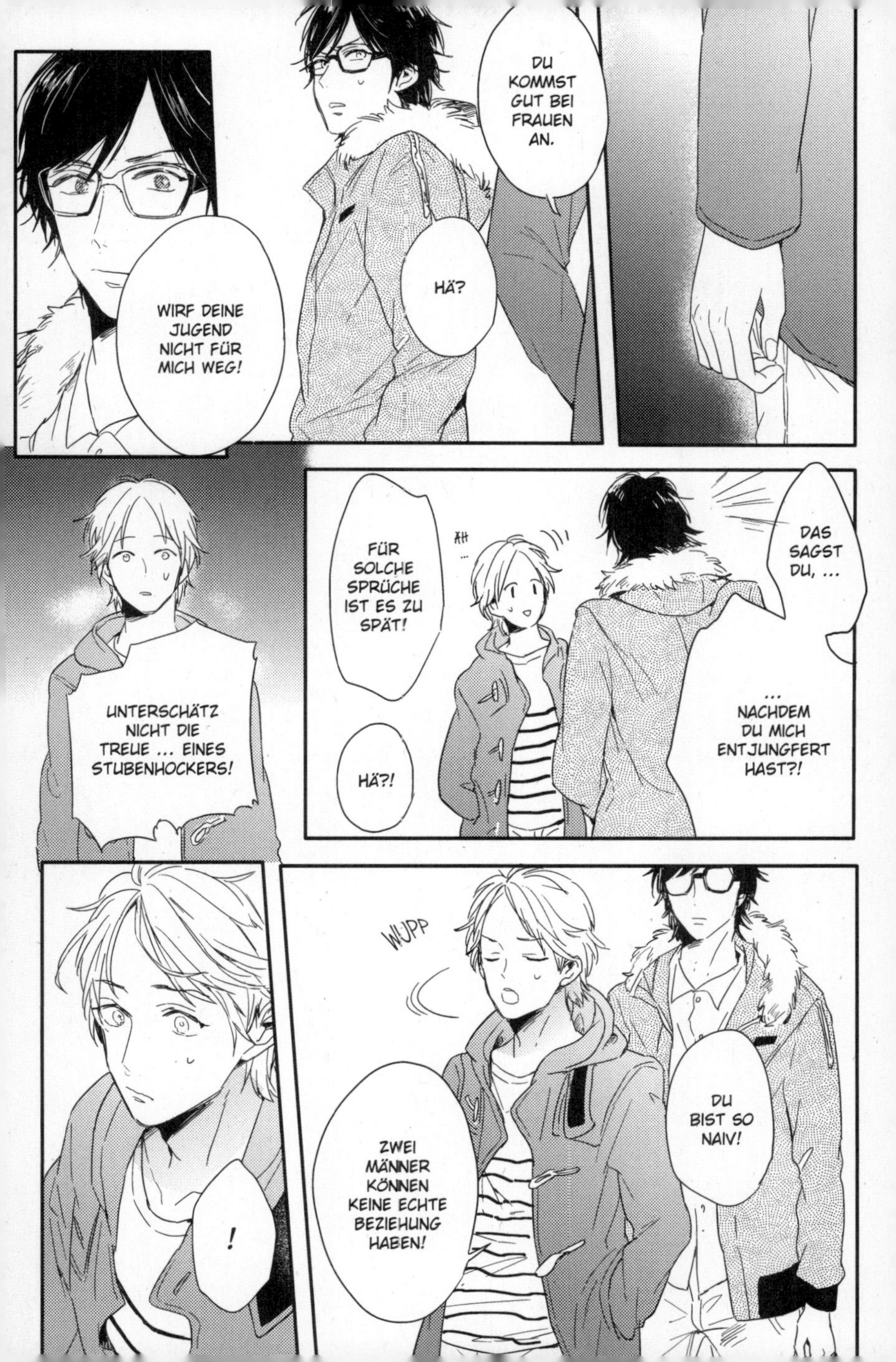
DU KOMMST GUT BEI FRAUEN AN.
HÄ?
WIRF DEINE JUGEND NICHT FÜR MICH WEG!
DAS SAGST DU, ...
... NACHDEM DU MICH ENTJUNGFERT HAST?!
ÄH ...
FÜR SOLCHE SPRÜCHE IST ES ZU SPÄT!
HÄ?!
UNTERSCHÄTZ NICHT DIE TREUE ... EINES STUBENHOCKERS!
WUPP
DU BIST SO NAIV!
ZWEI MÄNNER KÖNNEN KEINE ECHTE BEZIEHUNG HABEN!
!

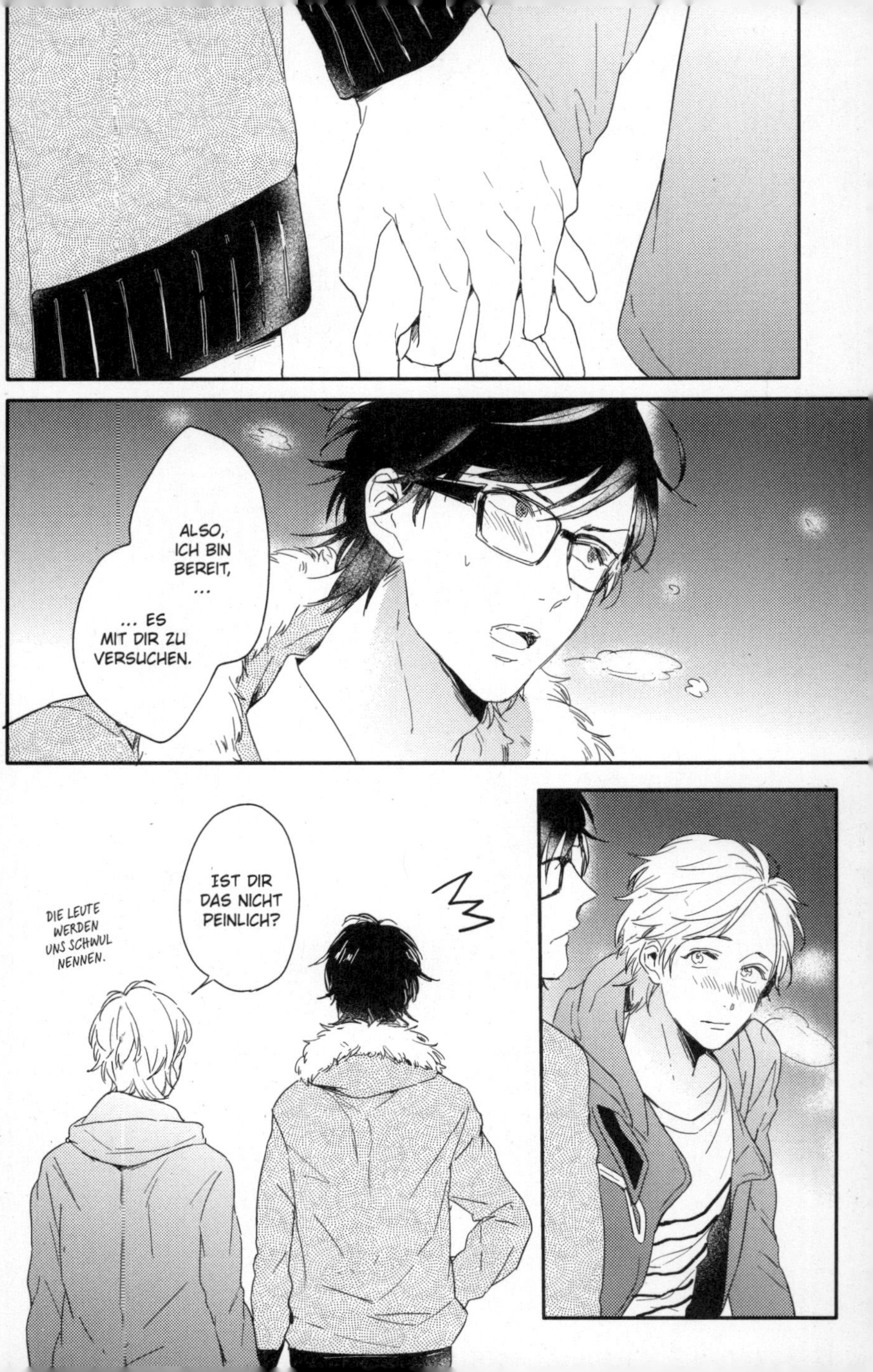

ALSO, ICH BIN BEREIT, ...
... ES MIT DIR ZU VERSUCHEN.
IST DIR DAS NICHT PEINLICH?
DIE LEUTE WERDEN UNS SCHWUL NENNEN.

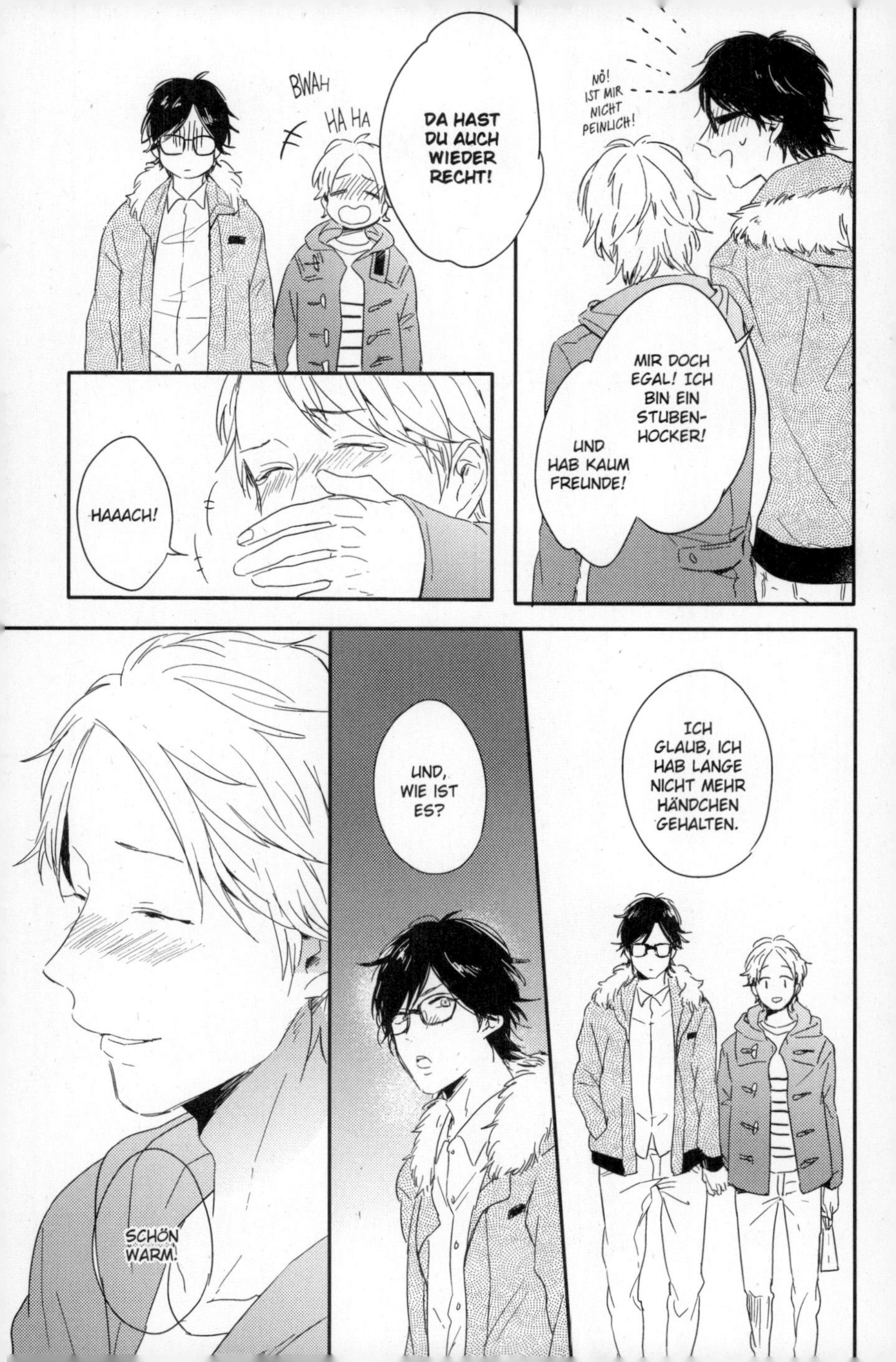
NÖ! IST MIR NICHT PEINLICH!
MIR DOCH EGAL! ICH BIN EIN STUBEN-HOCKER!
UND HAB KAUM FREUNDE!
BWAH HA HA
DA HAST DU AUCH WIEDER RECHT!
HAAACH!
ICH GLAUB, ICH HAB LANGE NICHT MEHR HÄNDCHEN GEHALTEN.
UND, WIE IST ES?
SCHÖN WARM!

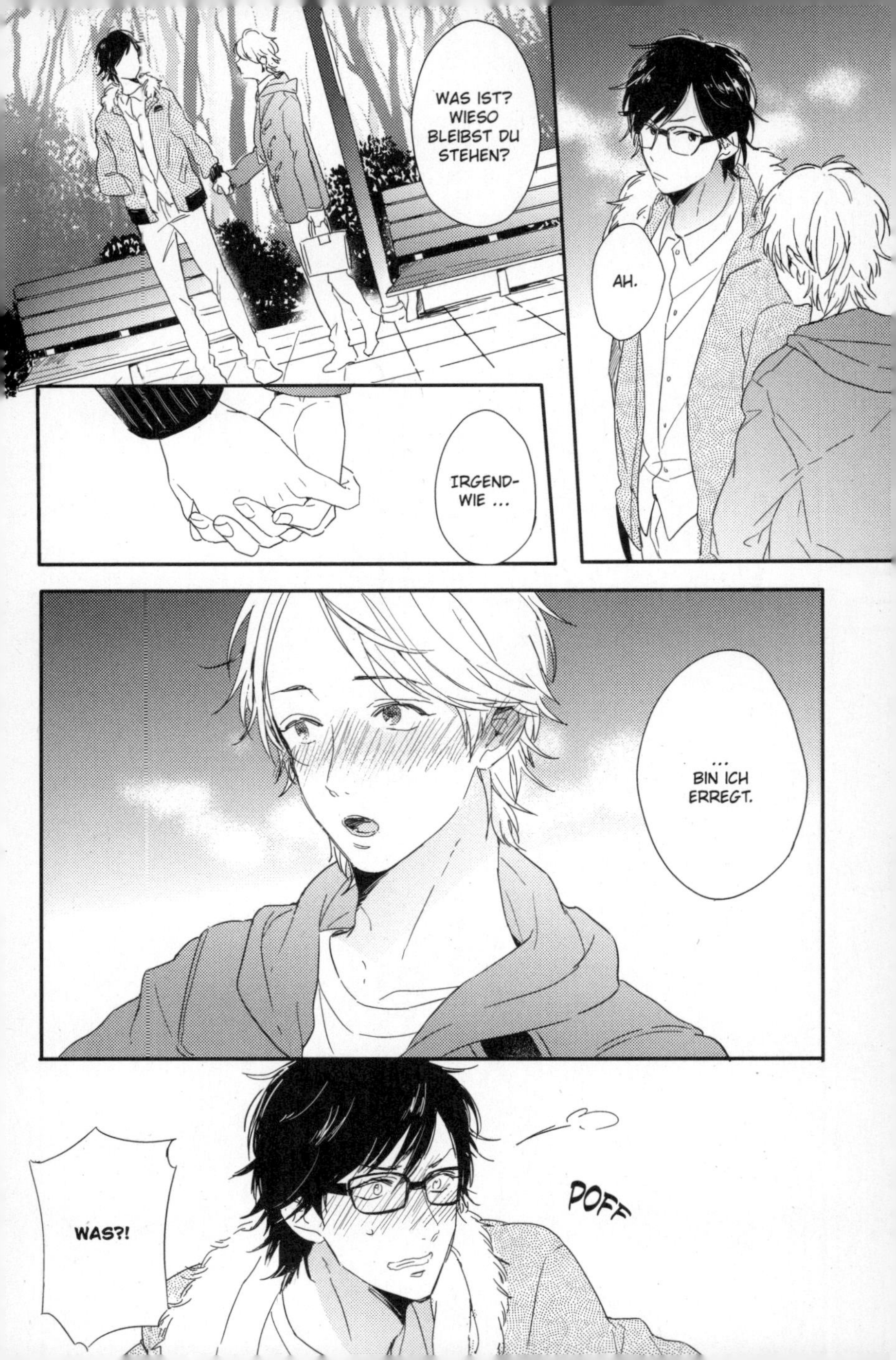

WAS IST? WIESO BLEIBST DU STEHEN?
AH.
IRGEND-WIE ...
... BIN ICH ERREGT.
POFF
WAS?!

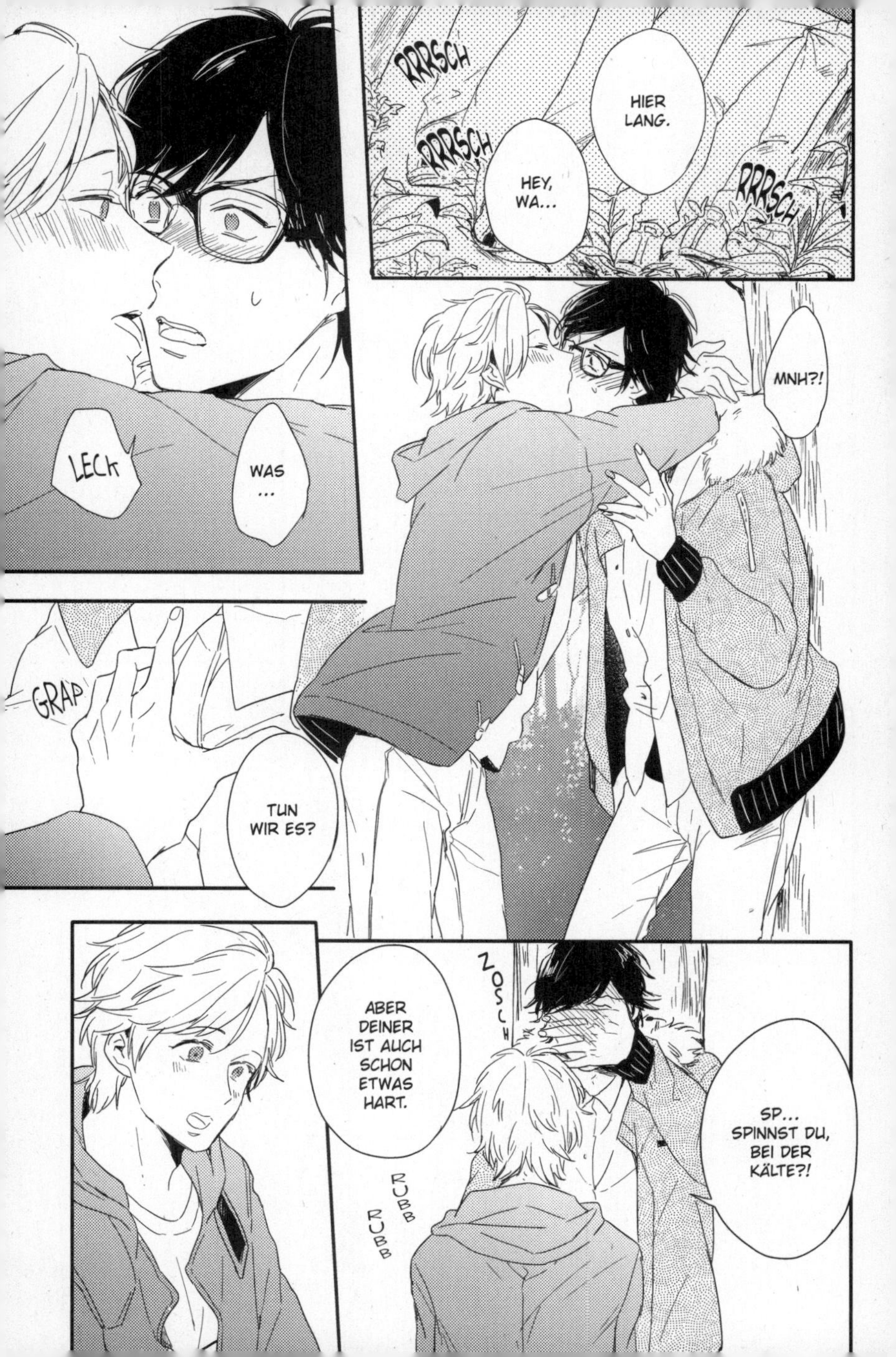
RRRSCH
RRRSCH
RRRSCH
HIER LANG.
HEY, WA...
WAS ...
LECK
MNH?!
GRAP
TUN WIR ES?
ZOSCH
SP... SPINNST DU, BEI DER KÄLTE?!
ABER DEINER IST AUCH SCHON ETWAS HART.
RUBB RUBB

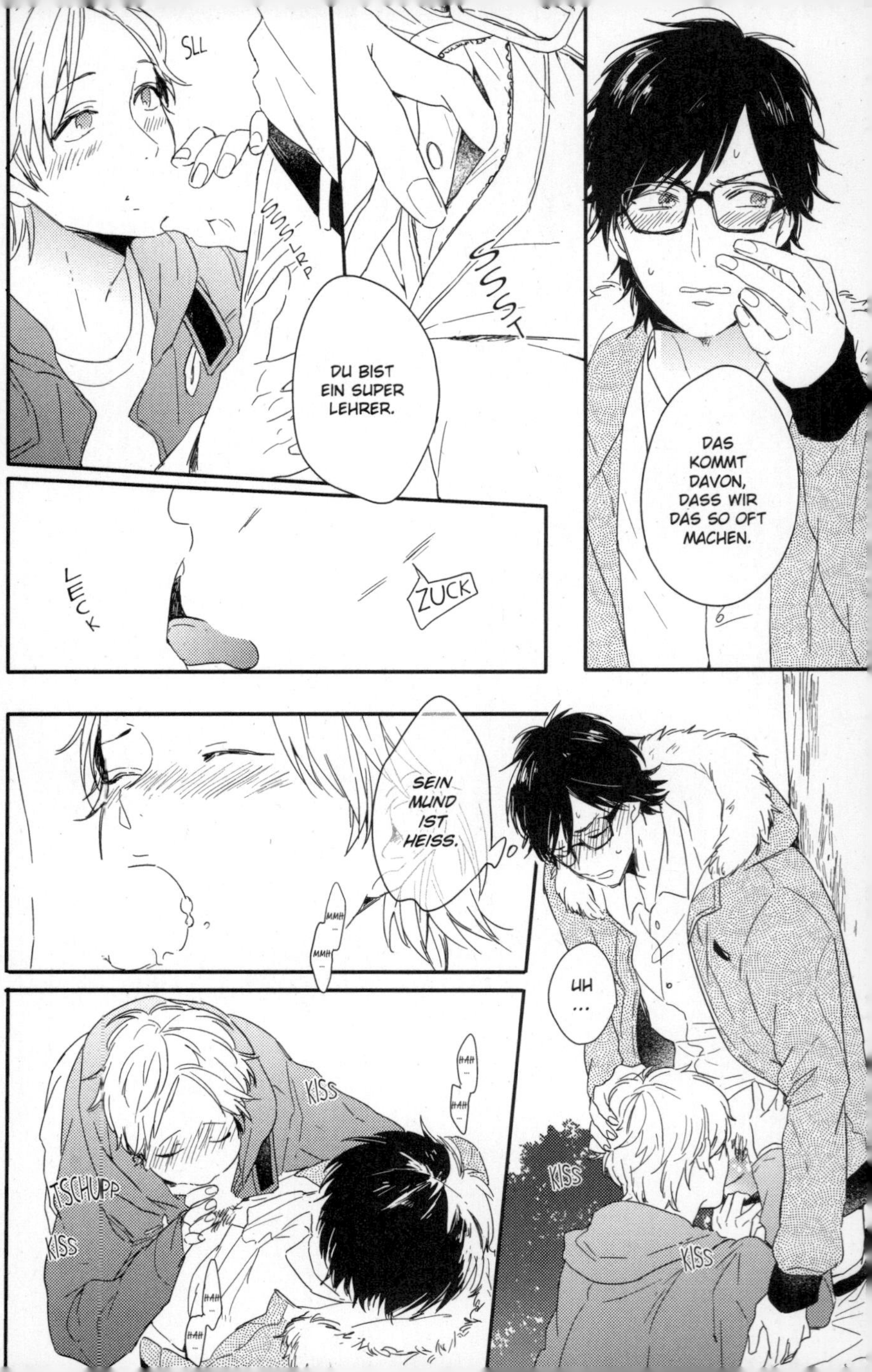
DAS KOMMT DAVON, DASS WIR DAS SO OFT MACHEN.
SLL
SSSSLRP
SSSST
DU BIST EIN SUPER LEHRER.
ZUCK
LECK
UH ...
SEIN MUND IST HEISS.
MMH ...
MMH ...
KISS
KISS
HAH ...
HAH ...
KISS
TSCHUPP
KISS
HAH ...
HAH ...

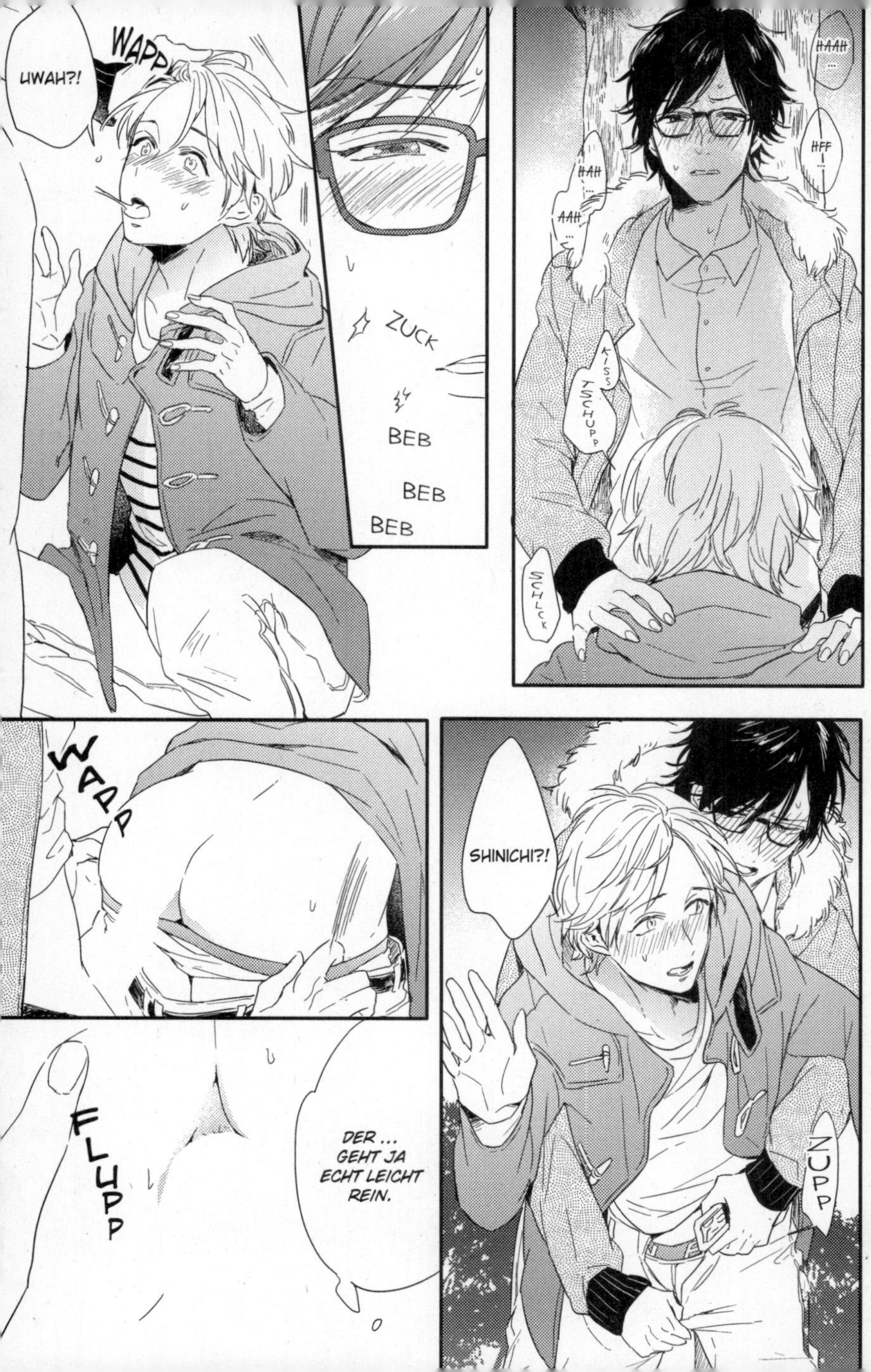
HAAH …
HFF …
HAH …
AAH …
KISS
TSCHUPP
SCHLCK
ZUCK
BEB
BEB
BEB
UWAH?!
WAPP
SHINICHI?!
ZUPP
WAPP
FLUPP
DER … GEHT JA ECHT LEICHT REIN.

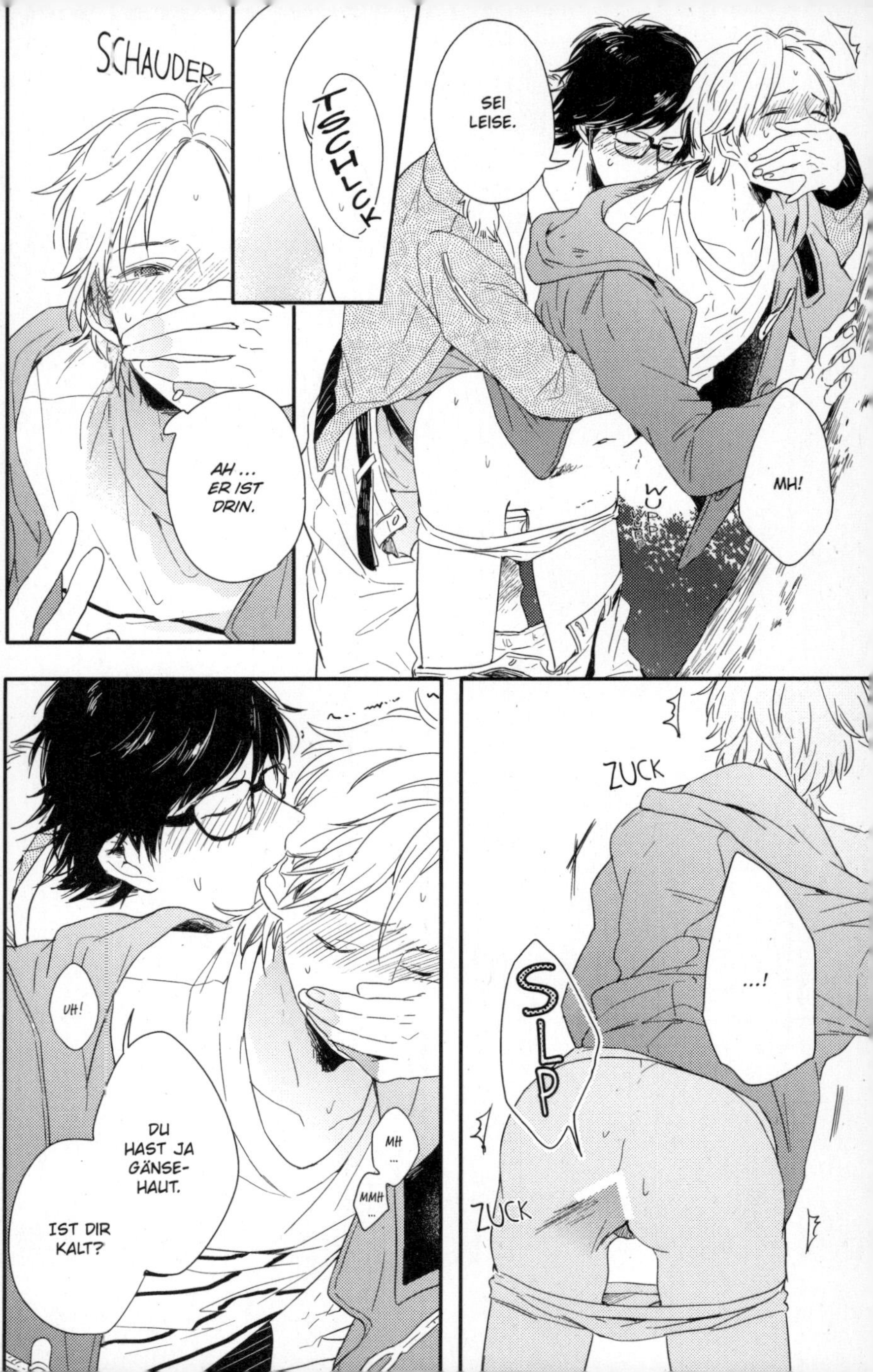
SEI LEISE.
MH!
WUPP
TSCHLUCK
SCHAUDER
AH ... ER IST DRIN.
ZUCK
SLP
...!
ZUCK
UH!
MH ...
MMH ...
DU HAST JA GÄNSE-HAUT.
IST DIR KALT?

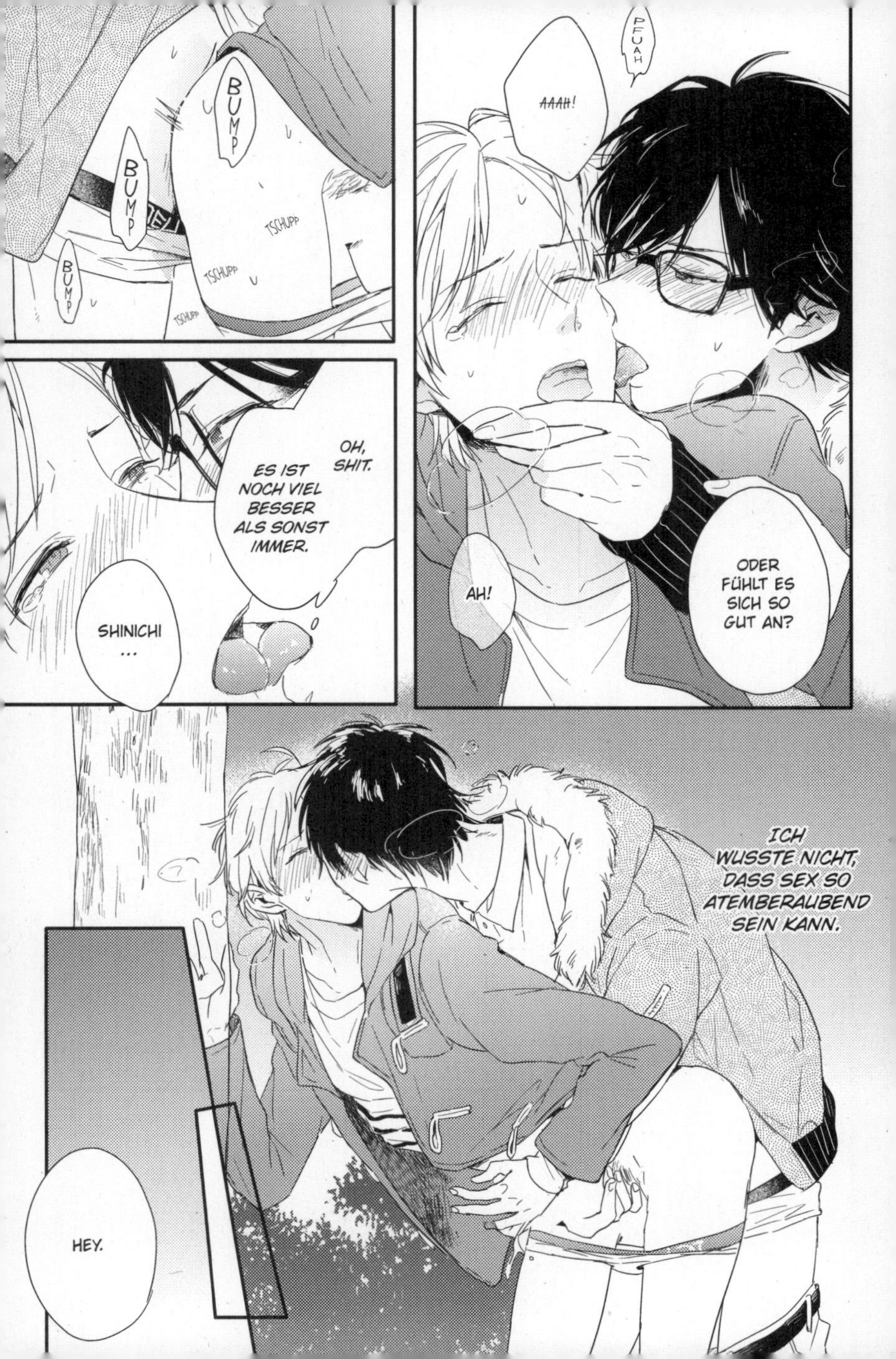
PFUAH
AAAH!
AH!
ODER FÜHLT ES SICH SO GUT AN?
BUMP
BUMP
BUMP
TSCHUPP
TSCHUPP
TSCHUPP
OH, SHIT.
ES IST NOCH VIEL BESSER ALS SONST IMMER.
SHINICHI …
ICH WUSSTE NICHT, DASS SEX SO ATEMBERAUBEND SEIN KANN.
HEY.

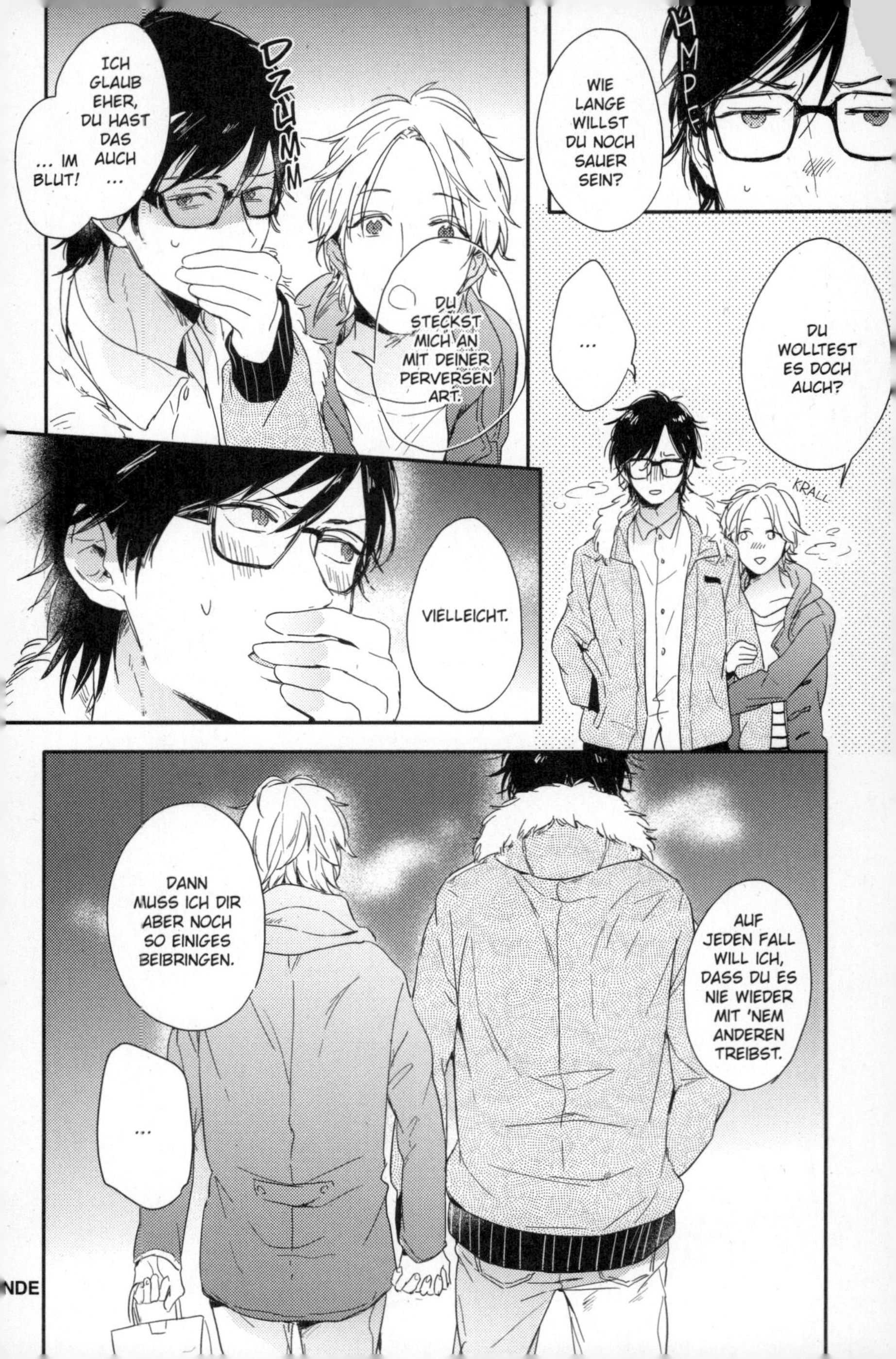
HMPF
WIE LANGE WILLST DU NOCH SAUER SEIN?
DZUMM
ICH GLAUB EHER, DU HAST DAS AUCH ...
... IM BLUT!
DU STECKST MICH AN MIT DEINER PERVERSEN ART.
DU WOLLTEST ES DOCH AUCH?
...
KRALL
VIELLEICHT.
AUF JEDEN FALL WILL ICH, DASS DU ES NIE WIEDER MIT 'NEM ANDEREN TREIBST.
DANN MUSS ICH DIR ABER NOCH SO EINIGES BEIBRINGEN.
...
NDE

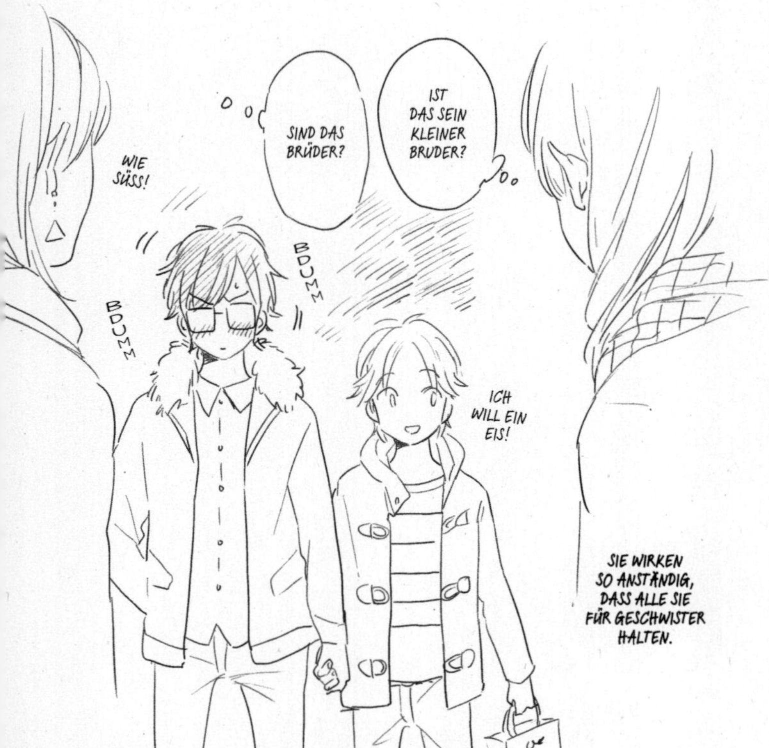
IST DAS SEIN KLEINER BRUDER?
SIND DAS BRÜDER?
WIE SÜSS!
BDUMM
BDUMM
ICH WILL EIN EIS!
SIE WIRKEN SO ANSTÄNDIG, DASS ALLE SIE FÜR GESCHWISTER HALTEN.

# An Invisible Scar

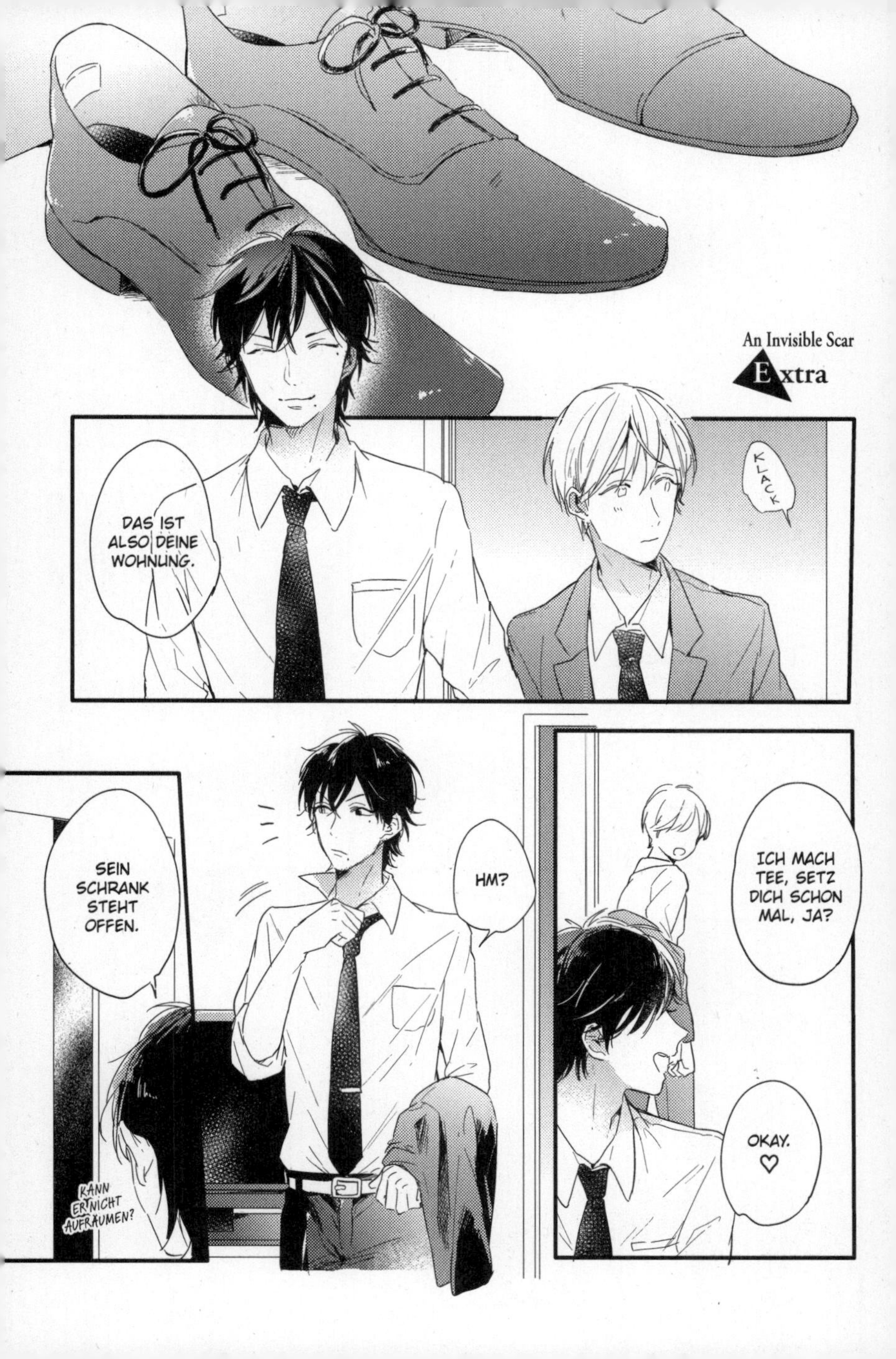
An Invisible Scar
Extra
KLACK
DAS IST ALSO DEINE WOHNUNG.
ICH MACH TEE, SETZ DICH SCHON MAL, JA?
OKAY. ♡
HM?
SEIN SCHRANK STEHT OFFEN.
KANN ER NICHT AUFRÄUMEN?

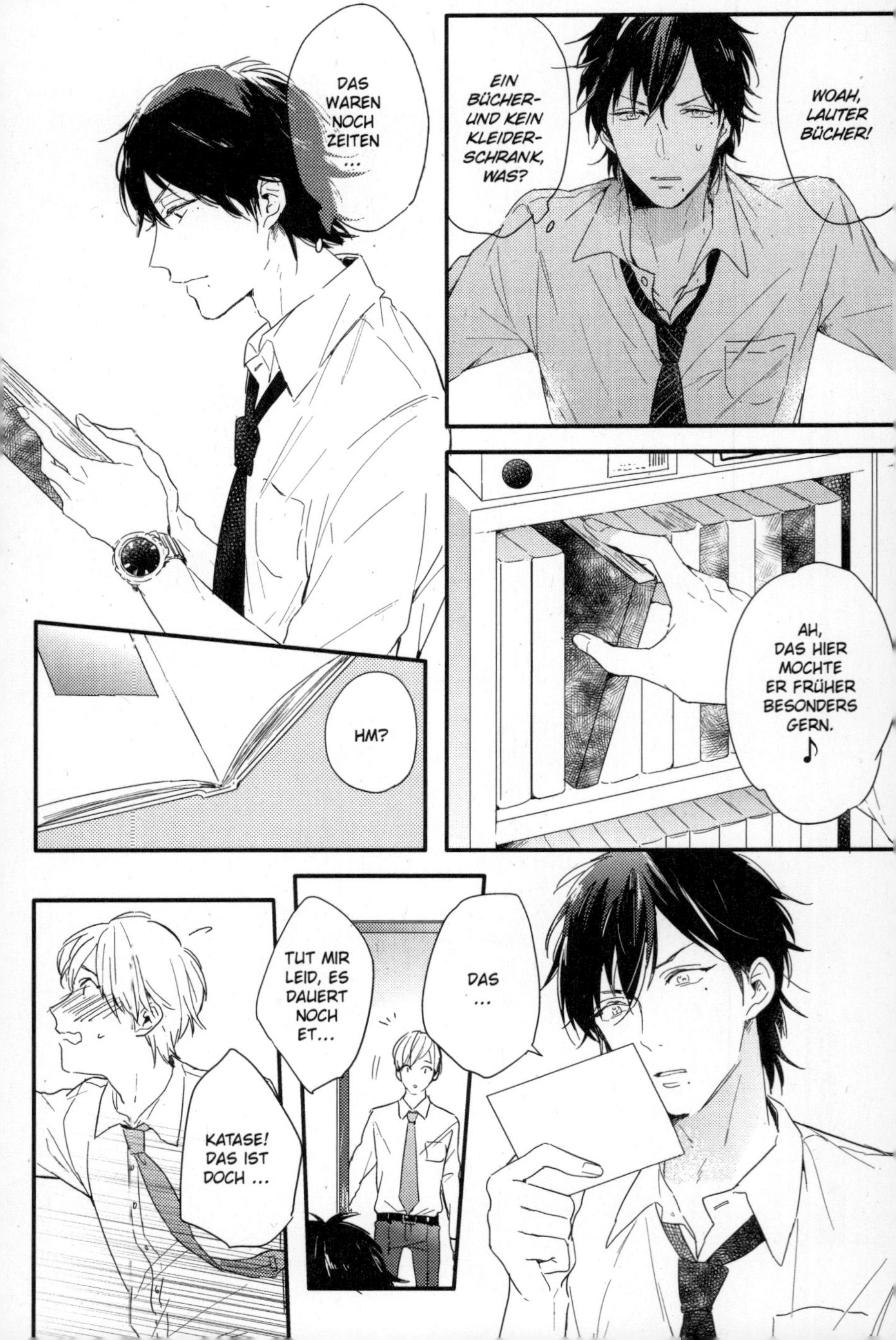
WOAH, LAUTER BÜCHER!
EIN BÜCHER- UND KEIN KLEIDER-SCHRANK, WAS?
DAS WAREN NOCH ZEITEN ...
AH, DAS HIER MOCHTE ER FRÜHER BESONDERS GERN. ♪
HM?
DAS ...
TUT MIR LEID, ES DAUERT NOCH ET...
KATASE! DAS IST DOCH ...

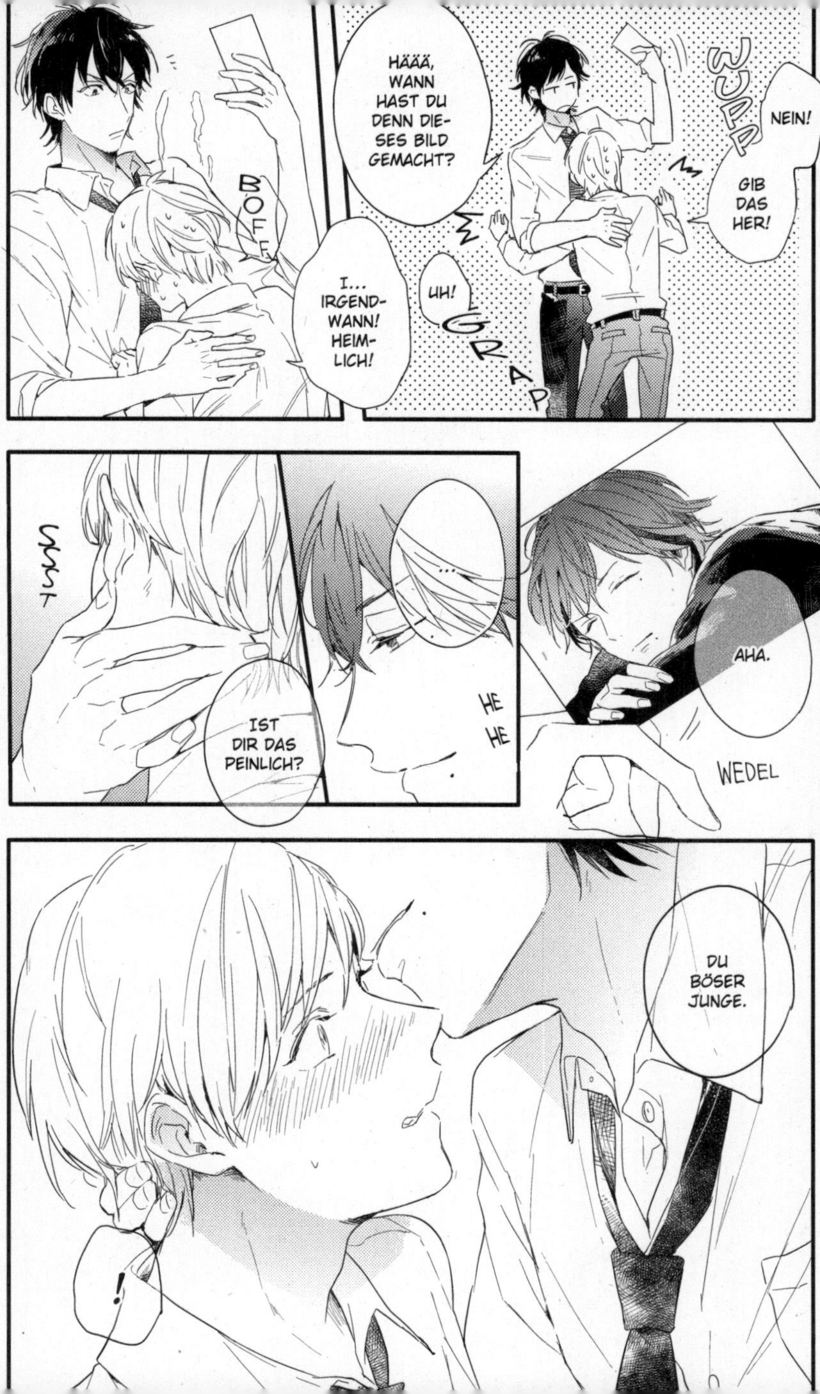
WUPP
NEIN!
GIB DAS HER!
UH!
GRAP
HÄÄÄ, WANN HAST DU DENN DIESES BILD GEMACHT?
I... IRGENDWANN! HEIMLICH!
BOFF
AHA.
WEDEL
HE HE
...
IST DIR DAS PEINLICH?
DU BÖSER JUNGE.
!

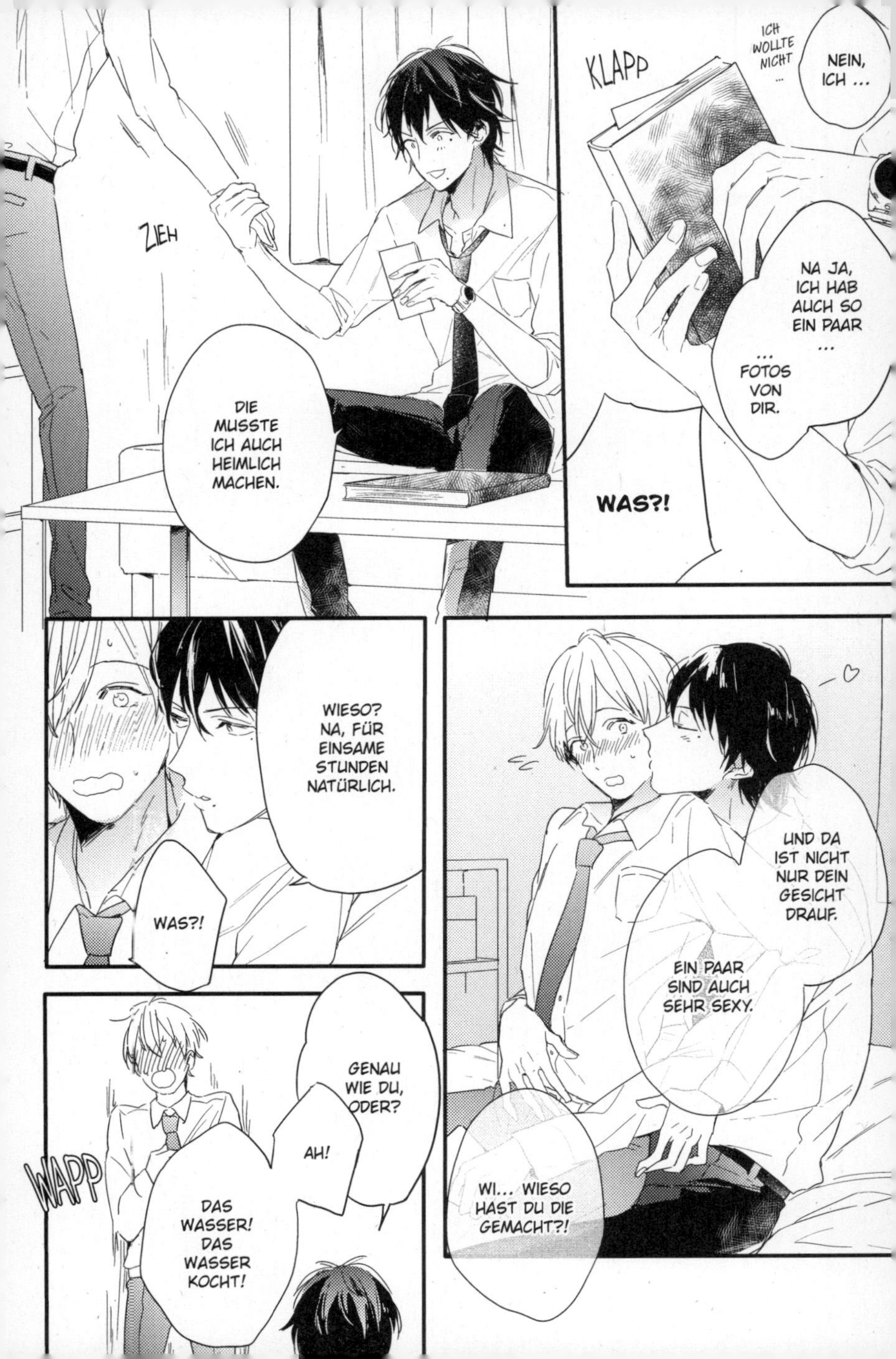
NEIN, ICH ...
ICH WOLLTE NICHT ...
KLAPP
NA JA, ICH HAB AUCH SO EIN PAAR ... ... FOTOS VON DIR.
WAS?!
ZIEH
DIE MUSSTE ICH AUCH HEIMLICH MACHEN.
UND DA IST NICHT NUR DEIN GESICHT DRAUF.
EIN PAAR SIND AUCH SEHR SEXY.
WI... WIESO HAST DU DIE GEMACHT?!
WIESO? NA, FÜR EINSAME STUNDEN NATÜRLICH.
WAS?!
GENAU WIE DU, ODER?
AH!
DAS WASSER! DAS WASSER KOCHT!
WAPP

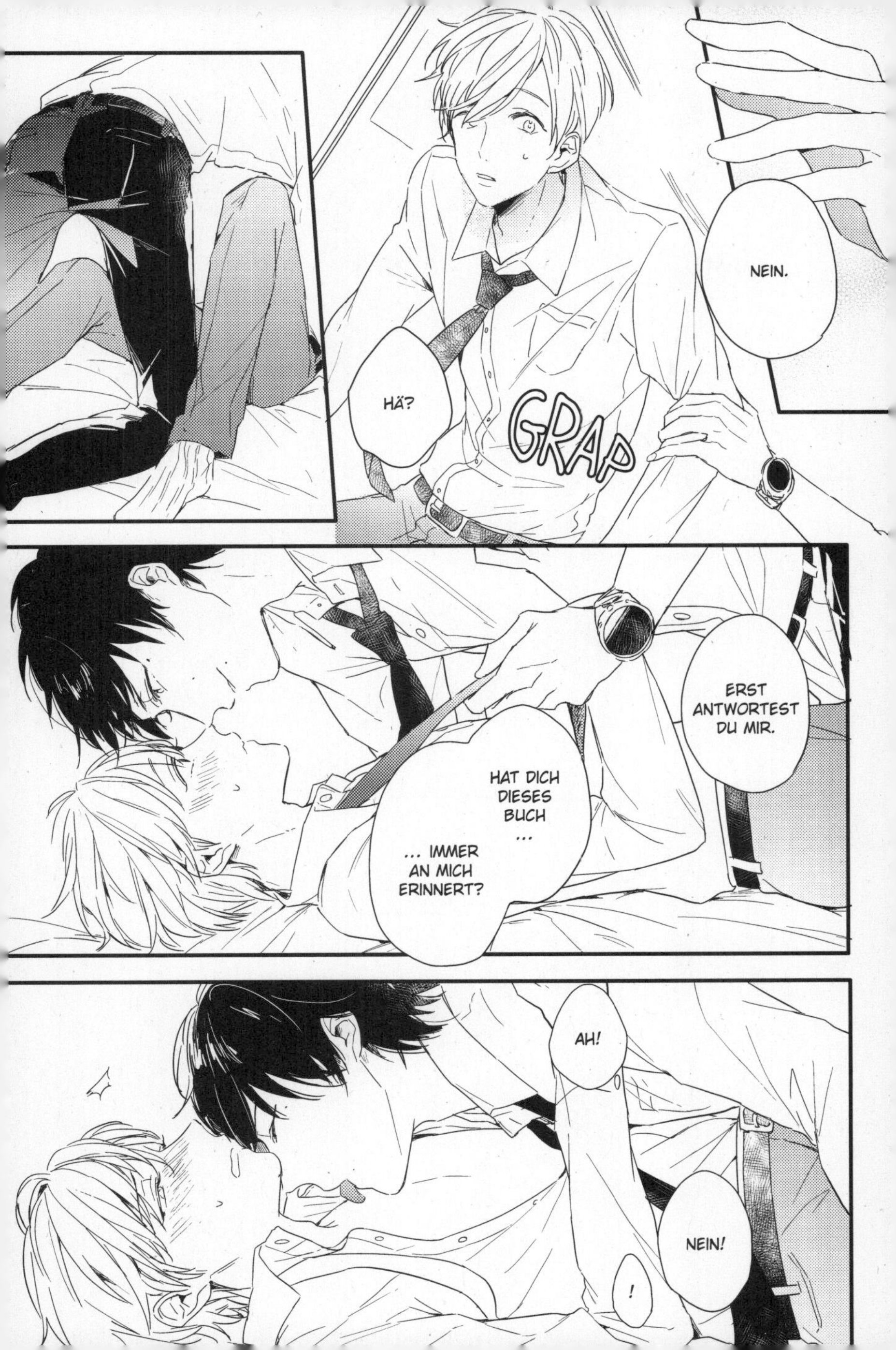
NEIN.
HÄ?
GRAP
ERST ANTWORTEST DU MIR.
HAT DICH DIESES BUCH …
… IMMER AN MICH ERINNERT?
AH!
NEIN!
!

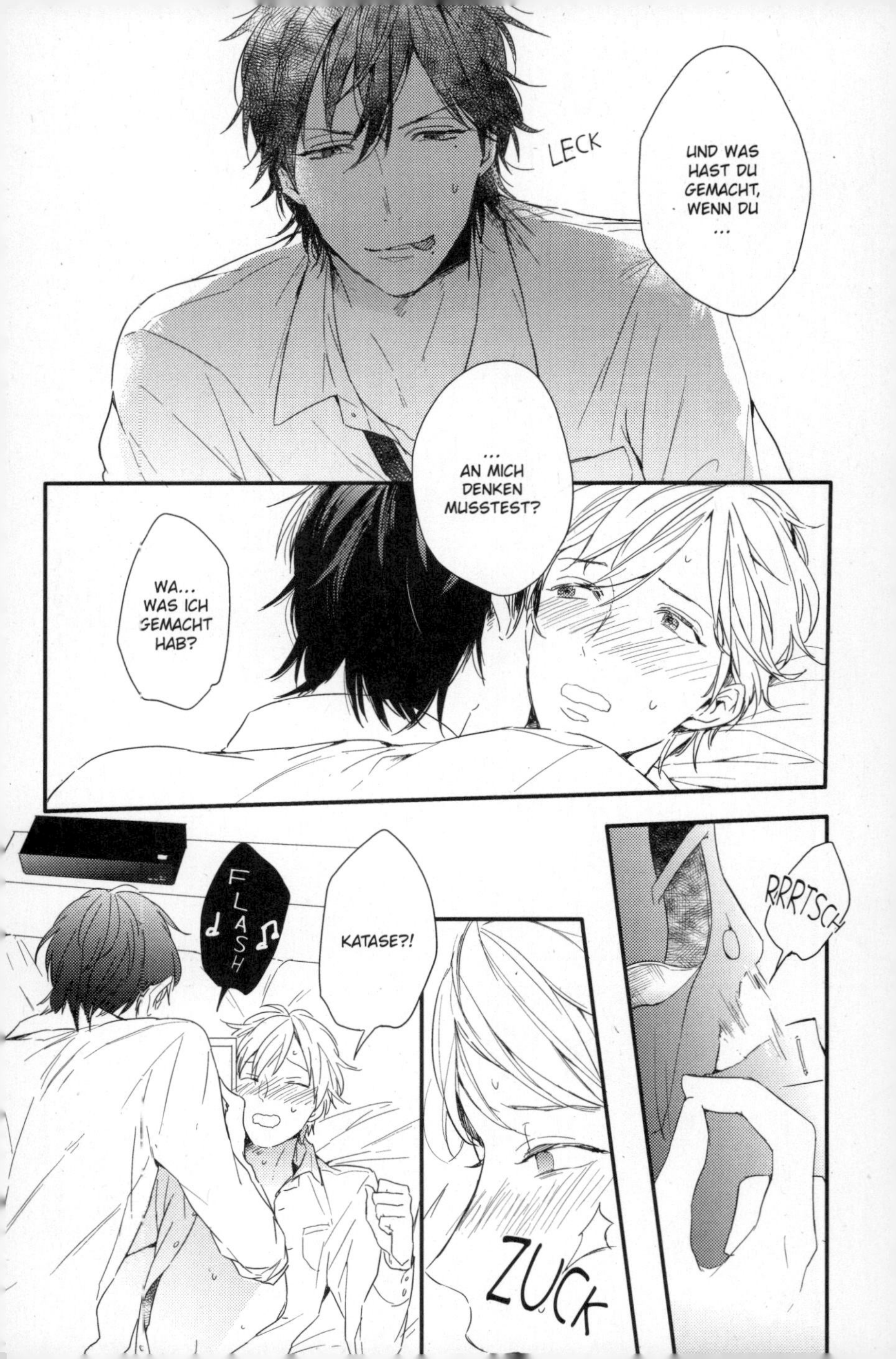
UND WAS HAST DU GEMACHT, WENN DU ...
LECK
... AN MICH DENKEN MUSSTEST?
WA... WAS ICH GEMACHT HAB?
RRRTSCH
ZUCK
KATASE?!
FLASH

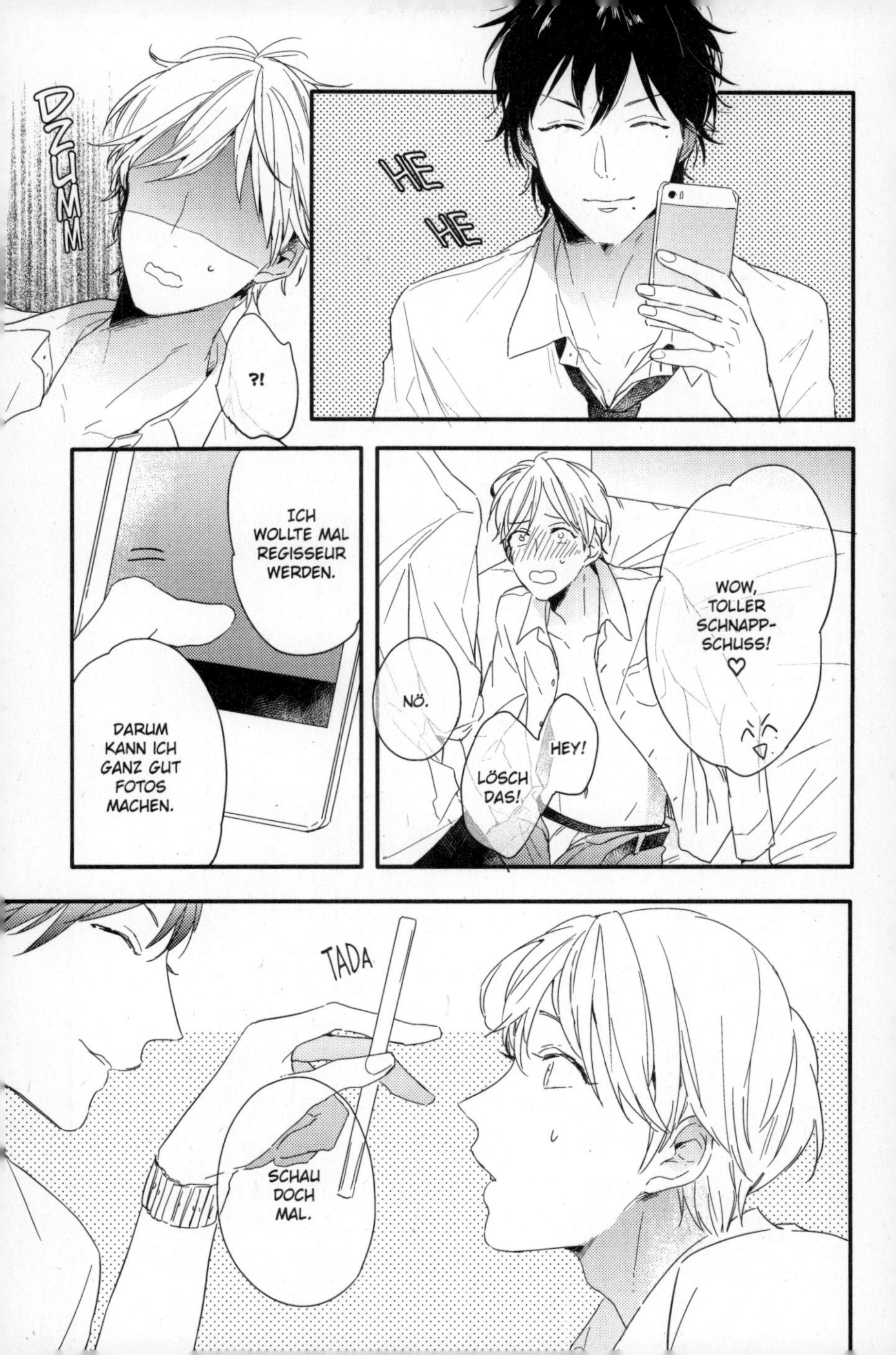
HE HE
DZUMM
?!
WOW, TOLLER SCHNAPP-SCHUSS! ♡
HEY! LÖSCH DAS!
NÖ.
ICH WOLLTE MAL REGISSEUR WERDEN.
DARUM KANN ICH GANZ GUT FOTOS MACHEN.
TADA
SCHAU DOCH MAL.

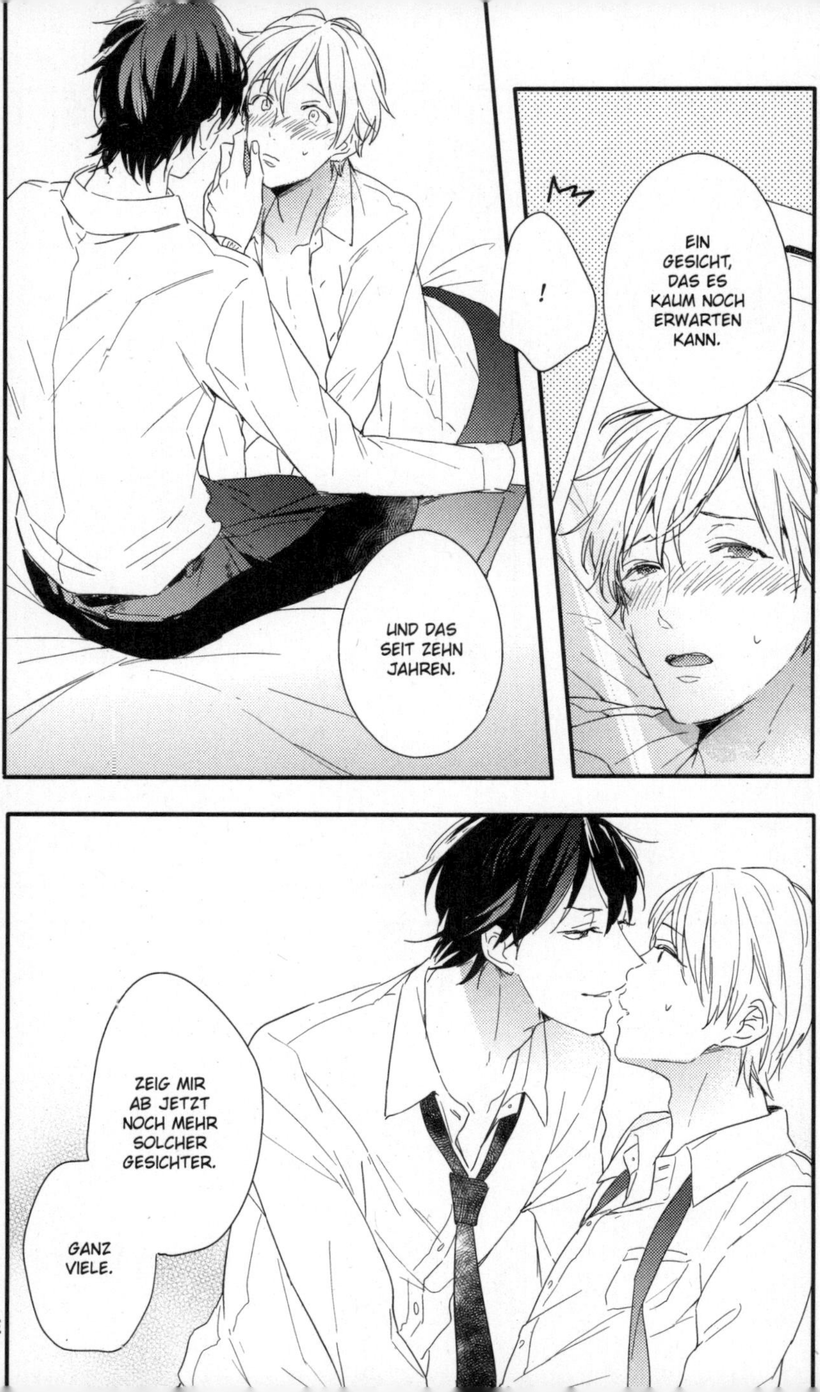
EIN GESICHT, DAS ES KAUM NOCH ERWARTEN KANN.
!
UND DAS SEIT ZEHN JAHREN.
ZEIG MIR AB JETZT NOCH MEHR SOLCHER GESICHTER.
GANZ VIELE.

NDE

## Nachwort

Vielen Dank, dass ihr euch mein erstes Taschenbuch gekauft habt! Oh Mann, ich bin total aufgeregt, dass es endlich so weit ist!

• An Invisible Scar

Dieser Manga wurde ursprünglich im Online-Magazin Cigarillo veröffentlicht. Bei QPa erschien er dann als Taschenbuch. Hier habe ich zum ersten Mal auch die Story selbst geschrieben. Inzwischen fallen mir so einige Fehler auf, die mir heute sehr peinlich sind ... Ohne die vielen hilfreichen Tipps vom Verlag hätte ich damals aber sicher noch mehr Fehler gemacht.

• Loose

Diese Geschichte habe ich direkt für QPa gezeichnet. Ich hätte nicht gedacht, dass eine so schnell aus den Fingern gesaugte Geschichte zusammen mit „An Invisible Scar" veröffentlicht wird. Aber ich freue mich natürlich trotzdem darüber!

Vielen Dank an meinen Redakteur, den Designer des Covers und euch Leser. Ich danke euch wirklich sehr!

Juni 2014
Tomo Kurahashi

Special Thanks!
Ushi, Komako etc.

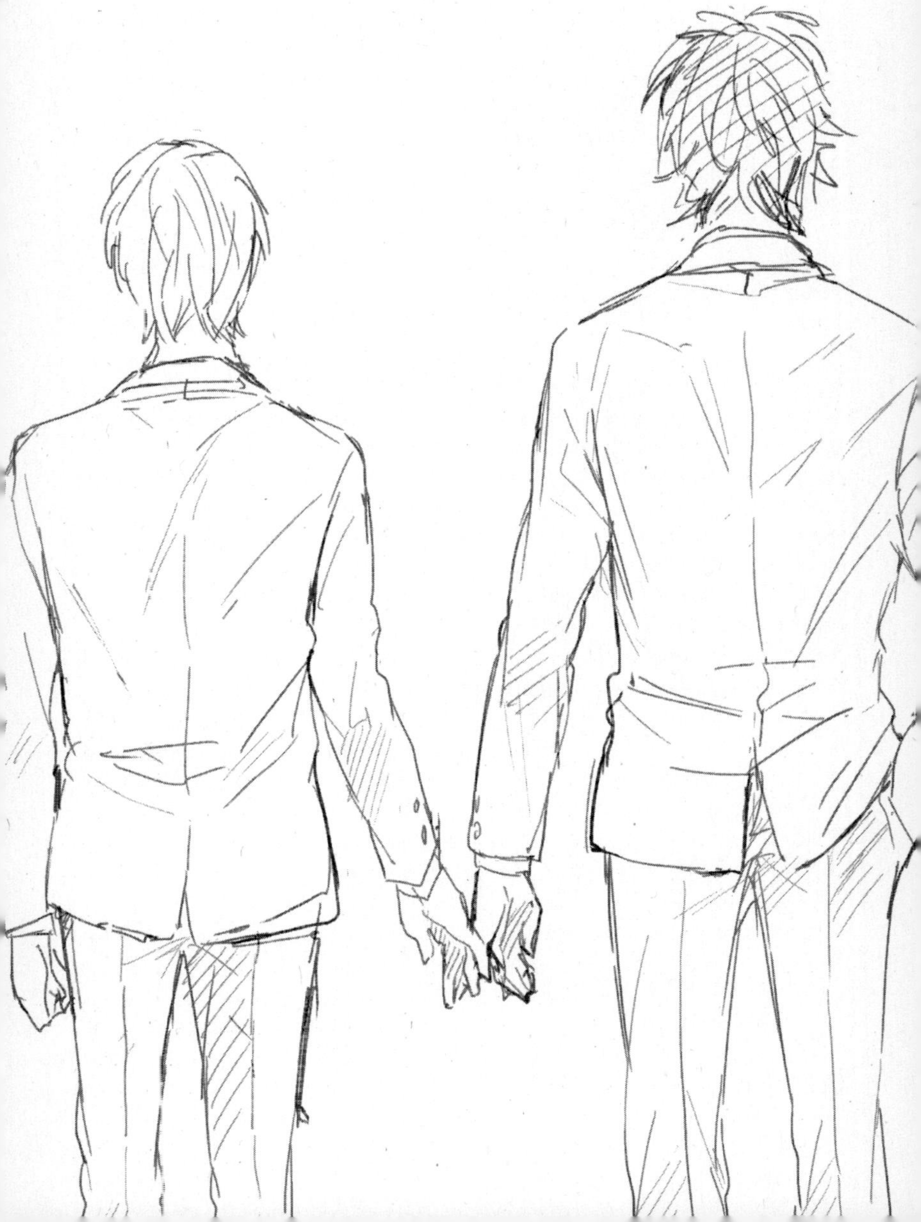

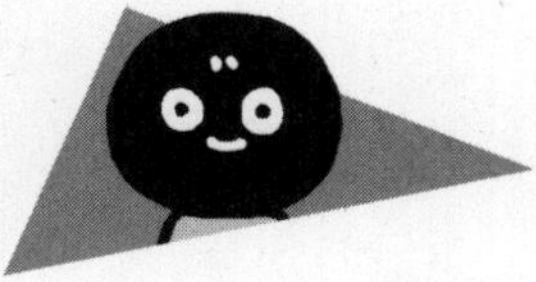

**Tomo Kurahashi**

Geboren am 9. April.

Das ist mein erster
veröffentlichter Einzelband.
Was für eine Ehre!
Ich hoffe, er gefällt euch.

An Invisible Scar

# An Invisible Scar

**FUKASHI NO KIZUATO**



First published in Japan in 2014 by TAKESHOBO CO., LTD.
German translation rights arranged with TAKESHOBO CO., LTD.
through TUTTLE-MORI AGENCY, INC., Tokyo.

Deutschsprachige Ausgabe / German Edition

CH-1007 Lausanne
2. Auflage

**Aus dem Japanischen von Ekaterina Mikulich**

Redaktion: Kristina Yanaga

Herstellung: Sonja Lesch

Lettering: Datagrafix Inc.

Druck und Bindung: GGP Media GmbH, Pößneck



ISBN 978-2-88921-822-6